新文科背景下地方应用型高校法学专业课程思政教学设计

XIN WEN KE BEI JING XIA DI FANG YING YONG XING GAO XIAO
FA XUE ZHUAN YE KE CHENG SI ZHENG JIAO XUE SHE JI

叶晓彬　周良勇
◎ 主　编
胡选洪　武雪萍

李　辉　安　静　昂翁卓玛
◎ 副主编
刘树国　吕彩霞　张娜娜

中国政法大学出版社

2024·北京

图书在版编目（CIP）数据

新文科背景下地方应用型高校法学专业课程思政教学

设计 / 叶晓彬等主编. -- 北京 ：中国政法大学出版社，

2024. 12. -- ISBN 978-7-5764-1912-2

Ⅰ. D92；G641

中国国家版本馆 CIP 数据核字第 2025S3A771 号

出 版 者	中国政法大学出版社
地　　址	北京市海淀区西土城路 25 号
邮寄地址	北京 100088 信箱 8034 分箱　邮编 100088
网　　址	http://www.cuplpress.com (网络实名：中国政法大学出版社)
电　　话	010-58908586(编辑部) 58908334(邮购部)
编辑邮箱	zhengfadch@126.com
承　　印	固安华明印业有限公司
开　　本	720mm×960mm　1/16
印　　张	21.5
字　　数	360 千字
版　　次	2024 年 12 月第 1 版
印　　次	2024 年 12 月第 1 次印刷
定　　价	98.00 元

序 言

　　法治中国建设是一项长期而艰巨的历史任务，如期实现这一目标，前提是必须坚持中国特色社会主义法治道路，关键在加强高素质的法治队伍建设和法治人才的培养。《法治中国建设规划（2020—2025 年）》对新时代法治人才的培养提出了具体要求，高等院校作为青年法治人才培养的主阵地，肩负着培养信念坚定、德法兼修、明法笃行高素质法治人才的重任。2020 年教育部《高等学校课程思政建设指导纲要》的出台，进一步从规范性维度明确了课程思政在立德树人任务中的重要地位，课程思政在"育德"方面，发挥着不可替代的重要作用。2023 年 2 月 26 日，中共中央办公厅、国务院办公厅印发《关于加强新时代法学教育和法学理论研究的意见》指出：深入推进法学专业课程思政建设，将思想政治教育有机融入课程设置、课堂教学、教材建设、师资队伍建设、理论研究等人才培养各环节。新文科背景下我国法学教育应在提升学生专业技能的同时注意加强育德教育，坚持专业知识传授、能力培养与价值塑造相统一。

　　四川民族学院作为地方应用型高校，其法学专业立足行业基层，以培养"三性"（民族性、地方性、应用性）+"三得"（靠得住、下得去、干得好）的复合型、应用型、创新型高素质法治人才为目标。为实现这一人才培养目标，四川民族学院法学院积极探索与实践课程思政建设，围绕"一条主线五大重点"展开，将课程思政融入各门专业课之中。一条主线是：坚定学生理想信念、爱党、爱国、爱社会主义、爱人民、爱集体；五大重点是：习近平新时代中国特色社会主义思想、社会主义核心价值观、中华优秀传统文化、宪法法治、法律职业伦理道德。

法学学科作为正义之学，具备公平、正义、诚信、爱国、公序良俗等价值底色，具有育德的天然优势。基于法学学科的专业特性与内在价值属性的综合考虑，其与思政教育融合的必要性和可行性更加突出。新文科背景下进一步将课程思政融入法学教育，能够有效契合法学专业的价值诉求，能够有效贯彻习近平总书记关于法治人才培养的指示，为全面依法治国培养大批"具有坚定理想信念、强烈家国情怀、扎实法学功底"的高素质法治人才。

为此，四川民族学院法学院组织相关人员编写本书，同时四川盛豪律师事务所安排刘坚、蒋春莲、蔡军、吕凤英等律师对本书的案例进行了全面的审读。在撰写本书的过程中，我们汲取了相关研究的前沿成果，结合地方应用型高校的实际情况，尝试探索一条适合法学专业的课程思政教学设计路径。通过对课程目标、内容、教学方法和评价体系等的系统设计，希望能够为地方应用型高校法学专业课程思政教学提供新的思路与实践经验。同时，希望本书能为广大法学教育工作者提供有益的参考，促进学科之间的交流与合作。随着新文科理念的深入实施，希冀地方应用型高校的法学专业能够培养出更多具备扎实法学功底与坚定社会责任感的优秀人才，为我国法治建设和社会进步贡献力量。

本书编写明细如下：

引　言　编写人：叶晓彬、周良勇、胡选洪、武雪萍

第一章　编写人：李辉

第二章　编写人：李辉

第三章　编写人：张娜娜

第四章　编写人：周良勇

第五章　编写人：胡选洪

第六章　编写人：黄寅成

第七章　编写人：叶晓彬

第八章　编写人：武雪萍

第九章　编写人：杜晋川

第十章　编写人：唐哲

第十一章　编写人：刘树国

第十二章　编写人：给让道吉

第十三章　编写人：张雷

第十四章　编写人：吕彩霞

第十五章　编写人：郭丽

第十六章　编写人：安静

第十七章　编写人：杨婷

第十八章　编写人：安静

第十九章　编写人：董祖霞

第二十章　编写人：给让道吉

第二十一章　编写人：钟佳伟

第二十二章　编写人：皮兴月

第二十三章　编写人：周宇

第二十四章　编写人：周清云

第二十五章　编写人：桑章志玛

第二十六章　编写人：恩珠志玛

本书基金项目：2019 年度"省级一流本科专业建设项目"四川民族学院法学专业；2020 年四川省高校"省级课程思政示范专业项目"四川民族学院法学（藏汉双语）专业。

目 录

◈ 第二编　法学专业基础课程 ◈

◈ 第三编　语言类课程 ◈

引言　地方应用型高校法学专业课程思政概要

新文科背景下地方应用型
高校法学专业课程思政建设的重要意义

周良勇[1]

新文科意在打破传统文科模式下的学科分裂状态，推动学科制度与资源的整合，致力于打造网格化、立体化的组织结构方式，实现以交叉融合为基础的跨学科协同育人。[2]应用型高校的法学专业，其人才培养定位主要是面向社会基层培养"德法兼修"、服务于全面依法治国的应用型法治人才。对这类人才，不仅要求有够用的专业知识，还要掌握能够解决问题的其他学科知识，更要有家国情怀的政治思想素质。因此，在各高校大力开展新文科建设背景下，法学专业强化课程思政建设，具有重要的理论与实践意义。

第一，地方应用型高校法学专业加强课程思政建设，有利于推进专业的高质量发展。法学专业作为政治性极强的专业，历来受到党中央、国务院的高度关注，多次行文就如何加强法治人才的培养以及如何进行专业建设提出指导性意见和明确要求。教育部、中央政法委员会于 2011 年和 2018 年分别出台了《教育部、中央政法委员会关于实施卓越法律人才教育培养计划的若干意见》（教高［2011］10 号）、《教育部、中央政法委关于坚持德法兼修实

---

[1] 周良勇，四川广安人，四川民族学院法学院副教授，法学硕士，主要讲授《中国法律史》《婚姻家庭继承法》。该部分为四川民族学院综合改革试点学院项目《"德法兼修 知行合一"——构建民族地区"三性+三得"基层法治人才"三全育人"培养模式》；四川民族学院 2023 年教改项目《"三全育人"视域下地方民族院校法治人才培养模式的创新与实践》（编号 X-JG202320）；中共四川民族学院委员会宣传部 2023 年思想政治工作精品项目《"德法兼修"引领下〈民法学〉课程育人的探索与实践》成果。

[2] 田贤鹏、姜淑杰：《新文科背景下的跨学科协同育人：内涵特征、逻辑演变与路径选择》，载《教育发展研究》2022 年第 21 期，第 36 页。

施卓越法治人才教育培养计划 2.0 的意见》（教高［2018］6 号）两个文件，对做好法治人才的培养工作提出了明确意见。教育部办公厅于 2021 年 5 月 19 日印发《教育部办公厅关于推进习近平法治思想纳入高校法治理论教学体系的通知》（教高厅函［2021］17 号），并将《法学类教学质量国家标准（2021 年版）》作为附件予以印发，对 2018 年法学本科专业国家标准进行了修订。2023 年 2 月 26 日，中共中央办公厅、国务院办公厅印发《关于加强新时代法学教育和法学理论研究的意见》，从全局高度，提出了未来中国法学教育和法学理论研究工作的主要目标，成了新时代法学教育、法学理论研究以及法治人才培养的纲领性文件。这些文件的出台，为法学专业的建设和法治人才的培养工作指明了方向，同时这些文件也是衡量法学这一专业是否达到了高质量的重要尺度。因此，地方应用型高校的法学专业，既要加强专业知识与技能建设，还要加强课程思政建设，实现法学专业建设与课程思政建设的深度融合，促进学院教学科研工作高质量发展。

第二，地方应用型高校法学专业加强课程思政建设，有利于实现立德树人的根本任务，培养德法兼修的法治人才。新文科建设的核心是学科交叉，培养具有创新意识的复合型人才。中共中央办公厅、国务院办公厅印发的《关于加强新时代法学教育和法学理论研究的意见》就法学专业如何进行新文科建设，从法学学科体系、法学教学体系、法学教材体系和法学队伍建设四个方面提出了目标、任务和要求，指出要"推进法学和经济学、社会学、政治学、心理学、统计学、管理学、人类学、网络工程以及自然科学等学科交叉融合发展，培养高质量复合型法治人才"。但该意见在其工作原则中对法学专业人才培养目标进行了总的定位，要"坚持立德树人、德法兼修，努力培养造就更多具有坚定理想信念、强烈家国情怀、扎实法学根底的法治人才"。同时，该意见就如何进行思想教育用单独一部分进行了规定，指出"把思想政治工作贯穿法学教育教学全过程，加强理想信念教育和社会主义核心价值观教育，强化爱国主义、集体主义、社会主义教育，深入推进法学专业课程思政建设，将思想政治教育有机融入课程设置、课堂教学、教材建设、师资队伍建设、理论研究等人才培养各环节，教育引导广大师生做社会主义法治的忠实崇尚者、自觉遵守者、坚定捍卫者"。可以说，党中央对法学专业开展新文科建设的指导意见以及思政教育的要求，具有内在的一致性。新文科要求培养的复合型人才，既是知识构成的复合，也是专业知识与思想政治的复合。立德树人是从教育的根本出发来对人才培养工作提出的要求，亦即不管什么层次、类别和专业，都应注重对学生进行理想信念、社会主义核心价值观、中华优秀传统文化等方面的"德性"教育和知识技能方面的教育，确保培养的人才是德、智、体、美、劳全面发展的人才。而"德法兼修"则是专门从法学专业的职业教育角度对法治人才提出的要求，即法学专业培养的法治人才，不仅应有扎实的法学专业知识，以及运用于实践所需的其他知识与技能的复合性知识，还要具有"坚定理想信念、强烈家国情怀"。对应用型高校的法学专业而言，就是我们培养的法治人才，既要法学基础知识过硬，能够满足地方对不同类型法治人才的需要，还要政治、思想上过硬，成为全面依法治国的可靠力量和地方社会治理的中坚力量。

地方应用型高校法学专业课程思政建设目标

叶晓彬[1]

2017 年 5 月 3 日，习近平总书记在中国政法大学考察时强调，全面推进依法治国是一项长期而重大的历史任务，要坚持中国特色社会主义法治道路，坚持以马克思主义法学思想和中国特色社会主义法治理论为指导，立德树人，德法兼修，培养大批高素质法治人才。"法学教育要坚持立德树人，不仅要提高学生的法学知识水平，而且要培养学生的思想道德素养。"[2]可见，新时期高素质法治人才的培养要坚持立德树人、德法兼修。

一、课程思政是培养德法兼修高素质法治人才的内在要求

（一）课程思政是贯彻落实习近平法治人才培养思想的应然之举

教育部等八部门于 2020 年 4 月 22 日颁布的《教育部等八部门关于加快构建高校思想政治工作体系的意见》（教思政〔2020〕1 号）指出："以立德树人为根本，以理想信念教育为核心，以培育和践行社会主义核心价值观为主线，以建立完善全员、全程、全方位育人体制机制为关键，全面提升高校思想政治工作质量……统筹课程思政与思政课程建设，构建全面覆盖、类型丰富、

---

〔1〕 叶晓彬，四川邛崃人，四川民族学院法学院教授，主讲《民法学》课程。该部分为四川省第三批省级课程思政示范课程项目《民法总论》成果、四川民族学院 2020 年度校级课程思政示范课程项目《民法总论》（基金号：Szkcsfkc202001）成果、四川民族学院综合改革试点学院项目《"德法兼修 知行合一"——构建民族地区"三性+三得"基层法治人才"三全育人"培养模式》阶段成果、中共四川民族学院委员会宣传部 2023 年思想政治工作精品项目《"德法兼修"引领下〈民法学〉课程育人的探索与实践》成果。

〔2〕 习近平：《全面做好法治人才培养工作》，载习近平：《论坚持全面依法治国》，中央文献出版社 2020 年版，第 179 页。

层次递进、相互支撑的课程体系。"习近平总书记提出，守好一段渠、种好责任田，让专业课程与思想政治理论课同向同行，形成协同效应。为此，强调了协调处理专业课与思政课的关系，即要求高校在专业课的教学中做好"立德树人"的育人工作。课程思政作为一种思维方式，体现在专业课程教学上就是要把人的思想政治培养作为课程教学的目标放在首位，并与专业发展教育相结合。在法治人才的培养中，围绕"知识目标、能力目标、价值目标"，将蕴含于法律条文背后的立法精神、价值元素充分融入，通过优化的育人教学设计，将专业教育与思政育人有机结合，寓社会主义核心价值观的精髓要义于教学中，寻求学生们的情感认同，并转化为行为习惯。以"润物细无声"的方式实现对学生的人格塑造，培育其独立的权利意识和社会公益心，使之成为能够担当民族复兴大任的高素质法治人才。

（二）德法兼修高素质法治人才培养目标与课程思政目标完全契合

教育部、中共中央政法委员会于 2018 年 9 月 17 日颁布的《教育部、中央政法委关于坚持德法兼修实施卓越法治人才教育培养计划 2.0 的意见》（教高［2018］6 号）提出："厚德育，铸就法治人才之魂。注重培养学生的思想道德素养，大力推进中国特色社会主义法治理论进教材进课堂进头脑，将社会主义核心价值观教育贯穿法治人才培养全过程各环节。"2021 年 12 月，习近平总书记在十九届中央政治局第三十五次集体学习时指出，努力培养造就更多具有坚定理想信念、强烈家国情怀、扎实法学根底的法治人才。《法学类教学质量国家标准（2021 年版）》指出："法学类专业人才培养要坚持立德树人、德法兼修，适应建设中国特色社会主义法治体系，建设社会主义法治国家的实际需要。"中共中央办公厅、国务院办公厅印发的《关于加强新时代法学教育和法学理论研究的意见》指出："坚持立德树人、德法兼修，努力培养造就更多具有坚定理想信念、强烈家国情怀、扎实法学根底的法治人才。"因此，法学教育必须根据法学专业人才培养目标科学合理设置"课程思政"教育内容，将价值引导与知识传授、能力提升有机统一，通过课程思政落实"铸魂育人"的根本任务。

二、地方应用型高校法治人才培养的定位

（一）地方应用型高校人才培养的定位

为了更好地促进高校直接面向地方和行业发展需求培养人才，使高等教

育为经济社会和学习者发展创造更大价值，为全面建成小康社会提供有力的支撑，2014 年召开的全国职业教育工作会议作出了引导一批普通本科高校向应用技术型高校转型发展的战略部署。教育部、国家发展和改革委员会、财政部即于 2015 年 10 月 21 日出台了《教育部、国家发展改革委、财政部关于引导部分地方普通本科高校向应用型转变的指导意见》（教发〔2015〕7 号）。指出："推动转型发展高校把办学思路真正转到服务地方经济社会发展上来，转到产教融合校企合作上来，转到培养应用型技术技能型人才上来，转到增强学生就业创业能力上来，全面提高学校服务区域经济社会发展和创新驱动发展的能力。"为此，我国高校特别是地方普通高校在教育管理部门的指导下纷纷结合地方区域社会经济发展所需进行转型发展，如四川省教育厅在 2017 年 1 月 25 日立项 100 个本科专业为四川省首批地方普通本科高校应用型示范专业，项目建设周期为 4 年，其中法学专业只有一个，四川民族学院法学专业位列其中，也是 100 个应用型转型示范专业中的唯一。为进一步提升应用型本科高校办学水平和综合实力，四川省教育厅又于 2024 年 5 月 15 日出台了《关于大力推进应用型本科高校建设发展的指导意见》。该意见提出："引导高校主动面向区域、面向行业、面向产业办学，促进高等学校分类发展、特色发展、高质量发展。坚持以立德树人为根本，以应用型人才培养为目标，推进人才培养规格与行业标准、教学实践与生产实际、教师队伍与行企业人才队伍相融合。"为此，作为地方应用型高校，一定要立足区域经济社会发展需要确立自己的办学定位。以四川民族学院为例，因"四川民族学院是国家布局在康巴地区（西藏昌都、青海玉树、云南迪庆、四川甘孜）唯一公办普通本科高校，位于四川省甘孜藏族自治州康定市和泸定县（一校、两地、三区）"。[1]为此，学校办学定位为：立足四川民族地区，面向四川、辐射西南，突出"民族性、地方性、应用性"，为民族地区政治、经济、社会、文化和生态建设培养"靠得住、下得去、干得好"的应用型专门人才。

（二）地方应用型高校法治人才培养的定位

地方应用型高校关于法治人才培养的定位一定是以习近平法治思想中关于坚持建设德才兼备的高素质法治工作队伍为遵循，围绕国家关于法治人才

---

〔1〕 参见《学校简介》，载四川民族学院官网：https://www.scun.edu.cn/xxgk/xxjj.htm，访问日期：2024 年 6 月 23 日。

培养的要求，结合学校定位而确立。以四川民族学院为例，从 2010 年开始开办法学本科专业以来，就确立了"为西部基层培养卓越法律人才"的定位，即针对西部涉藏地区双语法律人才严重欠缺且内地高校对西部法律人才输送不足的现状，实施法律人才"卓越计划"的目标是，依托法学（汉藏双语）本科专业，开展汉藏双语法学本科人才培养模式改革，建设以"双师""双语"为特征的汉藏双语法学本科教学团队，完善以汉藏双语教材为内容的法学本科教材与精品课程建设，搭建一个以"校地合作"与"法学网络实训平台"为环境的汉藏双语法学本科实训模式，形成一个以"民族地方需求为导向""虚实结合"的，既涵盖传统"模拟现实"又重视"社会实践现实"的法学本科人才培养模式，提升法学实验教学水平和学生的法学素养，增强学生对实际问题的解决能力，使学生能更好地适应西部民族地区社会和政法岗位的需要。随着法治人才培养的探索，形成了为民族地区基层培养"三性+三得"的人才定位，即以思政教育养成"民族性"，铸牢中华民族共同体意识，确保学生"靠得住"；以法学专业教育培养"应用性"，满足地方人才需求，确保学生"下得去"；以学生主体性开发引导"自主性"，强化个性化技能训练，确保学生"干得好"。围绕该定位，2017 年，法学专业获批四川省省级应用型示范专业；2019 年，法学专业获批四川省省级一流本科专业建设点；2020 年，法学（藏汉双语）专业获批省级"课程思政"示范专业；2023 年承担法治人才培养的法学院荣获四川省首批高等学校课程思政标杆院（系）；该教学模式成果先后荣获四川省高等教育优秀教学成果奖一等奖、二等奖及国家民委教学成果奖一等奖。

三、地方应用型高校法学专业课程思政建设目标的构建及路径

（一）地方应用型高校法学专业课程思政建设目标构建

作为地方应用型高校，就法学专业课程思政建设目标的设置应深入贯彻习近平新时代中国特色社会主义思想和党的二十大精神，以铸牢中华民族共同体意识为主线，全面落实立德树人根本任务，以为民族地区培养社会主义事业的合格建设者和可靠接班人为宗旨。紧密围绕"培养什么人、怎样培养人、为谁培养人"的根本问题，充分发挥课堂教学主渠道育人作用，全面加强法学专业"课程思政"建设，全面提高课程育人质量，全面提升立德树人成效。以《高等学校课程思政建设指导纲要》（教高［2020］3 号）、《关于

加强新时代法学教育和法学理论研究的意见》（2023 年）、《普通高等教育学科专业设置调整优化改革方案》（教高［2023］1 号）、《教育部、中央政法委员会关于实施卓越法律人才教育培养计划的若干意见》（教高［2011］10号）、《教育部、中央政法委关于坚持德法兼修实施卓越法治人才教育培养计划 2.0 的意见》（教高［2018］6 号）、《法学类教学质量国家标准（2021 年版）》和所在学校人才培养定位为指导。如四川民族学院法学专业课程思政建设的目标是：坚持将思想政治教育覆盖到法学专业全部课程，融入师资队伍、教学资源、教学研究等所有资源的全部要素，贯穿于教材选用、课堂教学、考核评价等所有环节，实现思想政治教育与知识体系教育的有机统一，促进专业课教学与思想政治理论课教学紧密结合、同向同行把立德树人的成效作为检验法学院一切工作的根本标准，同时将"课程思政"建设情况和教学效果作为对教师考核评价、评优奖励、选拔培训等方面考虑的必要因素。以"课程思政"为主线，推动"课程思政示范课程""课程思政示范教学团队""课程思政示范专业"建设。

（二）落实地方应用型高校法学专业课程思政建设目标的路径

为落实德法兼修法治人才的培养目标，地方应用型高校法学专业课程思政建设除创新理念、制定制度、作好顶层设计外，还须强化如下措施。

（1）将目标落实于人才培养方案中。将立德树人、德法兼修目标写入人才培养方案，优化课程设置，完善教学设计，深度挖掘法学专业课程中蕴含的思想政治教育元素。将人才培养方案与思想政治工作结合起来，在设计人才培养方案时坚持"三全育人"理念，在专业建设时注意思想政治教育资源与专业教学资源同步建设，在构建课程体系、制定各门课程目标达成度和毕业要求中强化"课程思政育人导向"。

（2）加强"课程思政"研讨、开展"课程思政"教学竞赛。组织教师加强"课程思政"研究或研讨，全面提升教师思想政治素质和师德素养，强化每一位教师的立德树人、德法兼修意识，明确每一门课程的"课程思政"育人责任，合力打造"课程思政"育人共同体，做到专业课程门门有思政，教师人人讲育人。建立"课程思政"集体教研和集体备课制度。积极组织青年教师定期开展"课程思政"教学竞赛，通过教学竞赛活动，教师之间相互取长补短，既促进教师教学技能提高，也提高"课程思政"教学育人成效。

（3）强化课堂教学管理，规范教材选用，优化师德师风。进一步健全课堂教学管理体系，严肃课堂教学纪律，强化对教师授课纪律的约束，把坚持正确的政治方向作为课堂教学管理的根本要求。严格规范教材选用制度，有"马工程"教材的课程必须使用"马工程"教材，没有"马工程"教材的课程也必须选用国家级相关规划教材。优化学生评教、同行评教、专家评教制度，强化教学评价结果在职称评审、职务晋升等方面的运用。进一步优化师德师风，实施师德师风"一票否决"制，确保对课堂教学质量进行全过程有效监督和管理。

（4）强化"课程思政"与"三全育人"和"第二课堂"的融合。将"课程思政"与"三全育人"和"第二课堂"有机融合起来，建构全员、全过程、全方位育人的"三全育人"大格局，着力培养德、智、体、美、劳全面发展的社会主义建设者和接班人。

地方应用型高校法学专业课程思政建设思路

胡选洪〔1〕

《关于加强新时代法学教育和法学理论研究的意见》指出：深入推进法学专业课程思政建设，将思想政治教育有机融入课程设置、课堂教学、教材建设、师资队伍建设、理论研究等人才培养各环节。该意见实际上为法学专业课程思政建设指明了思路。《高等学校课程思政建设指导纲要》（教高〔2020〕3号）从课程思政建设的目标要求、内容重点、教学体系、结合专业特点分类推进目标、课堂教学建设全过程融入、教师课程思政建设意识和能力提升、课程思政建设质量评价体系和激励机制、组织实施和条件保障等方面为课程思政建设指明了更加具体的思路。该纲要提出的这些思路或要求同样适用于法学专业课程思政建设。

法学专业课程思政建设是一项系统工程，作为地方应用型高校，立足行业基层，以培养"三性"（民族性、地方性、应用性）+"三得"（靠得住、下得去、干得好）的复合型、应用型、创新型高素质法治人才为目标，法学专业课程思政建设必须贯彻落实《关于加强新时代法学教育和法学理论研究的意见》和《高等学校课程思政建设指导纲要》提出的各项要求。结合学校所处区域和办学条件等各方面的实际，择其要者，遵循培养方案—专业课程—考核评价的逻辑，法学专业课程思政建设特别需要从如下方面重点着力。

---

〔1〕 胡选洪，四川会东人，四川民族学院法学院教授，法学博士，主要讲授《刑法学》。

一、构建融入思政元素的法学专业人才培养方案

"专业人才培养方案是学校组织教学过程、规范教学环节，实现人才培养目标的主要依据。"[1]因此，课程思政建设首先必须从构建融入思政元素的法学专业人才培养方案入手。人才培养方案中的思政元素集中体现在课程体系上，除学校统一开设的思想政治理论课（核心）外，专业课是法学专业课程思政建设的主体部分。同时，实践类课程和音、体、美、劳等通识类课程也是重要的组成部分，这种法学专业的课程思政体系可称为"一核三环"圈层的法学专业课程思政教学体系。[2]

二、深入系统挖掘各门专业课程章节的思政元素，将其体现在专业课程内容的课堂教学过程中

根据《法学类教学质量国家标准（2021 年版）》的要求，法学专业核心课程采取"1＋10＋X"分类设置模式，除"1"的《习近平法治思想概论》外，"10"的法理学、宪法学、中国法律史、刑法、民法、刑事诉讼法、民事诉讼法、行政法与行政诉讼法、国际法和法律职业伦理，以及"X"的经济法、知识产权法、商法等不少于 5 门的课程，都需要深入、系统地挖掘各门具体课程的思政元素，并防止对思政元素挖掘的表面化、标签化和碎片化。在深入系统挖掘各门专业课程章节思政元素的基础上，最终落脚点在于将其体现在专业课程内容的课堂教学过程中，实现专业课程内容和思政元素内容的有机统一及专业知识传授和价值塑造的有机统一。

三、探索课程思政建设成效的评价体系

价值塑造成效涉及的是对学生内在思想政治素质的评价，但"如何开展对学生的理想、信念、情感等内隐性因素的评价则是个难点"。[3]同时，学生

---

[1] 雷裕春：《法学本科专业课程思政教育体系构建研究》，载《广西财经学院学报》2021 年第 3 期，第 90 页。

[2] 李奕、刘杰：《OBE 理念下的法学专业课程思政建设实证研究》，载《教育教学论坛》2023 年第 23 期，第 143 页。

[3] 龙龙：《高校法学专业课程思政建设探析——以私法类课程为例》，载《长沙大学学报》2023 年第 6 期，第 101 页。

人生观、世界观、价值观的形成，从时间上看也需要一个长期的过程，不是某一门专业课程思政可以单独完成的任务。因此，对课程思政建设成效的评价尤其是对学生的评价难以精确量化，而只能是一种相对的模糊评价。[1] 即可以从学生的课堂到课率、课堂表现、作业完成情况、对专业问题或社会热点案件（事件）的认识度、日常生活的表现等方面进行综合评价。当然，专业课程教师也可以在期末专业课程考试中设置相应反映课程思政的问题进行一定程度的测试。同时，对课程思政建设成效的评价还涉及对教师的评价，这方面可以从课程思政元素挖掘的完整性与精确性、课程思政教学设计和实际教学过程情况、专业课程内容与思政元素内容融合的有机性、学生对课程学习的整体效果、各层级课程思政示范课程建设成效、课程思政教学改革研究项目成效等方面进行考核评价。

除上述三个方面的建设思路外，教材建设、师资队伍建设、激励和监督机制、组织实施和条件保障等也是法学专业课程思政建设不能忽视的重要方面。

---

[1] 张晓云：《法学专业课程思政建设路径研究》，载《黑龙江工业学院学报（综合版）》2022年第10期，第21页。

地方应用型高校法学专业课程思政建设重点措施

武雪萍[1]

四川民族学院法学院一直秉持"为党育人、为国育才"导向,突出价值引领,以专业建设为支撑,以课程建设为抓手,培养"德法兼修"的卓越法治人才。其法学专业建设在多年的探索实践中形成了浓厚的思政育人传统,具有一定的代表性。故本部分将以四川民族学院法学专业课程思政建设为视角,梳理总结其在课程思政建设中采取的重点措施,并进行反思优化。[2]

一、制度保障

(一)学校从制度上对各专业进行课程思政建设予以支持

以《高等学校课程思政建设指导纲要》(教高〔2020〕3号)、《四川省教育厅关于全面推进高校"课程思政"建设 落实立德树人根本任务的实施

---

[1] 武雪萍,河北张家口人,四川民族学院法学院讲师,主讲《民法学》课程。该部分为四川省第三批省级课程思政示范课程项目《民法总论》成果、四川民族学院2020年度校级课程思政示范课程项目《民法总论》(基金号:Szkcsfkc202001)成果、四川民族学院2023年校级教改项目《以"思政育人与学用一体"为引领的民族高校法学专业第二课堂改革与探究》成果,中共四川民族学院委员会宣传部2023年思想政治工作精品项目《"德法兼修"引领下〈民法学〉课程育人的探索与实践》成果。

[2] 四川民族学院于2010年获批设立法学本科专业,2012年4月,法学专业立项为四川省教育厅"专业综合改革试点"项目;2013年11月,法学专业入选四川省卓越法律人才教育培养计划,学校被四川省教育厅、中共四川省委政法委立项为"西部基层卓越法律人才教育培养基地";2017年1月,法学专业入选"四川省首批100个应用型示范专业";2019年12月,法学专业入选"四川省一流本科专业建设点"名单,2021年2月,法学(藏汉双语)获省级"课程思政"示范专业认定。《刑法分论》《民法总论》分别获批四川省课程思政示范课程;《民法总论》《民法分论》《刑法总论》《刑事诉讼法》先后获批校级一流、应用型示范、课程思政示范课程。

意见》（川教［2019］52号）等文件为指导，四川民族学院先后印发了《全面推进"课程思政"建设 落实立德树人根本任务实施办法》《四川民族学院教务处关于开展2019年"课程思政"示范课程认定工作的通知》《四川民族学院课堂教学行为规范（试行）》《四川民族学院课堂教学质量评估办法》《四川民族学院加强课程建设的意见》《四川民族学院本科主讲教师资格认定暂行办法》《四川民族学院教学违规与教学事故认定及处理办法》《四川民族学院课程大纲编写要求与管理》《四川民族学院教材管理办法（试行）》《四川民族学院教学督导实施办法》等一系列文件，从制度上保障各专业课程思政建设。

（二）制定并践行《四川民族学院法学院课程思政建设方案》

通过制定《四川民族学院法学院课程思政建设方案》，明确法学专业课程思政建设的指导思想、建设目标、重点工作、组织领导和总结推广。特别是在组织领导方面，规定在法学院设立"课程思政"建设委员会，"课程思政"建设委员会在法学院党委的统一领导下，由党委书记任组长，院长任副组长，副院长、法律系主任（基层教学组织负责人）和各教研室主任为成员。"课程思政"建设委员会负责会商、研究、协调"课程思政"建设中的相关具体问题并形成决议，经法学院党政联席会议通过贯彻执行。法学院党政联席会议每学期至少召开1次专题会议，专题研究部署"课程思政"建设相关工作。"课程思政"建设委员会和党政联席会议相结合，共同会商、研究、协调、部署"课程思政"建设的相关工作，保证了专业课程思政建设始终坚持以习近平新时代中国特色社会主义思想为指导，全面贯彻党的教育方针，坚定社会主义办学方向，落实"以本为本、四个回归"要求。

二、理念创新

（一）形成"三性+三得"人才培养理念，体现知识传授、能力培养与价值塑造相统一

根据四川民族学院建设"充满活力的现代化综合性应用型民族本科高校"的办学目标，突出民族性、地方性、应用性，培养"靠得住、下得去、干得好"的优秀人才的办学定位，法学院经过多年探索、凝练，形成了"三性+三得"人才培养理念，即以思政教育铸牢"民族性"，铸牢中华民族共同体意识，确保学生"靠得住"；以法学专业教育培养"应用性"，满足地方人才需

求，确保学生"下得去"；以学生主体性开发引导"自主性"，强化个性化技能训练，确保学生"干得好"。"三性+三得"人才培养理念体现了知识传授、能力培养与价值塑造相统一，德法兼修相统一。

（二）凝练法学专业"一个目标，两种角色，三个课堂，四个结合"的课程育人框架

以"三性+三得"人才培养理念为引领，形成了思政引领视域下的"一个目标，两种角色，三个课堂，四个结合"的课程框架，寓价值观引导于知识传授和能力培养之中，帮助学生塑造正确的世界观、人生观、价值观。"一个目标"即以"德法兼修"的法治人才培养为目标；"两种角色"包括教师与学生，以教师为引领，以学生为中心；"三个课堂"即思政课堂、理论课堂与实践课堂，三者融合，实现学以致用；"四个结合"即知识学习和思政引领相结合、线上和线下相结合、教师讲授与学生自主学习相结合、人才培养与社会需求相结合。该模式从目标到实施，明确师生定位，延展学习时空，运用多样化教学方法，将课程思政自然融入课堂，以专业案例为主线，从课前、课中、课后三个过程入手，实践阶梯式教学设计，运用线上线下混合式教学的优势，调动学生的主动性与求知欲，打通教师与学生、课内与课外之间的壁垒，全面提升教育教学质量，实现课程育人目标。

三、教学改革

立足民族高校和法学院少数民族学生占比大（近65%）的实际，深入推进法学专业课程思政建设，构筑"三全育人"体系，铸牢中华民族共同体意识，提升学生思想政治素质，铸就法治人才之魂，做到知识传授、能力培养与价值塑造相统一，是法学院课程思政教学改革的总体思路。

（一）将思想政治素质深度融入人才培养方案

将思想政治素质合格作为人才培养总目标的重要内容，将思想政治素质作为人才培养的具体目标之一，同时在科学人文素质和专业综合素质这两个具体目标之中均有思想政治内容的融入。并在课程设置、过程性评价（考核）、结果性评价（考核）、毕业要求指标点等人才培养各环节深度融合思政教育。

（二）深挖课程思政元素，升华教学内容

一是全面推进习近平法治思想进课堂、进头脑，将《习近平法治思想概

论》作为法学专业核心必修课，同时构筑"三全育人"体系，铸牢学生"中华民族一家亲，同心共筑中国梦""像石榴籽一样紧紧拥抱在一起"的中华民族共同体意识。二是将课程思政元素与马克思主义法学理论相结合、与中华传统文化相结合、与时代主题相结合、与学生的学习成长环境相结合，授课内容具有价值的高度和专业的深度，在传授知识的同时潜移默化地实现对价值观的塑造。三是将思政育人同时寓于理论教学与实践教学之中，培养学生分析和处理实际案件的能力，在实践中深化知识、升华价值。

（三）以课程思政为切入点推进教学方法转型

一是灵活运用案例式教学、讨论式教学、启发式教学等多种教学方法，调动学生的学习积极性，引导学生积极思考。践行合作式学习方法，在同学互教中培养团队精神和合作意识。二是在课堂教学过程中融入司法案例实训环节，让学生体会现行司法传递的正能量，利用司法的权威引导学生内心遵从法律规范的意愿，弘扬社会主义核心价值观。三是充分运用现代教育技术手段开展教学活动，中国大学慕课（MOOC）网、超星、学堂在线、雨课堂、新华思政网、对分易、微信、学校教育智慧平台等现代化信息技术助力法学教学，建立了多维度的智慧学习环境，激发了学生的学习兴趣，引导学生深入思考。亦可通过上述平台实现课堂的全过程管理，构建课程思政学习的全程性评价。四是充分利用数字化法治实务资源，如中国庭审公开网、最高人民法院微信公众号、互联网法院诉讼平台等实务信息化资源，发展"互联网+法学教育"，推进现代信息技术在法学课程思政教学中的应用。

（四）将思想道德提升作为课程考核的重要标准

建立过程性评价和结果性评价相结合的课程考核评价机制，过程性考核包括课前、课中、课后，包含考勤、课堂表现、案例实训、阶段测试、多样化的课程作业，终结性考核为期末考试。在过程性考核和终结性考核中，评价标准既涉及国家发展、社会服务、个人理想等思政目标，又涉及法学知识的掌握程度。通过考核的评价指标设置，对学生产生激励，督促运用法治思维、领悟法治精神。关注学生学习的全过程，对不及时完成学习任务或思想上有懈怠的同学及时进行督促，对整个学期学习不达标的学生进行学业预警和帮扶，使同学在学习中感受到来自老师、同学的关爱，树立信心，迎难而上。

（五）积极推进课程思政示范课程建设

推进省级课程思政示范课程《民法总论》《刑法分论》及校级课程思政示

范课程《民法总论》《刑法分论》《刑事诉讼法》的建设。如《民法总论》目前已经形成了《民法学》课程思政教案、课程大纲、PPT 课件、试题库、案例库等体系化教学成果，同时课程在中国大学慕课（MOOC）网、超星、学堂在线、新华思政网、对分易等载体平台呈现。

（六）积极开展课程思政研究

一是出版了《法学专业课程思政教学案例研究》一书（中国政法大学出版社 2023 年版）。同时，立项《以"习近平法治思想"为中心的法学专业课程思政教学设计研究》（国家民委）等教学研究项目，相关研究成果荣获国家民委、教育部、四川省奖励共 7 项，其他奖励 14 项。二是定期召开课程思政教学研讨会并在 2023 年 5 月开展了"课程思政及一流课程建设交流活动月"活动。研讨内容涉及专业课教学中思政融入的重要性及融入路径、思政元素的挖掘、教学方法的改进、考核方式的优化等多方面。三是组织教师线上参加了"习近平法治思想进课堂暨法科课程思政研讨会"和"2021 年法学学科课程思政教学模式研讨会"。通过参会了解其他高校在课程思政建设中的先进经验，创新教学方式，提升课程育人能力。四是举办法学院课程思政教学竞赛。通过参赛，激发全院教师的责任感和使命感，深化课程思政教学改革、强化课程育人导向。

（七）以赛促学，融知识学习、能力培养、价值观培育于一体

法学专业的学生通过参加辩论赛、模拟法庭等专业竞赛：一方面锻炼了口头表达能力、逻辑思维能力、文字书写能力，并增强了团队合作精神；另一方面使学生将所学知识在更高的层次上得到检验和提高，增加学生学习法律的兴趣，激发学生参与教学活动的热情，增强学生的自信心和成就感，感知法律制度中传递的正能量。教师也可通过指导学生竞赛，得到自我提升。进而实现以赛促教、以赛促学和师生共进的良性循环，以专业竞赛为抓手，将知识学习、能力培养、价值观培育融为一体。

（八）构建"思政+专业+个性化"的多元化特色实践实训平台

将"思政、专业、个性化"全面融入对实践实训平台的构建，结合学生个性，创造性地建立了多元化专业实践实训平台，和旨在挖掘民族地方思政实践教学资源并以民族文化、民族历史、民族情感等铸牢学生中华民族共同体意识为目标的"民族化、地方化"思政实训平台。

四、优化师资

长期以来，法学院一直重视教师队伍建设，通过思想铸魂、挂职顶岗、学历提升、外出交流、聘请兼职（法官、检察官、律师等）、继续教育等形式不断提升教师的思想政治素质、专业能力、数量、学历结构和职称结构等。

（一）思想铸魂，提升教师思想政治素质

通过深入学习习近平新时代中国特色社会主义思想、习近平法治思想、习近平总书记关于高等教育的系列重要论述以及教育部关于高校教师师德师风建设的相关规定，不断提升教师的思想政治素质。要求教师紧跟时代步伐、加强政治理论学习，教师每年需完成80学分的继续教育学习。法学院教师中没有出现违反师德师风的情况。

（二）多措并举，提升教师专业实践能力

一是挂职顶岗。通过法学院与法治实务部门的双向交流机制，法学院选派教师到四川省高级人民法学院、成都市崇州市人民法院、甘孜州中级人民法院等单位挂职或顶岗锻炼，不断提升教师的专业实践能力。二是鼓励教师中的兼职律师积极从事案件代理、法律顾问等法律实务，提升法律实践技能。三是1名教师被遴选为泸定县基层人民法院人民陪审员，参与相关案件审理工作。四是1名教师被聘为甘孜州人民政府行政立法审查和咨询专家，参与州内立法审查、论证等工作。五是1名教师被聘为甘孜州第三方社会力量参与信访事项评议专家。

（三）优化教师数量、学历结构和职称结构

法学院现有专兼职教师共35人。职称结构方面：教授5人，副教授4人，讲师10人。学历结构方面：博士研究生1人，在读博士1人，硕士研究生21人，40岁以下教师全部具有博士、硕士学位。其他方面：学术带头人和专业带头人5人，四川省优秀教师1人，四川省三八红旗手1人，教学标兵1人，"双师型"教师18人。师资队伍的年龄、职称、学历结构较为合理，是一支素质较高的教学科研团队。

五、协同育人

（一）与法律实务部门协作育人

立足民族高校和民族地区法治实务，强化法学课程案例教学、法律实务技能教学、法律实务问题研讨等，深入推进法学课程教育融入司法实践；聘请法治实务部门的专家到学校任教，选派教师到法治实务部门挂职顶岗锻炼；邀请法治实务部门专家参与法学专业课程体系设计、课程内容设计、疑难案例研讨等；邀请法官、检察官、律师、知识产权代理师等法治实务专家到校开展讲座，不断提升协同育人效果。

（二）与兄弟院校协作育人

2021 年 7 月，法学院组织全院教师线上参加了由华东师范大学法学院主办的 2021 年法学学科课程思政教学模式研讨会，与河南大学等 15 所高校的专家学者围绕"法学学科课程思政教学模式"这一主题进行了学习交流。2022 年 5 月，法学院教师线上参加了由华东师范大学法学院、华东师范大学课程思政研究中心、教师教学发展中心、华东师范大学习近平法治思想与法学教育研究中心共同主办的习近平法治思想进课堂暨法科课程思政研讨会；2023 年 5 月与甘肃政法大学研究生工作部（处）、甘肃政法大学民商经济法学院、贵州大学法学院、兰州大学法学院、兰州财经大学法学院、西南民族大学法学院共同举办了"金城之约·民商经济法青年论坛"，民法学教师与学生同兄弟院校师生共同围绕《最高人民法院关于适用〈中华人民共和国民法典〉侵权责任编的解释（一）（征求意见稿）》涉及的热点问题进行了交流与探讨。

第一编　法学专业核心课程

第一章
《习近平法治思想概论》课程思政教学设计

李　辉[1]

一、课程简介和思政建设目标

2021 年 5 月 19 日，《教育部办公厅关于推进习近平法治思想纳入高校法治理论教学体系的通知》（教高厅函〔2021〕17 号）在新修订的《法学类教学质量国家标准（2021 年版）》中明确了习近平法治思想的指导地位，将《习近平法治思想概论》纳入法学专业核心必修课。规定法学专业核心课程采取"1+10+X"分类设置模式，"1"即《习近平法治思想概论》课程。不宁唯是，还要求"各高校要充分发挥课堂主渠道作用，将习近平法治思想进行科学有机的学理转化，将其核心要义、精神实质、丰富内涵、实践要求贯穿于法学类各专业各课程，将社会主义法治建设的成就经验转化为优质教学资源，更新教学内容、完善知识体系、改进教学方法、提高教学水平，帮助学生学深悟透做实，增强政治认同、思想认同、理论认同、情感认同，引导学生进一步坚定中国特色社会主义法治的道路自信、理论自信、制度自信、文化自信"。就此意义而言，课程思政融入《习近平法治思想概论》具有显著的优越性、便捷的切入口、完美的契合度。

（一）课程简介

《习近平法治思想概论》作为法学专业的核心必修课程之一，于大学第一学期开设。课程内容依循教材的体例设置，采用"绪论+分论"的授课方式，

---

[1] 李辉，甘肃会宁人，四川民族学院法学院助教，主要讲授《习近平法治思想概论》《法理学》。

绪论部分着重阐述习近平法治思想形成发展的时代背景、三大逻辑（实践逻辑、理论逻辑和历史逻辑）、鲜明特色和理论体系；第一编集中论述习近平法治思想的重大意义（政治意义、理论意义、实践意义、世界意义）；第二编全面阐释习近平法治思想的核心要义（"十一个坚持"）；第三编重点解读习近平法治思想的科学方法。课程以习近平法治思想为指导，始终坚持正确的政治方向，深刻领悟"两个确立"的决定性意义，牢固树立"四个意识"，不断坚定"四个自信"，坚定做到"两个维护"，将培养有着崇高法治理想、坚定法治信仰、过硬法治本领的新时代综合型法治人才作为本课程的重要目标。为了有效避免、积极应对理论课程学习的枯燥性、乏味性，增进学生对理论知识的学习兴趣与理解深度，课程巧用互动讨论、案例引导，践行"以学生为中心"的教学范式，反转课堂，使学生成为教学推进的主力军，配套相应的分组合作方式，强化对学生理论学习能力、团队合作能力、语言表达能力的培养。课程从掌握新时代法治思想入手，以提升学生法治思想、法治素养、法治思维为重点，以端正政治法律态度为主线，将知识传授与思政教育相结合，在传授知识的同时潜移默化地完成对法治观念的塑造。

（二）思政建设目标

1. 增进学生对马克思主义法治理论的理解与感悟

借由对《习近平法治思想概论》的学习，使学生充分了解并掌握马克思主义中国化、时代化的最新成果。课程通过介绍一系列具有原创性、时代性的新理念、新思想、新战略，详细阐明马克思主义法治理论对于指导当代中国法治建设发展的重要作用，深刻揭示我们党领导人民在马克思主义法治理论的指导下，在中国特色社会主义法治建设的伟大实践中所实现的重大突破、重大创新、重大发展，进一步加深对共产党依法执政规律、社会主义法治建设规律、人类社会法治发展规律的把握。新时代，马克思主义法治理论在我国法治发展进程中更显重要，进一步将马克思主义法治理论融入日常教育教学，能够有效契合法学专业的价值诉求，有效贯彻习近平总书记关于法治人才培养的指示精神，将政治认同、家国情怀、文化素养、人格养成等价值引领目标完全纳入教学目标，实现法学课程专业性与价值性的有机统一，切实提升法学专业德法兼修目标的效果。以习近平法治思想为主要内容之一的法学课程，蕴含着意识形态的塑造与完善，包含着公平、正义、诚信、爱国、公序良俗等价值元素，具有德育的天然优势。法学教师应积极努力，初心不忘、使命牢记，为全面依法治国培养大批"具有坚定理想信念、强烈家国情怀、扎实法学根底"的高素质法治人才。

2. 深化学生对中国特色社会主义法治体系建设的认识

在全面依法治国的宏伟蓝图中，中国特色社会主义法治体系的建设不仅是国家治理体系和治理能力现代化的重要标志，更是实现中华民族伟大复兴中国梦的坚实基石。这一体系的建立和完善，是社会发展的必然要求，也是时代进步的必然趋势。

首先，完备的法律规范体系是法治建设的基石。它要求我们不断丰富和完善法律法规，使之覆盖社会生活的各个方面，为社会成员提供明确的行为准则和权益保障。其次，高效的法治实施体系是法治建设的关键。它要求我们加强法律的执行力度，确保法律的权威不被挑战、法律的尊严不被侵犯。再次，严密的法治监督体系是确保法律正确实施的保障。通过加强法律监督，形成全社会对法律实施的监督网络，及时发现和纠正执法过程中的偏差和错误，保障法律的正确实施和社会公平正义。再次，有力的法治保障体系为法治建设提供了坚实的支撑。包括加强法治教育，提高全民法治意识；完善法律服务体系，为人民群众提供便捷高效的法律服务；加强法治队伍建设，培养一支高素质的法治工作队伍。最后，完善的党内法规体系是中国特色社会主义法治体系的重要组成部分。通过加强党内法规建设、规范党内政治生活，确保党的领导更加坚强有力、党的建设更加科学规范。

通过学习和感悟，学生不仅能够深刻理解中国特色社会主义法治体系的丰富内涵和实践要求，更能在实际行动中积极参与法治建设。他们可以通过参与模拟法庭、法律援助、社区服务等活动，将法治思想内化于心、外化于行，以实际行动践行法治精神。这一过程不仅是学生个人成长的需要，更是国家法治建设的需要。我们期待通过这样的教育和培养，能够培养出一批有理想、有担当、有道德、有专业水平、有职业伦理的优秀法律人，为实现中华民族伟大复兴的中国梦贡献智慧和力量。

3. 培养学生善于运用法律分析问题、解决问题的实践能力

在新时代的教育征程中，授课教师应以价值为导向，引领学生深入理解法治思想的内涵与外延，进而投身法律实践。这不仅仅是从理论知识向实践能力的飞跃，更是一场思想与行动相互激荡、相互成就的深刻历程。这一过程旨在让学生从书本的海洋迈向实践的田野，用思想的光芒照亮实践的道路，

以实践的丰富滋养思想的成长。思政育人的根本目的，在于培育一代又一代有理想、有担当、有道德、有专业素养、有职业伦理的新时代优秀法律人。在这样的教育理念指导下，学生不仅能在法治的道路上砥砺前行，更能用他们的智慧和力量，为构建法治国家、实现社会公平正义添砖加瓦。这一过程，既是对学生个人成长的磨砺，也是对国家法治建设事业的贡献。学生在了解和掌握法治思想的基础上，积极参与法律实践，使得理论与实践相互促进，思想与行动交相辉映。在这样的教育实践中，学生将逐步成长为具有坚定法治信仰、深厚法治素养的社会主义法治建设者和接班人。他们将以法律为信仰，以公平正义为追求，用所学所知在法治国家的建设中发挥积极作用。在这个过程中，他们的思想得到升华，行动更加坚定，为实现中华民族伟大复兴的中国梦、为构建公平正义的社会环境，贡献出自己的青春和热血。

二、课程思政元素挖掘与融入

习近平法治思想蕴藏着厚重的专业知识与丰富的思政元素，将其及时高效、科学充分地融入法治人才培养的各方面、全过程、各环节，对推进法学专业课程思政教学改革具有重要的现实意义和深远的时代意义。由此观之，开展《习近平法治思想概论》课程思政改革，需要深刻把握习近平法治思想的重大意义，才能切实增强学生的政治认同、思想认同、理论认同和情感认同，做到学思用融贯、知信行统一；需要深刻领悟习近平法治思想的核心要义，才能不断提高学生的认识水平和运用能力，做到知其言更知其义、知其然更知所以然；需要深刻认识习近平法治思想的科学方法，才能有效锤炼学生把握时代大势的洞察力、洞穿事物本质的穿透力、直面复杂选择的判断力，不断强化科学思维训练，提高复杂现象分析能力、复杂问题处理本领，展现习近平法治思想的思想高度、学理深度和学术厚度。高校在开展《习近平法治思想概论》课程思政建设的过程中，唯有始终坚持以习近平法治思想为指导，深刻领会习近平法治思想对"法治人才"的定位，守好一段渠、种好责任田，才能真正实现法学教育与课程思政的"协同效应"，真正解决专业教育和思政教育"两张皮"问题。[1]

〔1〕 张富霞：《法学专业课程思政贯彻习近平法治思想的路径探究》，载《佳木斯职业学院学报》2024年第2期，第37页。

（一）课程思政元素挖掘与分析

兹就法学专业教学而言，《习近平法治思想概论》不仅是学生获取专业知识的途径，而且是老师开展思政教育的重要载体。教师需要深入挖掘《习近平法治思想概论》课程的思政主题、思政元素和思政载体，融入教学设计的全过程、各环节，在注重知识传授和技能提升的同时，更要注重思想教育和价值引领，实现知识传授与价值塑造的有效结合，显性教育与隐性教育的有机结合。

1. 课程思政与中国特色社会主义法治的结合

《习近平法治思想概论》课程以2021年出版的"马工程"重点教材为教学用书，将马克思主义法治理论中国化的最新成果——习近平法治思想作为课程思政的核心内容，围绕习近平法治思想的鲜明特色及重大意义，运用"1+N"的教学手段将其生动化，以中国本土法律实践表征为抓手，以案例引入、法律分析等方式，拉近科学理论与现实生活之间的关系。如通过将党领导人民进行法治建设的历史经验详尽展开，运用案例化、故事化等方式使学生理解法与政治、法与政权的关系。在授课过程中运用历史唯物主义方法论引导学生树立正确的价值信念，从社会发展的角度客观分析现实法治问题，进而形成正确的中国特色社会主义法治体系价值认知，坚定中国法律层面制度自信。

2. 课程思政与中华优秀传统文化的结合

中华民族是一个拥有悠久历史基底的民族，所孕育的中华优秀传统文化博大精深，源远流长。出礼入刑、隆礼重法的治国策略，民惟邦本、本固邦宁的民本理念，天下无讼、以和为贵的价值追求，德主刑辅、明德慎罚的慎刑思想，援法断罪、罚当其罪的平等观念，保护鳏寡孤独、老幼妇残的恤刑原则，都彰显了中华优秀传统法律文化的智慧。[1]如第十九章"正确处理依法治国和以德治国的关系"就充分体现了道德教化对法律实施的重要作用，第四章"习近平法治思想的世界意义"充分体现了传承中华法治文明与创造人类法治文明新形态之间的联系与意义。是以，要善于充分深挖和传承中华法律文化之精华，汲取营养、择善而用，要善于发现中华优秀传统文化中的法律因素，厘清中华法制文明的演进脉络，以课堂教学赋予优秀传统法律文化以生机，以优秀传统法律文化赋予课堂教学以活力。高校应当培育德

---

〔1〕《习近平法治思想概论》编写组：《习近平法治思想概论》，高等教育出版社2021年版，第121页。

法兼修的法治人才，而不是只有技术但抛却了优秀中华传统法治文化的法律工匠。

3. 课程思政与当前法学专业建设的结合

本校法学专业人才培养方案立足于时代前沿，旨在培养符合社会需求的高素质法律人才。为此，任课教师精心设计了一系列配套教学措施，并确立了切实可行的培养目标。在《习近平法治思想概论》这一核心课程的教学过程中，不仅着重于学生的政治素养培养和政治觉悟提升，更着眼于巩固专业理论基础和提升职业技能，致力于塑造一批德才兼备、综合素质卓越的法学本科人才。课程教学中，教师深知理论与实践相结合的重要性。因此，在强调政治素质的同时不遗余力地强化学生的专业能力。课程内容精心编排，旨在让学生在深刻理解习近平法治思想的基础上，将其精髓应用于未来的法律实践。同时，紧密结合学生的职业规划和工作选择，针对性地挖掘课程中蕴含的正义、秩序、和谐等时代价值要素。这样的教学设计，不仅增强了课程育人的时代感和实效性，也为学生的职业竞争力注入了新的活力。科任教师致力于让每一位法学学子在掌握专业知识的同时，能够与时俱进，成为具备国际视野、社会责任感和创新精神的法治人才。在此过程中，借由不断提升课程的内涵和外延，使之成为学生成长的摇篮、职业发展的基石。通过这样的教育培养，学生们将能够在法治中国的宏伟蓝图中，挥洒青春、施展才华，为实现社会公平正义、推动国家法治进程贡献自己的智慧和力量。

（二）课程思政融入点

序号	章节	专业知识点	思政元素	典型案例
1	第一章 第一节	增强"四个意识" 坚定"四个自信" 做到"两个维护"	理想信念	西安电子科技大学附属小学通过开展红色研学活动在学生心中埋下自信的种子[1]
2	第一章 第二节	提高政治判断力、政治领悟力、政治	政治认同	曲靖市会泽县：坚持四个"强化"、四个"认同"，抓好

---

〔1〕 参见《培养坚定"四个自信"担当民族复兴大任的时代新人（深聚焦）》，载环球网：https://3w.huanqiu.com/a/226871/4CEPGR/PK/N，访问日期：2024 年 6 月 20 日。

续表

序号	章节	专业知识点	思政元素	典型案例
		执行力		青少年思想政治引领工作〔1〕
3	第二章第一节	马克思主义法治理论同中国实际相结合的最新成果	马克思主义中国化	上海电子信息职业技术学院马克思主义学院开展"中国式现代化的理论创新与生动实践"主题党日活动〔2〕
4	第三章第一节	我国社会主义法治建设发生历史性变革、取得历史性成就	历史唯物主义	吉林建筑大学研究生学院开展主题为"《国际歌》与历史唯物主义"的学习活动〔3〕
5	第五章第三节	党的领导和社会主义法治相统一	共产主义崇高信仰	西安科技大学通信学院组织学生观看学习文献纪录片《赤诚》〔4〕
6	第六章第一节	人民是全面依法治国最广泛、最深厚的基础	人民当家作主	温州大学人文学院第五党支部开展"我为群众办实事"的主题党日活动〔5〕
7	第六章第三节	依法保障人民权益	人权保障事业	中国政法大学人权研究院学生党支部开展"人权教育普及"系列活动〔6〕

〔1〕 参见《坚持四个"强化"四个"认同"抓好青少年思想政治引领工作》，载会泽团县委微信公众号：https://mp.weixin.qq.com/s?__biz=MzA3ODMyMTEwOA==&mid=2651114741&idx=2&sn=64d37bbb988a4c68fc3b4ab367c48c16&chksm=84b4e84eb3c36158ee3f063cf0bbbba54d943f3fd36e623504371e1ca24f4b3c9bba91869bbc&scene=27，访问日期：2024年6月20日。

〔2〕 参见《"中国式现代化的理论创新与生动实践"思政教师主题教育研修班顺利结业》，载上海电子信息职业技术学院马克思主义学院官网：https://szjyb.stiei.edu.cn/2023/0707/c3573a102987/page.htm，访问日期：2024年6月20日。

〔3〕 参见《研究生学院开展主题为"《国际歌》与历史唯物主义"的学习活动》，载吉林大学研究生院官网：http://yjs.jlju.edu.cn/info/1060/1300.htm，访问日期：2024年6月20日。

〔4〕 参见《传承红色基因，感悟信仰力量——机械工程学院2020级本科生党支部组织开展观看文献纪录片〈赤城〉》，载西安科技大学机械工程学院官网：https://jxxy.xust.edu.cn/info/1057/7871.htm，访问日期：2024年6月20日。

〔5〕 参见《学全会精神·当为民先锋——我院学生第五党支部开展"我为群众办实事"党日活动》，载温州大学人文学院官网：https://hum.wzu.edu.cn/info/1044/25860.htm，访问日期：2024年6月20日。

〔6〕 参见《人权研究院学生党支部"人权教育普及"系列活动（二）——"跨越数字鸿沟，数字赋能老年"主题党日活动》，载中国政法大学人权研究院官网：http://rqyjy.cupl.edu.cn/info/1040/4837.htm，访问日期：2024年6月20日。

序号	章节	专业知识点	思政元素	典型案例
8	第六章第四节	维护社会公平正义	公平正义	浙江省长兴县小浦镇开展法制教育"进乡村、进家庭、进学校"活动〔1〕
9	第七章第一节	中国特色社会主义法治道路是唯一正确道路	中国特色	"新思想引领新征程·新青年建功新时代"——第七届全国高校大学生讲思政课公开课展示活动〔2〕
10	第八章第一节	依宪治国依宪执政	宪法信仰	山东大学法学院组织开展"宪法宣传周"系列活动〔3〕
11	第九章第一节	国家治理的深刻革命	法治建设	北京劳动职业保障学院增强法治意识，树立法治信仰，开展"大思政课"法治主题实践活动〔4〕
12	第九章第三节	法治固根本、稳预期、利长远	法治保障	兰州大学多措并举推进依法治校工作〔5〕
13	第十章第二节	完备的法律规范体系	社会秩序井然	通化师范学院联合通化市公安等部门开展以"贯彻总体国家安全观 增强全民国家安全意识和素养 夯实以新安全格局保障新发展格局的社会基

〔1〕 参见《法治宣传进校园，点亮平安成长路——长兴县小浦镇中学开展法治进校园宣讲教育活动》，载湖州市教育局官网：http://huedu.huzhou.gov.cn/art/2024/3/27/art_1229210613_58962825.html，访问日期：2024年6月20日。

〔2〕 参见《"新思想引领新征程·新青年建功新时代"》，载中国矿业大学力学与土木工程学院传媒中心新媒体官网：https://mp.weixin.qq.com/s?__biz=MzIzMjc1MTMxNA==&mid=2247520631&idx=1&sn=16fd0cf87bfb1a8d30604d6db39e7330&chksm=e892f8cadfe571dcb36b9b1c132cbf7fc876cd435c8e63214a7018cad629459365aa01b565fa&scene=27，访问日期：2024年6月20日。

〔3〕 参见《法学院组织开展"宪法宣传周"系列活动》，载山东大学法学院官网：https://law.sdu.edu.cn/info/1050/13176.htm，访问日期：2024年6月20日。

〔4〕 参见《增强法治意识，树立法治信仰——马克思主义学院开展"大思政课"法治主题实践活动》，载北京劳动保障职业学院官网：https://mp.weixin.qq.com/s/woLu78FpTBBBp3TujRFVjQ，访问日期：2024年6月20日。

〔5〕 参见《兰州大学多措并举推进依法治校工作》，载中华人民共和国教育部：http://www.moe.gov.cn/jyb_sjzl/s3165/202212/t20221227_1036639.html，访问日期：2024年6月20日。

续表

序号	章节	专业知识点	思政元素	典型案例
				础"为主题的国家安全教育系列活动〔1〕
14	第十章第四节	严密的法治监督体系	监督有方	西安工程大学纪委印发"制度执行监督年"实施方案，把2020年作为学校"制度执
				行监督年"〔2〕
15	第十九章第一节	法律与道德	道德修养	济南大学文化和旅游学院开展"知礼明德 明礼修身"大学生文明素养主题班会活动〔3〕
16	第十九章第三节	社会主义核心价值观与法治建设的融汇	社会主义核心价值观	点亮价值之光，中南大学针对性创设社会主义核心价值观教育体验课堂〔4〕

三、教学设计基本思路与措施

（一）教学设计基本思路

本课程以培养新时代德才兼备的高素质法治人才为导向，在教学实践中探索形成了"一个方向，两类主体，三项开展，四方联合"的教学设计思路，寓思想观念引导于专业知识传授和实践能力培养之中，帮助学生塑造正确的世界观、人生观、价值观。"一个方向"即明确"理论学习—实践探索—思想塑造"的推进式培养方向；"两类主体"即引导者与参与者，弱化教师这一固有的角色限制，强化引导参与的身份作用，以角色互换、分工协作的方式，激励起学生主动探索、努力钻研的积极性；"三项开展"即在理论交流、思想

〔1〕　参见《我校开展"4.15"全民国家安全教育系列活动》，载通化师范学院：https://www. thnu.edu.cn/publish/news/thnu/4/12397.html，访问日期：2024年6月20日。

〔2〕　参见《西安工程大学开展"制度执行监督年"活动》，载西安工程大学官网：https://jiwei. xpu.edu.cn/info/1003/4819.htm，访问日期：2024年6月20日。

〔3〕　参见《"知礼明德明礼修身"大学生文明素养主题班会活动》，载济南大学文化和旅游学院官网：http://lwxy.ujn.edu.cn/info/1170/5673.htm，访问日期：2024年6月20日。

〔4〕　参见《点亮价值之光，中南大学社会主义核心价值观教育体验课堂启动》，载中南大学新闻网：https://news.csu.edu.cn/info/1062/155774.htm，访问日期：2024年6月20日。

互动、实践操作领域充分开展新兴教学活动，充分配合，学以致用；"四方联合"即联合知识学习和思政引领，联合线上交流和线下互动，联合教师讲授与学生讨论，联合人才培养与行业需求。该模式从方向到落实，明确师生定位，延展学习时空，运用多样化教学方法，将课程思政自然融入课堂，以专业案例为主线，从课前、课中、课后三个过程入手，实践推进式教学设计，运用线上线下混合式教学的优势，调动学生的主动性与求知欲，打通教师与学生，课内与课外之间的壁垒，全面提升教育教学质量，实现课程育人目标。

（二）措施与方法

1. 梳理课程内涵，链接思政要点

围绕课程安排的特色，整体上把握教学要求和目标，充分梳理教学中的重点难点内容，力求精准施策，做到各有侧重。以内容革新为抓手，推动课堂讲授方式与时俱进，将教学内容从教材本身拓展至时政热点、法律法规、司法解释、学术前沿，使得思政元素与教学内容衔接得当，过渡自然。对于法学专业课程的常规教学（尤其是《习近平法治思想概论》课程）而言，不能仅停留在书面内容解读这一层面，而是要将其放置在更为宏阔的全面实现依法治国整体战略布局中进行细致考量，以期充分发掘习近平法治思想核心内容背后所展示的价值追求、所蕴含的人文关怀。法学学科本身就蕴含着丰富的思想政治元素。是以，积极引导学生在学习中感悟思政元素之意义，在生活中体会思政元素之作用，即成为授课教师的工作任务。高校教师在有了课程思政的意识之后，就应当在这种理念的指导下有目的地对学科知识体系进行细致的梳理和深入的分析，挖掘知识背后的思政内容，激活专业课程内涵的教化功能，将内隐的价值理念外化为师生教与学的行为表现。在此基础上，深挖学科与思政元素的连接点，在传授知识的同时潜移默化地实现价值观的塑造，理解并内化本课程所蕴含的丰厚的习近平新时代中国特色社会主义法治思想以及社会主义核心价值观等思政因素。

2. 以课程思政为着力点推动自身教学转型

新时代进一步将课程思政融入法学课程，要注意教学模式自我扬弃转型，需将传统的"思政课程"向"课程思政"转变，同时重点把握课程思政的内在清晰逻辑，结合法学专业自有的规范性、严谨性、逻辑性等特质，积极探索"法学+思政"教育的新型教学模式，实现转型升级。贯彻教学相长的基本理念，法学教师和学生之间的关系不再是单向的知识传递，而是一种双向的互动和成长。教师不仅要传授知识，更要引导学生思考、探索和实践。通过设置问题情境、组织小组讨论、鼓励学生提问等方式，激发学生的好奇心和求知欲，培养学生的批判性思维和创新能力。同时，践行平等互进式教学方法，要求教师鼓励学生表达自己的观点和想法，倾听学生的声音，与学生共同探讨问题。在这一过程中，教师不仅是理论知识的传授者，更是学生学习的引导者和答疑者。其中，增加案例讨论在整体教学过程中的实际占比，学生可以更好地理解理论知识与实践应用的关系，提高分析问题和解决问题的能力。案例讨论也为学生提供了展示自己才华和能力的平台，增强了学生的自信心和成就感。在贯彻"学生主导，教师服务"的新课堂模式下，学生成为学习的主体、教师则成为学习的促进者和服务者。教师要为学生提供必要的学习指导和帮助，创造良好的学习环境和条件，让学生在自主学习和合作学习中不断成长和进步。步入信息时代，法学教师可充分利用互联网等新媒体平台技术，使学生接触到更广泛的知识和信息，与不同地区、不同背景的各高校学生进行交流和互动。这不仅能够拓宽学生的视野，还能够促进学生之间的相互学习和共同进步。构建全方位、多层次、宽领域的混合式教学模式，融合传统教学和现代教学的优势，通过线上与线下相结合的方式，为学生提供更加灵活多样的学习方式和选择途径。这种教学模式能够满足不同学生的学习需求和特点，提高教学的个性化和精准化水平。

3. 提升"线上+线下、课内+课外"教学质量

《习近平法治思想概论》课程在新时代教育背景下，致力于构建融合线上线下教学优势的立体化教学模式。线下教学环节是传统教育的精髓所在，它为学生提供了一个互动性强、体验感深的学习环境。在课堂教学中，教师通过精心设计的讲授、引导和互动，帮助学生系统掌握法学基础理论知识。热点研讨环节则鼓励学生关注时事、关注热点，培养批判性思维和问题解决能力。合作交流环节通过小组讨论、角色扮演等形式，锻炼学生的团队协作和沟通能力。期末考评则是对学生一学期学习成果的全面检验，确保教学目标的达成。线上教学环节则侧重于知识点的补充与拓展，以及课后实践作业的丰富与完善。通过网络平台，学生可以随时随地访问课程资源，进行自主学习和有效复习。线上教学的灵活性和便捷性，为学生提供了更多的学习选择和空间。课程思政是本课程教学的重要组成部分，它贯穿于线上、线下教学环节的全过程。借由将思政教育与专业教学相结合，引导学生树立正确的世

界观、人生观和价值观，培养学生的社会责任感和法治意识。

"成熟的法律实践应当是教育敢于为权利而斗争，为少数人而发声，为法治而奋斗的实践理性。"要达到这种效果，就需要在课堂外的实践活动中，以学生感兴趣的方式，引导学生发现、感知实务中的职业精神，避免单纯说教带来的反面效应。本课程积极探索校外思政育人模式，鼓励学生走出校园，参与到更广阔的社会实践之中。普法志愿活动让学生将法律知识传播给社会大众，提高了公众的法治意识；法治演讲比赛则为学生提供了展示自己法律素养和表达能力的广阔舞台；司法实务观摩则让学生近距离感受司法工作的权威性、严肃性、专业性和严谨性，增强了法律职业的认同感和归属感。在这些活动中，学生不仅能够将所学知识应用于实践，更能够在实践中深化对法律专业伦理的理解，将法律精神内化于心、外化于行。借由参与这些活动，学生不仅能够切身感受到一线司法工作人员的优良品质，增强自身的职业责任意识，而且为将来的法律职业生涯打下坚实的基础。

4. 推动考核评价机制多元化

《习近平法治思想概论》课程要以习近平法治思想为引领，对学生成绩考核方式进行改革，要"将学习效果评价从单一的专业维度，向人文素养、社会责任感等多维度延伸，综合运用客观量化评价与主观效度检验，过程性评价与终结性评价等多样的评价方式，细化对学生学习效果的测量"。在原有期末考核的基础上，进一步强化平时表现的评价占比，丰富考核手段，提升考核对学生综合素质评价的实际效能。同时，平时表现的评价体系由课堂签到、线上课程学习、随堂测验、互动讨论等内容构成，授课教师可以在学生的期末课堂评价中有针对性地设置相关问题，收集学生们的真实教学体验，通过学生端了解课程思政改革的效果，并且发现课程思政改革的阶段性问题，寻找出有待进一步完善的环节，在改革过程中持续改善和提高课堂质量。通过充分考量不同学习阶段学生的实际需求与教学目标，将其两相结合，推动评价理念变革。

四、教学设计典型案例展示

（一）知识点概况

公序良俗指民事主体的行为应当遵守公共秩序，符合善良风俗，不得违反国家的公共秩序和社会的一般道德。换言之，公序良俗的主要内涵是人们在社会生活中逐渐形成的与每个社会成员密切相关的公共秩序与良好道德风尚，不仅对培养人们的道德意识具有重要作用，而且对巩固社会的发展根基具有重要意义。公序良俗是对法律行为效力的有效规制。若民事主体的行为违反了公序良俗，则就其行为所形成的法律关系也是无效的。

（二）教学思路

在进行《习近平法治思想概论》的课程教案设计与开展常规教学的整体过程中，首先应立足课程自身的特殊性和专业性，同时观照学科人才培养的主要功能与价值定位，以此为基础奋力发掘相应的思政元素并将其流畅、自然地融入课程教学，借助新型教学方式进行授课。教师可利用超星学习通平台发布课前预习任务，使学生通过该平台对即将学习的知识内容进行预习，拉近学生与教学任务之间的距离。发布课程研讨案例，配套相关法条搜索指引，组织同学分组讨论，并形成部分成型观点于正式上课之时进行分享。为保证教学目的能够顺利实现，教师可通过平台后方的数据记录对学生的讨论学习情况进行考察，以适时调整自身教学进度及内容安排，并将话题活跃度纳入平时的考核范围。教学开展过程中，教师将首先对法律与道德的关系——"法律是成文的道德，道德是内心的法律"——展开讲授，阐述在我国，社会主义道德是法律法治的价值源泉，是制定法律，实行法治的法理依托，是评价良法善治的重要标准，突出正确处理道德与法律的关系的重要性与现实意义。同时，以探讨违反道德的行为与违反法律的行为之间的关系的问题，引出课堂教学的研讨话题，配合以翻转课堂的方式，动员学生针对性地发表自己对于课前话题的观点意见，提升学生的口头表达能力。课后要求同学围绕典型案例进行思考并形成文字报告，上传到超星学习通平台，将此纳入平时成绩考核的范围。

（三）课程思政设计

1. 课程引入

**案例介绍：　张某英依与其同居人所立遗嘱诉遗嘱人之妻
　　　　　　　蒋某芳给付受遗赠的财产案**[1]

原告（上诉人）：张某英
被告（被上诉人）：蒋某芳
被告蒋某芳与遗赠人黄某彬系夫妻关系，因婚后未生育，收养一子黄某

---

[1] 张邦铺主编：《民事案例研究》，中国政法大学出版社 2016 年版，第 7 页。

（现年31岁）。1990年7月，蒋某芳继承父母遗产取得泸州市市中区顺城街67号房屋所有权。1995年，该房被拆迁，由拆迁单位将位于泸州市江阳区新马路6-2-8-2号的77.2平方米住房一套作为还房安置给蒋某芳，并以其名义办理了房屋产权手续。1996年，黄某彬与原告张某英相识后便在外租房同居生活。2000年9月，黄某彬与蒋某芳将继承所得的房产以8万元的价格卖与他人，并将其中的3万元赠与儿子黄某。2001年初，黄某彬因患肝癌住院，期间一直由蒋某芳及其家属护理。2001年4月20日，黄某彬立下书面遗嘱，将其所得的住房公积金、住房补贴金、抚恤金，以及出售房屋的一半价款4万元及所用的手机一部赠与张某英，泸州市纳溪区公证处对该遗嘱出具了［2001］泸纳证字第148号公证书。同月22日，黄某彬去世。张某英即持遗嘱要求蒋某芳交付遗赠财产，双方发生纠纷。

张某英向泸州市纳溪区人民法院提起诉讼，称：其与被告蒋某芳之夫黄某彬是朋友关系。黄某彬在2001年4月18日立下遗嘱，将其6万元的财产遗赠给我，该遗赠并经公证。黄某彬因病死亡，遗嘱生效。但被告拒不给付遗嘱中给我的财产。请求法院判令被告给付其受遗赠的价值6万元的财产。

被告蒋某芳答辩称：黄某彬所立遗嘱的内容侵犯其合法权益。抚恤金不属于遗产范围，公积金和住房补贴属夫妻共同财产，遗赠人无权单独处分。售房款是不确定的财产。遗赠人黄某彬生前与原告长期非法同居，该遗赠违反社会公德，是无效行为。请求驳回原告的诉讼请求。

一审中，经蒋某芳申请，泸州市纳溪区公证处于2001年5月17日作出［2001］泸纳撤字第2号《关于部分撤销公证书的决定书》，撤销了［2001］泸纳证字第148号公证书中的抚恤金和住房补贴金、公积金中属于蒋某芳的部分维持其余部分内容。

泸州市纳溪区人民法院审理认为：黄某彬所立的将财产赠与原告的遗嘱，虽是其真实意思表示且形式合法，但其对财产的处分违反了继承法和婚姻法的有关规定。根据《民法通则》[1]第7条的规定，民事行为不得违反公共秩序和社会公德，违反者其行为无效。根据《婚姻法》第3条禁止有配偶者与他人同居，第4条夫妻应当互相忠实、互相尊重的法律规定，遗赠人黄某彬

---

[1]《民法通则》，即《中华人民共和国民法通则》，为表述方便，本书中涉及我国法律文件，直接使用简称，省去"中华人民共和国"，全书统一，后不赘述。

基于与原告张某英的非法同居关系而立下有悖于公共秩序、社会公德和违反法律的遗嘱，损害了被告蒋某芳依法享有的财产继承权。该遗嘱属无效民事行为，对原告张某英要求被告蒋某芳给付受遗赠财产的主张不予支持。被告蒋某芳要求确认该遗嘱无效的理由成立，予以支持。依据《民法通则》第7条的规定，该院判决：

驳回张某英的诉讼请求。

张某英不服一审判决，向泸州市中级人民法院提起上诉。称：①黄某彬所立遗嘱是其真实意思表示，且符合继承法规定，属有效遗嘱。②遗嘱中涉及"抚恤金"和夫妻共有的"住房补贴金""住房公积金"，根据《继承法》第27条第4项的规定，也只能将该部分认定为无效，并将无效部分所涉及的财产按法定继承处理，遗嘱中所处分的个人财产应属有效遗嘱，依法应得到保护。③本案属于遗嘱继承案件，应适用继承法。请求二审法院依法撤销一审判决，改判上诉人的受遗赠权受法律保护。

被上诉人蒋某芳答辩称：上诉人基于与遗赠人的长期非法同居关系，以侵犯被上诉人的婚姻家庭、财产等合法权益的方式获取非法遗赠。因此，对上诉人的所谓受遗赠权不予保护，既合法，也符合社会公理。请求二审法院判决驳回上诉，维持原判。

二审法院审理认为：遗赠人黄某彬的遗赠行为虽系其真实意思表示，但其内容和目的违反了法律规定和公序良俗，损害了社会公德，破坏了公共秩序，应属无效民事行为。对上诉人张某英要求被上诉人蒋某芳给付受遗赠财产的主张，不予支持，被上诉人蒋某芳要求确认该遗嘱无效的理由成立，予以支持。原审判决认定事实清楚，适用法律正确，依法应予维持。据此，依照1991年《民事诉讼法》第153条条第1款第1项之规定，该院于2001年12月28日判决：

驳回上诉，维持原判。

2. 思政结合

"泸州遗赠案"是中国法治实践中存在的一个经典案例，是一个引发广泛讨论的案例，虽然从发生至今已二十余年，但其重要意义仍然非常显著，其核心争议在于遗赠协议的有效性。兹就本案而言，法律、人情、道德等各种因素掺杂在一起，给司法判决增加了一定难度。该案例提醒我们，在处理法律与道德的冲突时，需要谨慎平衡二者之间的关系。在"泸州遗赠案"中，原告张某英（被继承人黄某彬的情人）基于黄某彬的遗赠请求获得遗产。然而，两审法院均认为该遗赠因违背社会公德而无效。这一判决引发了社会各界的广泛关注和讨论。一方面，有观点认为，法院应当在法律出现漏洞时，运用自由裁量权，依据公序良俗和法律的整体精神解释和适用法律。另一方面，也有人认为，遗赠是遗赠人对自己私权的处理，属于合法的民事行为。这些观点反映了在司法实践中，如何恰当地将道德考量纳入法律判决是一个复杂而微妙的问题。最终判决结果表现出了道德在某些情况下不适当地僭越了其调整范围的边界，直接以道德的标准推翻了合法法律行为的效力，这在一定程度上削弱了法律的权威性。这也提醒我们，在建立法治国家的过程中，需要明确法律与道德的界限，确保法律的至上性。同时，法律并非绝对拘束，当司法判决存在严重错误或法律存在漏洞时，道德可以发挥其规制作用。但这种适用应在严格的限制下进行。

不难发现，该案不仅是一个关于遗赠协议效力的具体案例，更是深刻地反映了法律与道德之间的复杂关系和平衡艺术。它提醒我们，在司法实践中，应当谨慎处理二者之间的关系，确保法律的稳定性和社会的和谐发展。

3. 思考讨论

请同学们思考，违反道德的行为在法律上是否绝对无效？可结合具体案例阐释。

第二章
《法理学》课程思政教学设计

李　辉[1]

一、课程简介和思政建设目标

2016 年 12 月，习近平总书记在全国高校思想政治工作会议上指出，"要用好课堂教学这个主渠道""其他各门课都要守好一段渠、种好责任田，使各类课程与思想政治理论课同向同行，形成协同效应"。这一重要论述，集中体现了推进课程思政建设需要把握的重要关系和直面的现实难题，其蕴含的基本精神、核心要义、实践要求成了推进课程思政建设进入新时代、开创新局面、站上新起点、迈向新征程、书写新篇章，落实立德树人根本任务融入思想政治教育、文化知识教育、社会实践教育全方位各环节，贯穿基础教育、职业教育、高等教育全过程各领域，坚持显性教育和隐性教育相统一，挖掘其他课程和教学方式中的思想政治教育资源，实现全员全程全方位育人的根本遵循、理论指引和行动指南；更是践行寓价值观引导于知识传授和能力培养之中，帮助学生塑造正确的世界观、人生观价值观，融价值塑造、知识传授和能力培养于一体，实现人才培养目标的应有之义、必备内容和价值归宿。[2]

（一）课程简介

法理学，作为现代法学学科体系中的一门重要学科，其侧重点在于研究

---

[1] 李辉，甘肃会宁人，四川民族学院法学院助教，主要讲授《习近平法治思想概论》《法理学》。

[2] 李辉：《法理学课程思政教学案例研究》，载叶晓彬、安静、胡选洪主编：《法学专业课程思政教学案例研究》，中国政法大学出版社 2023 年版，第 20 页。

法律的一般性、普遍性问题，主要囊括法哲学的基本问题、有关法律运作机制的基本理论问题、法与其他社会现象的关系问题。法理就是讲法之"理"，法之理就是法的内在合理性，而法的内在合理性表现为法律规定应该符合生活的逻辑和人性的法则。[1]法理学在法学体系的设置、构成、划分和位阶关系中居于基础与核心地位，是以"法理"为核心范畴和研究对象形塑而成的科学活动及智识成果的总称，更是整个法学体系赖以存在的"黏合剂"，蕴含着清晰的概念体系、有力的话语体系、厚重的理论体系、丰富的知识体系和严谨的逻辑体系，概念上系统完备、话语上自成一体、理论上抽象复杂、知识上宏阔精湛、逻辑上有机衔接，其独特作用和特殊地位或学科意义表征为法理学是法学的一般理论、基础理论、方法论和意识形态。[2]在学科架构中，法理学占据着法学基础理论、一般理论、方法论和意识形态的基础地位。它不仅是现代法学教育体系中的关键组成部分，更是高等学校法学专业的灵魂课程。法理学关乎法的本体论、方法论、价值论、演进论、运行论等诸多重大理论问题，其核心即围绕"善良与衡平"展开，同时也围绕"技艺"进行系统性铺陈。[3]本课程的教学将从法理学的学术定位和学科定位出发，简洁、精炼地介绍法律的概念与本质、基本特征以及法的构成要素。借由对法律产生、发展、历史类型、法的价值、法的渊源与效力、法律关系、法律行为、法律责任、法律方法等基本概念的深入分析，尤其是对权利与义务这对核心概念的剖析，从而揭示法律的本质及其运行逻辑。教学中，《法理学》课程坚定不移地以"法理+思政"为教学中心，确保法理元素与思政元素相互促进，贯穿课堂教学的始终。采用"理论讲授+案例讨论"的教学模式，旨在帮助同学们清晰地理解法理学与部门法学之间的相互关系，同时凸显法理学在学生思想政治教育中的重要地位和核心作用。这样的教学设计不仅传授知识，更启迪思维，让学生在掌握法理学的基本框架和理论精髓的同时，能够深刻认识法律在维护社会正义、促进社会和谐中的重要作用，进而成长为具有深厚法学素养和坚定法治信仰的新时代法律人才。

---

〔1〕 李拥军主编：《法理学讲义》，北京大学出版社 2023 年版，第 1 页。

〔2〕 李辉：《法理学课程思政教学案例研究》，载叶晓彬、安静、胡选洪主编：《法学专业课程思政教学案例研究》，中国政法大学出版社 2023 年版，第 20~21 页。

〔3〕 陈寒非：《法理学课程思政建设若干问题的思考》，载米新丽主编：《法学专业课程思政建设成果集——理论·方法·实践》，首都经济贸易大学出版社 2022 年版，第 55 页。

（二）思政建设目标

《法理学》不仅是法学专业的核心课程与必修课程，更是法学专业课程体系中的重点和难点。法理学以抽象晦涩的逻辑思维检视法哲学的基本问题、法律运作机制的基本问题以及法与其他社会现象的关系问题，借由理论思辨，剥离高度一般性、普适化的基本原理，抽绎高度一般性、普适化的适用方法，观照法律演进历史，照拂社会发展现实。法理学以理论为导向，不管是法学的一般理论、基础理论，还是法学的方法论、意识形态，都显得太"高"；法理学缺乏专门的部门法作依托，以一切法律现象作为研究对象，显得太"空"；法理学无所不包，囊括制度、文本、文化、意识、心理、历史等法律现象，显得太"杂"；法理学以抽象晦涩的哲学理论为基础，显得太"难"。[1]是以，《法理学》课程理论难度大、知识范畴广，老师一般认为最难讲，学生一般认为最难学。《法理学》课程内含天然的丰富思政元素，对于培养当代法科生的理想信念、道德情操具有显著的价值和深远的意义。借由教学内容的挖掘与编排、教学方法的革新与重塑，充分发挥《法理学》课程在法学专业思想政治教育战线中的重要作用。在知识目标上，要求学生掌握法学基本知识和基本概念，了解中外法学演进历史、前沿动态及发展趋势，形成基本的法律史学观念及法学理论思维；在能力目标上，要求学生具备较好的对社会问题的法律分析能力，训练对于法的现象进行宏观、抽象思辨的能力，形成坚实的基础理论及研究应用功底，能较为清晰、准确地理解各类不同法律职业的要求和标准并做好相应的能力储备，将个人发展融入职业、行业发展；在素质目标上，要求学生深刻领会马克思主义中国化的基本理论及习近平新时代中国特色社会主义思想的基本原理，夯实法治信仰、培育人文情怀，形成高尚的法律职业道德和扎实的专业素质，德法兼修、明法笃行，做社会主义法治的忠实崇尚者、自觉遵守者、坚定捍卫者。[2]

1. 帮助学生深刻理解法律所保护的各种价值

《法理学》课程的讲授旨在让学生深刻认识法理在社会生活中的重要作用和深远影响，进而对隐藏在价值背后的位阶排序形成认同与坚守。课程采用

---

〔1〕李拥军：《法理学教研中的体悟与随想》，上海三联书店2022年版，第3页。
〔2〕万娟娟：《挖掘天然思政元素，双师协同培德育智——法理学课程思政改革概要》，载广东技术师范大学官网：https://www.gpnu.edu.cn/info/1039/30744.htm，访问日期：2022年11月8日。

"总-分"的结构安排，由内而外、层层递进，引领学生深入探究法律的内涵与外延及其在实践中的运行轨迹。授课过程紧扣法律的本质，逐一展开对其内涵外延的讲解，并以剖析法律的效果、概念、原理为着力点，细腻阐述法理学在当代中国特色社会主义法治建设中的重要价值与关键作用。借由教学，力图使学生深刻体悟全面推进法治中国建设的系统性创新和集成化举措。课程内容将详略有致地揭示法治与经济、科技、社会发展、全面依法治国等现实环节之间的紧密联系与价值排序。借由这一过程，提升学生对于法学重难点的辨识和理解能力，使之能够清晰地把握法治在各个领域中的重要作用和地位。《法理学》课程不仅是对法律知识的传授，更是一次法治理念的深度熏陶。通过课程教学设计，力争使学生在掌握法律原理的同时，洞察法治对于国家治理、社会进步的推动力，从而在思想上认同法治价值，在行动上维护法治尊严，提升直面复杂社会现象筛选重要信息、识别关键要素的综合能力，进而成长为具有高度法治意识和专业素养的法律人才，为构建社会主义法治国家贡献自己的智慧和力量。

2. 深化学生对法治原理作用于中国社会实践的认识

以法治概念的深入探讨与现代法治理念的细致学习为主，以法治与法制、法治与人治、法治与德治三组相似概念的精准区分为辅，力求使学生对人类社会的法治概念、观念和理念形成全面而基本的认识。以此为基础，深刻把握中国特色社会主义法治建设的精髓，从而梳理出科学、合理的法治观念。在此过程中，学生将会对当代中国法治建设的"新十六字方针"——科学立法、严格执法、公正司法、全民守法——形成更加深刻的理解、更加精准的认知。进言之，这四个维度不仅是新时代中国特色社会主义法治建设的基本要求，更是社会主义法治建设的基本方针。通过学习，学生不仅能够理论联系实际，还能够提升自身的法治素养，为构建社会主义法治国家贡献自己的力量。经此训练，学生的逻辑思维将更加清晰，对法治的理解也将更加深刻，进而使他们在传播法治理念、推动法治实践的道路上，发出优美的时代强音。

3. 培养学生善于从法理角度分析现实问题、解决实际需要的能力

通过理念传授与价值输送，致力于帮助学生充分认识和深刻感悟法的根本原理，不仅鼓励学生积极践行法治要求、落实法治理念、提升法治思想，而且引导其努力实现理论与实践的完美融合，使理论的光芒照亮实践的路径。在教育征程中，教师的价值引导作用被充分发挥。教育家加里宁说，教师的

世界观、他的品行、他的生活、他对每一现象的态度，都这样或那样地影响着学生。教师如同灯塔，照亮学生前行的道路，帮助他们不仅在知识的海洋中了解和掌握法治思想的内涵与外延，更在法律实践的沃土上精耕细作，实现从书本到实践的飞跃。我们倡导以思想指导实践，以实践丰富思想，让理论与实践相互映照、共同成长。思政育人培养出的不仅是具备专业水准和职业伦理的优秀法律人才，更是怀揣理想、肩负担当、坚守道德的法治栋梁。他们将以法治精神为指引，以法律智慧为武器，为构建社会主义法治国家贡献自己的青春和力量，书写新时代法治事业的华美篇章。

二、课程思政元素挖掘与融入

2020 年 5 月 28 日，《高等学校课程思政建设指导纲要》（教高〔2020〕3号）明确要求"切实把教育教学作为最基础最根本的工作，深入挖掘各类课程和教学方式中蕴含的思想政治教育资源，让学生通过学习，掌握事物发展规律，通晓天下道理，丰富学识，增长见识，塑造品格，努力成为德智体美劳全面发展的社会主义建设者和接班人"，"专业课程是课程思政建设的基本载体。要深入梳理专业课教学内容，结合不同课程特点、思维方法和价值理念，深入挖掘课程思政元素，有机融入课程教学，达到润物无声的育人效果"。法理学承担着价值塑造、知识传授和能力培养的重任，具有传承文化、启迪思想、训练思维、塑造人格的功能。

（一）课程思政元素挖掘与分析

法理学不仅蕴藏着丰富而深刻的思想政治教育内容，而且内含着广泛而厚重的思想政治教育元素。是以，开展《法理学》课程思政教学能够和思想政治教育做到顺畅过渡、形成无缝衔接，同时还有利于深挖广掘法理学中的思政内容，进而，将法学专业的"智育"与思想政治的"德育"紧密结合、有机融合。由此观之，在《法理学》课程的教学过程中，唯有系统挖掘、有效切入、有机融入思政元素，方能促使学生实现法学理念、社会责任与家国情怀的融合。

1. 课程思政与中国特色社会主义法理学的结合

《法理学》课程以 2021 年出版的"马克思主义理论研究和建设工程"重点教材为教学用书，将建设和发展具有中国特色的社会主义的法理学作为课程思政的核心内容。课程以习近平新时代中国特色社会主义思想为引领，坚定不移地贯彻理论与实践相结合的教学方针，将增强学生对社会现实的敏锐感知力设定为课程教学的重要追求。在具体的教学实施过程中，始终紧扣与教学相关的社会热点问题和重要典型案例，以抽丝剥茧、层层深入的方式深入剖析，精准聚焦那些能够彰显法理学价值的关键点，旨在拓宽学生审视问题的法律视角，加深他们对法律问题的理解深度。课程内容的设计与讲授，不仅着眼于知识的传授，更注重培养学生运用法理学知识分析问题、解决问题的能力，从而在法学教育和思政教育中实现知行合一，为培养具有深厚法学素养和坚定社会主义法治信念的新时代法律人才奠定坚实基础。

2. 课程思政与中国特色社会主义时代良法善治的结合

党的十九大报告高瞻远瞩地强调了"以良法促进发展、保障善治"的重要性，该理念在习近平总书记主持的中央全面依法治国委员会第一次会议上得到了进一步的明确，提出了"使社会主义法治成为良法善治"的宏伟目标。这一要求深刻体现了良法善治在社会主义法治中的核心地位和价值追求，它不仅是全面依法治国的基本要求，也是实现国家治理体系和治理能力现代化的必由之路，其在《法理学》课程中得到了充分的彰显。例如，在"全面依法治国，建设法治中国"这一章节中，我们进一步认识到，全面依法治国为中国治理提供了坚实的制度保障。故而，必须坚定不移地在法治轨道上推进国家治理体系和治理能力的现代化。正如第十一章——中国特色社会主义法与民主政治——所着重强调的那样，"党的领导是社会主义民主政治发展的根本保证，而社会主义民主政治的本质要求则是实现人民当家作主"。是故，我们应当深入挖掘良法善治与思想政治教育之间的内在联系和契合点，通过教育教学活动，使社会主义法治的核心要义深入人心，使之成为广大师生自觉的行动指南，同时推动良法善治的理念在思想政治教育中得到有效融入，让每一位学生都能够深刻理解并实践社会主义法治的精神，从而为构建法治中国、实现国家治理体系和治理能力现代化贡献智慧和力量。

3. 课程思政与中国特色社会主义法律实施的结合

为党培育人才、为国造就栋梁，这是高校在人才培养过程中始终遵循的根本方针与行动指南。在法理学的教学实践中，科任教师团队坚持以"校级统一"的人才培养方案为基石，依托二级学院的课时安排保障，紧密结合学生的实际需求和特点，持续丰富教学内容，不断创新教学方法，致力于培养出德才兼备、专业能力过硬的新时代法律人才。在教学过程中不仅要关注学生的知识积累和专业成长，更要注重与学生个人发展规划及未来就业路径的紧密结合。本课程将深入挖掘课程内容中所蕴含的法律原理、立法动机、司法实践等多重因素，实现教学相长，不断提升课程的育人实效性和可操作性。通过此种教学方式旨在培养学生的综合素质，增强他们的综合竞争力和适应社会的能力。

（二）课程思政融入点

序号	章节	专业知识点	思政元素	典型案例
1	导论第四节	马克思主义法理学的中国化	中国化的法理学	第三届世界马克思主义大会在北京大学英杰交流中心阳光厅举行，活动主题："马克思主义与现代化"〔1〕
2	第一章第二节	马克思主义经典作家关于法的本质的论述	马克思主义	江苏高校广泛开展"马克思主义·青年说"活动创新推进马克思主义科学理论学习教育〔2〕
3	第二章第二节	法的起源	唯物主义历史观	"运用唯物史观学党史"——马克思主义学院第一党支部开展党史学习教育（江南大学）〔3〕
4	第二章第四节	法系	文化认同	太原理工大学举办第五届中伦文德杯"文法翰墨，法润人心"法律文化节〔4〕
5	第三章第一节	法的价值概念	社会主义核心价值观	大连理工大学积极推动培育和践行社会主义核心价值观长效

〔1〕 参见《第三届世界马克思主义大会在北京大学开幕》，载北京大学新闻网：https://marxism. pku. edu. cn/tpzs/1345874. htm，访问日期：2024 年 6 月 20 日。

〔2〕 参见《江苏高校广泛开展"马克思主义·青年说"活动 创新推进马克思主义科学理论学习教育》，载中华人民共和国教育部官网：http://www. moe. gov. cn/s78/A12/gongzuo/moe_ 2154/201810/t20181010_ 351054. html，访问日期：2024 年 6 月 20 日。

〔3〕 参见《马克思主义学院"运用唯物史观学党史"》，载江南大学马克思主义学院官网：http://marxism. jiangnan. edu. cn/info/1016/3846. htm，访问日期：2024 年 6 月 20 日。

〔4〕 参见《法律文化节丨太原理工大学第五届中伦文德杯"文法翰墨，法润人心"法律文化节》，载太原理工大学：https://mp. weixin. qq. com/s? _ _ biz=MzIyMzI1OTczNQ= =&mid=2654008623&idx=1&sn=8d44a6efe7bc2438e70a92de5d1c3d98&chksm=f254504813b723abf51b71f8c7f93c957fc1ba0b62e1967c76d67a2ad3b01421630ec281e96c&scene=27，访问日期：2024 年 6 月 20 日。

续表

序号	章节	专业知识点	思政元素	典型案例
				机制建设,开展"践行社会主义核心价值观逐梦青春正能量"专项教育实践活动〔1〕
6	第三章第七节	法与人权	保障人权	山东大学举办"全过程人民民主与中国特色社会主义人权保障"学术研讨会〔2〕
7	第八章第一节	法律方法与法学思维	法治人才培养	广州城市理工学院·马克思主义学院组织开展"庭审旁听"法治教育活动〔3〕
8	第九章第一节	中国传统法学思想	中国法律文化根基	天津财经大学法学院举办中国儒学与法律文化研究会2023年年会暨"传统中国的纠纷解决与近代转型"学术研讨会〔4〕
9	第十章第二节	中国特色社会主义法的本质作用	中国特色社会主义	中国社会科学院大学"宪法宣传周"系列活动〔5〕
10	第十章第三节	中国特色社会主义法发展的历史经验	党的领导、人民当家作主、依法治国三者有机统一	中国矿业大学立足"三个统一"加强学生党建工作〔6〕

---

〔1〕 参见《大连理工大学开展社会主义核心价值观专项教育实践活动》,载大连理工大学新闻网:https://news.dlut.edu.cn/info/1071/70797.htm,访问日期:2024年6月20日。

〔2〕 参见《"全过程人民民主理论与实践"学术研讨会举办》,载光明网:https://www.gmw.cn/xueshu/2022-11/29/content_36196082.htm,访问日期:2024年6月20日。

〔3〕 参见《护航青春,与法同行马克思主义学院组织开展"庭审旁听"法治教育活动》,载广州城市理工学院新闻中心:https://www.gcu.edu.cn/2023/1124/c183a157172/page.htm,访问日期:2024年6月20日。

〔4〕 参见《学院新闻|法学院成功举办中国儒学与法律文化研究会2023年年会暨"传统中国的纠纷解决与近代转型"学术研讨会》,载天津财经大学官网:https://law.tjufe.edu.cn/info/1575/4061.htm,访问日期:2024年6月20日。

〔5〕 参见《大力弘扬宪法精神,建设社会主义法治文化法学院举办"宪法宣传周"系列活动》,载中国社会科学院大学官网:https://www.ucass.edu.cn/info/1073/4170.htm,访问日期:2024年6月20日。

〔6〕 参见《中国矿业大学立足"三个统一"加强学生党建工作》,载中华人民共和国教育部官网:http://www.moe.gov.cn/jyb_xwfb/s6192/s133/s174/201707/t20170704_308522.html,访问日期:2024年6月20日。

序号	章节	专业知识点	思政元素	典型案例
11	第十一章第二节	中国的民主政治制度	符合国情	武汉理工大学马克思主义学院开展"学习两会精神，坚定'四个自信'"主题团日活动〔1〕

三、教学设计的基本思路与措施

(一) 教学设计的基本思路

本课程旨在培育新时代下法律专业知识扎实、实践能力出众的人才，借由教学实践的不断探索与完善，已逐步构建起一套"多主体参与、多场域教学、多渠道开展"的立体化、多维度教学体系。该体系将思想道德的塑造巧妙融入专业知识的传授与对实践能力的培养，旨在引导学生树立科学的世界观、人生观和价值观。

第一，"多主体参与"教学模式，确立了"教师-学生-从业人员"的三位一体教学模型，实现了教育资源的优化配置和教学互动的深度拓展。在这一模式下，教师作为知识的传授者、学生作为知识的接收者、从业人员则作为实践经验的提供者，共同构建了一个互动性强、信息流通的教学环境。

第二，"多场域教学"教学实践，打破了传统教室教学的局限，将课堂延伸至模拟法庭、法院审判旁听、法律知识宣讲等多个场域。这种教学模式不仅强化了学生对法律知识运用转化的能力，而且通过亲身体验，增强了学生的"法律实务"经验，可以为未来的法律职业生涯打下坚实基础。

第三，"多渠道开展"教学策略，则是通过跨学科合作，联合各法律专业课教师，从不同学科视角切入，激发学生深入思考政治与法律之间的内在联系与使命，从而提升学生的政治素养与法学专业思维。

该教学模型在实践中的应用，从引导到塑造，实现了师生角色的明确化，拓展了学习的空间与深度。依托于多元化的教学方式，将思想政治教育与法

---

〔1〕　参见《马克思主义学院开展"坚定'四个自信'——全过程人民民主的生动实践"主题团日活动》，载武汉理工大学官网：http://info.zzuli.edu.cn/_t598/2024/0321/c2536a308342/page.htm，访问日期：2024年6月20日。

学专业学习有机融合，以实务案例为线索，贯穿课前准备、课中实践、课后优化的全过程，形成了一个全方位、全过程的育人体系。这种教学模式的实施不仅彰显了法学教育的专业水平，更为培养具有国际视野、专业素养、实践能力的法律人才提供了坚实的教育保障。

（二）措施与方法

1. 厘清教学重点，对接思政要点

依托课程内容构建，深入梳理在教学推进过程中可能遇到的重难点问题，从宏观层面全面把握教学目标，实施精准化、有针对性的教学策略。以内容的丰富性和深度性为着力点，我们致力于推动教学模式的现代化与便捷化，确保教学活动的高效开展。在教学内容上，我们不能局限于教材本身，更应将其延伸至时事热点、典型案例，以此提升教学的现实针对性和鲜明时代感。通过对具体案例的分析，帮助同学们深刻理解社会主义核心价值观在法律实践中的体现，在专题活动中深入体悟社会主义民主法治建设的精髓。这样的教学设计，使得中国特色社会主义法学理念与思想政治教育实现了无缝对接，结构紧凑而严谨。在具体教学实践中，注重将法学理论与实际相结合，通过案例教学、模拟法庭、法律诊所等多种教学手段，培养学生运用法学知识解决实际问题的能力。同时，强调在教学中融入社会主义法治理念，使学生在掌握专业知识的同时，也能深刻领会社会主义法治精神的内涵，从而在专业素养和思想道德两个方面都得到全面提升。

2. 丰富考评机制，避免唯分数论

本课程在坚持传统期末卷面考试方式的基础上，进行了评价体系的创新与优化，显著提升了平时表现分在总评中的比重，以此增强考核对学生综合素质评价的精准度和实效性。该评价体系的构建，充分考虑了学生学习的全过程，涵盖了课堂签到、线上课程学习、随堂测验、互动讨论等多个维度，形成了一个全面而立体的评价网络。

平时表现的评价体系设计，在于深入洞察学生在不同学习阶段的具体需求与教学目标的契合度。借由精确量化学生在课堂签到中展现的纪律性、在线课程学习中的自主性、随堂测验中的知识掌握度以及互动讨论中的思维敏捷性与沟通能力，实现对学生学习动态的全方位监控与评估。此举不仅推动了评价理念的深刻变革，也体现了教育评价的专业性与科学性。该综合评价方式，不仅能够更准确地反映学生的学习成果，还能够激励学生在学习过程中持续提升自我，全面发展，为培养具有扎实法学知识、思辨法律思维、良好职业素养的法律人才提供了坚实的保障。

3. 鼓励学生实践，提升实务能力

充分发挥区位优势，与学校周边社区联合，共建社区法律实践平台。该平台旨在激发学生的积极性与主动性，要求学生投身社区法律服务的各项工作，包括但不限于法律咨询、法治宣传、法律援助，以及参与社区纠纷调解、社区矫正等志愿服务活动，从而有效推动社区的法治化进程。在这一合作框架下，学校发挥引领作用，学院具体实施，积极与公安、检察院、法院系统、政府部门、公证机构、律师事务所及其他企事业单位共同建立标准化的实习基地。这些基地不仅为学生提供了见习实习的机会，而且实现了与各方的深度合作，共同构筑了一个协同育人的坚实平台。在此过程中，学生通过参与法学实践活动，"不再沉浸充满正义和公平的乌托邦，他们通过亲身体会了解了群众疾苦，了解了社会的各种复杂问题，因而，他们走入社会之后，马上能够适应社会"。这种教育模式不仅锻炼了学生的法律实务能力，更培养了他们的社会责任感和职业使命感，为未来法律职业道路的稳健起步奠定了坚实基础。

四、教学设计典型案例展示

(一) 知识点概况

法律与正义，宛如一对交织而成的生命丝线，共同织就社会和谐与秩序的壮丽图景。它们之间的关系，不仅是相互依存的，更是相互促进、相辅相成的。正义，不仅是法律不懈追求的终极理想，更是法律发展的核心灵魂与不懈动力。

正义的理念，犹如夜空中璀璨的灯塔，照亮了法律探索前行的道路，引领着法律不断向着更加公正、合理的境界演进。这一理念，深深植根于人类文明的历史沃土，跨越了时空的界限，成为衡量法律善恶、裁定法律优劣的永恒标尺。一个国家的法律体系，若能忠实体现正义的原则，便能赢得民心所向，获得社会的广泛认同与尊崇。反之，若法律偏离了正义的轨迹，便会沦为恶法的代名词，丧失其应有的权威与效力。

法律，作为正义的坚定守护者和忠诚执行者，运用国家的公权力，捍卫着社会的公平与正义。它通过规范公民的行为，调解纷争，惩治不法行为，确保每一位社会成员的合法权益得到保障。法律的强制性，是实现社会正义不可或缺的重要保障，它确保了正义不仅仅是一种抽象的理念，而是能够转化为具体的社会实践与成效。同时，法律亦是正义理念的传播者，通过教育的力量和法治文化的普及，法律将正义的种子播撒在人们的心田，使公民在日常生活中能够自觉遵循法律、捍卫正义。这种法治自觉性的培养，是法律实现社会正义目标的关键因素。在法律与正义的互动过程中，我们可以见证一种动态而微妙的平衡，法律在追求正义的道路上不断自我完善，而正义的理念亦在持续推动法律的进步与革新。这种相互影响、相互成就的关系，使得法律体系日益成熟，更加契合社会发展的需求。然而，法律与正义的关系并非静止不变，随着社会的演进和观念的更新，正义的内涵也在不断丰富和深化，这要求法律紧跟时代步伐，吸纳新的正义理念，以适应不断变化的社会环境。在这一历史进程中，法律工作者肩负着不可替代的重任，他们不仅是法律的执行者，更是正义的捍卫者，他们需具备敏锐的洞察力和坚定的信念，识别并解决法律与正义之间的矛盾与冲突，确保法律的公正施行。法律与正义的关系是复杂而精微的，它们相互依存、相互促进，共同构成了社会秩序的坚固基石。只有在法律与正义紧密相连、相得益彰之时，社会才能迈向真正的和谐与进步，实现法治文明的辉煌。

（二）教学思路

在当今信息化教学的时代背景下，教师可运用对分易微信小程序这一便捷平台，发布课前预习话题，引导学生对即将深入学习的内容进行前瞻性思考与深入性探究，旨在提高课堂教学的质量与效率。通过精心挑选的研讨案例，辅以相关法条的检索指引，教师可组织学生进行分组讨论，促使他们在课前形成初步观点，以待正式授课时进行深入交流与分享。为确保教学目标的顺利实现，教师可充分利用对分易平台的后台功能，通过查看学生的点击下载情况，对学生的学习态度和进度进行实时评估。这一反馈机制使得教师能够适时调整教学步伐和内容布局，从而更加紧密地贴合学生的兴趣与需求。在教学活动开展过程中，教师将首先对法哲学的基本原理进行深入浅出的介绍与分析，阐释我国普遍认同的法理价值观。进而，通过探讨违反道德与违反法律行为之间的微妙关系，巧妙地引出课堂的研讨主题。采用翻转课堂的教学模式，教师将鼓励学生针对课前预习的话题，积极发表个人理解，以此锻炼学生的口头表达能力，提升学生的逻辑思维能力。课后，教师安排作业，要求学生结合所学的理论知识围绕典型案例寻找资料查阅文献进行深入思考，撰写书面报告，上传至对分易平台，成为平时成绩考核的重要组成部分。此举不仅促进了学生对法律知识的吸收与转化，激发学生的学习热情，培养他们独立思考的能力、批判分析的能力、学术写作能力，而且为未来步入法律行业打下了坚实基础。

（三）课程思政设计

1. 课程引入

案例介绍："洞穴探险者案"〔1〕

"洞穴探险者案"（The Cave Dwellers Case），这一由美国法学家朗·富勒（Lon Fuller）以一些真实案例为基础虚构出的法理学经典案例，因其深刻涉及法律与道德的衡平、正义与情理的取舍等法哲学的基本命题，被誉为"史上最伟大的法律虚构案"。

故事设定在公元 4299 年 5 月，五名探险协会的成员踏上了深山的探险之旅。他们进入了一个位于联邦中央高原的石灰岩洞穴。然而，在他们深入洞穴的过程中，不幸发生了山崩，巨大的岩石滑落，将他们唯一的出口封堵。由于探险者未能按时回家，他们的家属通知了探险协会的秘书，探险协会总部也预留了他们打算去探险的洞穴的位置。一支由救援工作人员、工程师、地质学家以及其他专家组成的营救队伍迅速赶往事故现场展开营救工作。然而，由于险情发生在与世隔绝的深山，设备无法送达，营救工作进展缓慢。山崩不断发生，移开洞口堆积岩石的工作多次被迫中断，甚至有一次山崩夺走了 10 名救援人员的生命。

5 名探险者仅携带了少量食物，洞穴内也没有任何动物或植物能维持生命。救援人员很担心探险者可能在出口被打通之前就饿死了。在第 20 天，救援人员得知 5 名探险者携带了一个袖珍的无线设备，可以收发信息，于是迅速安装了一个相似的设备，与被困的 5 名探险者取得了联系。探险者询问还需要多久才能获救，负责营救的工程师告诉他们，即使不发生新的山崩，至少还需要 10 天。得知救援队伍中有医疗专家后，受困的探险者与医疗专家进行了通话，他们详细描述了洞里的情况，并询问专家在没有食物的情况下，

---

〔1〕 郑智航主编：《法理学案例教程》，中国政法大学出版社 2024 年版，第 11~13 页。

他们是否有可能再活10天。专家告诉他们，这种可能性几乎为零。

罗杰·威特莫尔代表他本人和其他4名同伴询问，如果他们吃了其中一个成员的血肉，能否再活10天？尽管很不情愿，医疗专家仍给予了肯定答复。威特莫尔又问，通过抽签的方式决定谁应该被吃掉是否可行，在场的医疗专家没有人愿意回答。威特莫尔接着问，救援队伍中是否有法官或其他政府官员能给予答复，但这些人也不愿对此提供意见。他又问是否有牧师或神父愿意回答他们的问题，还是没有人愿意出声。之后，洞里再也没有传来任何消息。大家推测（后来证实是错误的）是探险者的无线设备的电池用光了。救援人员在外面加紧工作，争取时间。经过十几天的努力，到了第32天，救援人员终于打通了洞穴，救出了被围困的探险者。不过，活着走出洞穴的队员不是5个，而是4个，另外一人已经变成了一具白骨。

当受困者获救后，大家才得知，在受困的第23天，威特莫尔也就是最先提出吃人肉是否可以继续生存的那名队员已经被其他4名同伴杀掉吃了。不过，幸存者强调，他们曾经花了很长时间讨论过各种方法，期望通过公平的方法来决定应该首先吃掉谁。这4名幸存者从医院出来就被带上法庭，被控以谋杀罪。

在初审法庭上，根据被告的陈述，陪审团和法官大致上重建了岩洞内发生吃人事件的可怕真相。威特莫尔是最初提出吃掉一名队员以维持其他人生命的倡议者，同样也是威特莫尔首先提议使用抽签的方式决定谁被吃掉。他提醒大家，他刚好带了一副骰子。最初，其他探险者不愿意响应这个主意，但是在通过无线电和医疗专家进行对话后，他们接受了威特莫尔的提议，且反复讨论了保证抽签公平性的数学问题。最终，所有人都同意用投骰子的方法来决定生死命运。

然而，当选择牺牲者的程序确定之后，威特莫尔却后悔了，并宣布退出这个程序。威特莫尔提出是否再等一个星期，但是其他队员不同意，批评他破坏信任并继续掷骰子。当轮到威特莫尔时，另一名队员替他掷出。在这名队员掷出骰子之前，大家问威特莫尔是否对这种做法的公平性提出异议。威特莫尔表示他不反对。但是，掷骰子的结果恰好指向威特莫尔，于是其他队员杀死了他并吃掉他的尸体。

在庭审过程中，陪审团被允许仅就事实本身作出裁决，而把被告是否有罪留给法庭根据已经确定的事实作出判断。最终，陪审团认定上面所述的事实，并且进一步认定，如果法庭裁定上述事实与被告被指控的罪名相符他们就认定被告有罪。根据这一裁定，审判的法官判决被告谋杀威特尔罪名成立，判处绞刑。在刑罚问题上，联邦法律并不允许法官有自由裁量的余地。由于涉及死刑问题，该案的最终结果还需上诉法院确定。

上诉法院应该如何处理这一案件呢？获救的 4 名探险者是否应该被控以谋杀罪呢？

2. 思政结合

在探讨洞穴奇案这一伦理困境时，从道德层面出发，我们似乎可以理解，在极端饥饿的状态下，生存的本能驱使人们首先考虑活命。在这种情境下，提议牺牲一人以保全多数人的生命，看似符合利益最大化的原则。然而，这种观点忽视了人的生命尊严与无价性，生命的价值不应被简单地量化为利益的一部分，它应受到绝对的尊重和保护。

在多元化的社会体系中，法律往往不是理想化的正义体现，更像是一种妥协的产物，承载着社会个体的共同意志。那些以正义之名，轻率地将法律置于一旁的行为，实际上是一种道德上的自我标榜，这种行为不仅窒碍了法律的实施，而且威胁了社会秩序的稳定。如果我们基于个人的道德观念，不顾法律规定，去追求所谓的正义，便会产生道德与法律的冲突。假设我们的正义观念与他们的相一致，但若我们依靠个人的道德观念，即便在数量上占据多数，这将是一种危险的趋势。在这种情况下，以正义之名搁置法律，仅仅依据部分人民的意见来制定或执行法律，实际上是对人民意志的践踏，对民主原则的颠覆，这并非真正的道德行为。维护法律，是守护和平与正义的必要手段。但我们不能因为个人或部分人的道德观念而损害法律的权威和效力。道德理想主义者，往往未能深刻理解法律的地位和作用，他们在法律之外寻求正义，并将其置于民主程序产生的妥协之上，这种做法是对正义概念的误读。法律本身已经包含了问题的解决方案，我们应当积极承担起守护法律的职责，履行公民义务，这同样是对社会整体道德观的忠诚服务。归根结底，法律与道德在本质上是相互融合、不可分割的整体。法律是道德的体现，道德是法律的内化。在法治社会中，我们应当尊重法律，同时也不失对道德的追求，以此维护社会的和谐与正义。

3. 思考讨论

幸存的洞穴探险队员能否以"紧急避险"为由为自己的行为进行辩护？如果可以，这属于"正当理由"还是"免责理由"？

第三章
《宪法学》课程思政教学设计

张娜娜[1]

一、课程简介和思政建设目标

（一）课程简介

《宪法学》课程是法学专业的基础核心课程，面向大一本科生开设，具有基础性和先导性的地位。本课程以习近平新时代中国特色社会主义思想为指导，立足于我国宪法实践，从宪法学基本概念与基础理论知识入手，对宪法文本、宪法理论与宪法实践进行体系性教学。《宪法学》课程教学突出学生的主体地位，深入挖掘课程思政元素，不断完善教学内容，积极采用启发式、讨论式、真实事例实训式等教学方法，注重教师引导与学生参与相结合，线上与线下相结合，课内与课外相结合，努力激发学生的学习主动性，鼓励学生独立思考，促进学生个性与能力的全面发展，实现对学生的价值塑造与知识传授、能力培养的一体化推进。

（二）思政建设目标

1. 推进习近平新时代中国特色社会主义思想入脑入心、落地生根

习近平新时代中国特色社会主义思想是马克思主义中国化时代化的最新成果，是党和人民实践经验和集体智慧的结晶，是国家政治生活和社会生活的根本指针。通过《宪法学》课程教学，使学生深入理解习近平新时代中国特色社会主义思想的时代背景和重要意义，深刻领会习近平新时代中国特色

---

[1] 张娜娜，甘肃酒泉人，四川民族学院法学院讲师，主要讲授《宪法学》。

社会主义思想的精髓和要义，展现习近平新时代中国特色社会主义思想在宪法实践中的指导作用。增进学生对党的创新理论的政治认同、思想认同、情感认同，引导学生坚定中国特色社会主义道路自信、理论自信、制度自信、文化自信。

2. 践行和弘扬社会主义核心价值观

将社会主义核心价值观与《宪法学》课程理论教学、实践教学相结合，使学生在学习宪法知识、提升专业能力的同时，深入理解社会主义核心价值观的内涵及其在宪法中的体现。引领学生树立正确的世界观、人生观、价值观，强化学生的责任感与使命感，厚植家国情怀，锤炼思想品格，自觉践行和弘扬社会主义核心价值观。

3. 弘扬宪法精神，维护宪法权威，树牢学生宪法法治思维，增强学生的宪法意识、公民意识和国家意识，培育学生尊崇宪法、遵守宪法、维护宪法和运用宪法的自觉

从新中国宪法的制定到发展完善，我们始终坚持立足国情，放眼国际，形成解决中国问题的具有中国特色的宪制制度，其中无不蕴含着深厚的历史逻辑和理论逻辑。通过《宪法学》课程教学，让学生深入理解中国特色社会主义宪法学基本原理，深刻领悟中国特色社会主义的宪法精神，增强学生对宪法的认同感和归属感，引导学生自觉成为宪法的忠实崇尚者、自觉遵守者和坚定捍卫者。同时，树牢学生宪法法治思维，培养和提升学生运用宪法知识分析问题、解决问题的能力，激发学生关心国家社会事务、参与国家政治生活的热情，引导学生立足中国实际，运用中国特色社会主义宪法学基本原理理解、分析、解决现实中出现的宪法问题，努力培养、造就有理想、有本领、有担当的社会主义法治人才。

二、课程思政元素挖掘与融入

（一）课程思政元素挖掘与分析

1. 立本：准确提炼课程知识点中蕴含的思政元素

由于《宪法学》课程的特殊性，其许多内容都与思政有着直接的联系，如我国宪法的指导思想和基本原则、国家基本制度、公民的基本权利和义务、国家机构、宪法实施等均蕴含着丰富的思政元素。因此，在推进《宪法学》课程思政建设的过程中，首要的是仔细研读教材，理解每个知识点的核心内

容，分析每个知识点中可能涉及的社会主义核心价值观、家国情怀、宪法法治观念、职业素养等思政元素，制定科学合理的课程教学大纲，明确教学目标，将思政教育与专业教育有机融合。

2. 开源：结合中国特色社会主义宪法实践、时事政治、热点事例等挖掘思政元素

为充分发挥《宪法学》课程的育人作用，同步实现价值塑造、知识传授、能力培养的一体化目标，精选中国特色社会主义宪法实践、时事政治、热点事例等，挖掘其中的思政元素，将其与课程内容有效衔接。中国特色社会主义宪法实践、时事政治、热点事例等的引入，不仅可以激发学生的兴趣，让学生深入理解和掌握宪法学理论及其在实践中的运用，而且可以帮助学生养成宪法法治思维，拓展课程的广度、深度和温度，提高课程育人的效果。

3. 深耕：结合职业素养要求挖掘思政元素

课程思政的实施需要借助职业素养的培养来落地生根。从学生职业素养养成的角度，挖掘《宪法学》课程所蕴含的思政元素，使隐性思政教育更加具有针对性和实效性。例如，在公民的基本权利劳动权部分，可以引导学生积极关注行业动态，了解法律职业素养要求，培育学生职业精神和社会责任感，鼓励学生融入社会、服务社会，将所学专业知识和技能应用于实际，为社会的和谐发展和进步贡献自己的力量。

4. 强化：结合实践活动挖掘思政元素

将课内与课外相结合，鼓励学生积极参加宪法学知识竞赛、宪法专题辩论赛、"学宪法 讲宪法"活动、国家宪法日系列活动、宪法专题调研等，让学生切身体会并感悟宪法学专业知识体系所蕴含的思想价值和精神内涵。必要时，在确保与课堂内容有效衔接、有机融合的前提下，复盘重要实践内容和思政内容，进一步强化思政教育。

(二) 课程思政融入点

序号	章节〔1〕	专业知识点	思政元素	典型事例
1	第一章 第一节	宪法的本质	我国宪法相较资本主义国家宪法的优势，坚定中国特色社会主义道路自信、制度自信，增强宪法认同、国家认同	中国、法国不同历史时期政治力量对比
2	第一章 第三节	宪法的制定	坚持人民当家作主，增强社会主义民主法治意识，坚定中国特色社会主义道路自信、理论自信、制度自信和文化自信；培养宪法意识、公民意识和国家意识，树立主人翁意识，增强关心国家社会事务、积极参与国家政治生活的热情	新中国第一部宪法制定
3	第二章 第三节	1982 年《宪法》	弘扬宪法精神，维护宪法权威，积极推进宪法理论和宪法实践创新	国家宪法日的设立
4	第三章 第一节	我国宪法的指导思想	深刻领悟习近平新时代中国特色社会主义思想	习近平新时代中国特色社会主义思想的形成
5	第三章 第二节	坚持中国共产党的领导原则	中国共产党领导是中国特色社会主义最本质的特征，坚持中国共产党的领导是历史和人民的选择，引导学生坚决拥护中国共产党的领导，坚定永远跟党走的信念	中国共产党第十九届中央委员会第六次全体会议审议通过了《中共中央关于党的百年奋斗重大成就和历史经验的决议》；中国共产党领导人民抗击疫情

---

〔1〕 本表中的章节以高等教育出版社 2020 年 12 月出版的马克思主义理论研究和建设工程重点教材《宪法学》（第 2 版）中的章节内容为参考。

序号	章节〔1〕	专业知识点	思政元素	典型事例
6	第三章 第二节	社会主义法治原则	秉持宪法法治思维，以宪法为根本活动准则，尊重和保障人权，全面推进依法治国	部分基层政府违法整治行动引关注
7	第四章 第二节	国家标志	树立宪法权威，增强国家观念，弘扬爱国主义精神，培育和践行社会主义核心价值观	国旗法、国徽法迎来重要修改；杨某改编国歌案
8	第五章 第一节	经济制度	倡导和弘扬公平竞争文化，积极承担社会责任，促进经济社会健康发展	知网因滥用市场支配地位行为被行政处罚
9	第五章 第二节	人民代表大会制度	牢树一切权力属于人民的理念，感悟社会主义民主的优越性	多地监察委员会向人大常委会作专项工作报告
10	第五章 第二节	民族区域自治制度	使学生深谙保障各少数民族当家作主的理念及其实践，培育学生自觉维护国家统一、民族团结，维护社会主义法治统一的责任和担当	民族自治地方民族教育条例有关通用语言文字教育教学规定被废止
11	第五章 第二节	基层群众自治制度	坚持人民当家作主	我国发出首张基层群众性自治组织特别法人身份证事件
12	第六章 第一节	基本权利的保障和限制	树立宪法法律至上观念，增强尊重和保障人权意识，践行社会主义法治理念	全国人大常委会决定废止有关收容教育法律规定和制度的决定
13	第六章 第二节	平等权	倡导和弘扬平等的社会主义核心价值观	浙江女大学生就业性别歧视案
14	第六章 第二节	选举权与被选举权	培养宪法意识、公民意识和国家意识，树立主人翁意识，增强社会责任感，引导学生关心国家大事、关注社会发展，积极参与国家政治生活	自荐人大代表事件

续表

序号	章节〔1〕	专业知识点	思政元素	典型事例
15	第七章 第八节	监察委员会	引导学生树立正确的权力观，强化权力监督与制约理念，树牢责任意识，弘扬法治精神	国家监察体制改革
16	第七章 第九节	人民法院	塑造学生的法律职业素养，引导学生践行法律职业精神，树牢司法公正、司法为民的理念，积极维护社会公平正义	浙江省建立律师与法官互评机制
17	第八章 第一节	宪法和基本法确立的特别行政区制度	让学生具备爱国主义情怀，坚持"一国两制"和推进祖国统一	国务院台办、国务院新闻办发表《台湾问题与新时代中国统一事业》白皮书
18	第八章 第二节	中央和特别行政区的关系	切实维护宪法和特别行政区基本法确定的特别行政区宪制秩序，坚决维护国家主权、安全和发展利益	全国人大常委会解释香港国安法第14条和第47条
19	第九章 第一节	宪法实施	引导学生理解宪法的生命在于实施，宪法的权威也在于实施，使学生自觉成为宪法的忠实崇尚者、自觉遵守者和坚定捍卫者	习近平总书记发表纪念现行宪法公布施行40周年署名文章
20	第九章 第三节	我国的宪法监督制度	增强宪法意识，树立宪法信仰，保障宪法实施，增强中国特色社会主义理论自信、制度自信	法工委就涉罪人员近亲属受限制规范进行合宪性审查

三、教学设计基本思路与措施

（一）教学设计基本思路

《宪法学》课程思政教学设计按照"围绕一个中心，把握两个维度，坚持三个结合，落实四个计划，强化评价育人导向"的思路，遵循"统筹规划—优化设计—组织实施—协同推进—持续改进"的步骤，将思想政治教育元素有机融入《宪法学》课程教学，同步实现知识传授、能力培养与价值塑造"三位一体"的教学目标。

（二）措施与方法

1. 统筹规划：围绕一个中心，重构课程思政教学体系

课程思政建设是一个系统性工程，因此，《宪法学》课程应紧紧围绕一个中心，即立德树人，明确课程教学知识、能力、价值目标，重构课程思政体系。课程思政教学体系的重构，将充分实现专业教育与思政教育的有机融合，有效避免思政内容植入的散乱化和碎片化等问题。在此过程中，需要从课程思政教学的整体性、系统性的角度出发，全面、系统地把握课程知识内容，准确提炼课程各个章节知识点中所蕴含的思政元素，科学合理设置教学环节、教学形式。

2. 优化设计：把握两个维度，完善课程思政教学内容

显性专业教育和隐形思政教育是《宪法学》课程思政教学需要把握的两个维度。其中，显性专业教育侧重于专业知识的传授和专业能力的培养，而隐形思政教育则侧重于对学生思想品德、价值取向、行为习惯等的塑造。《宪法学》课程思政教学始终将显性专业教育和隐形思政教育相结合，通过启发式、讨论式、真实事例实训式等教学方法，采用理论+实践、线上+线下、传统+现代等形式，巧妙地将思政内容渗透、嵌入、融合到课程知识点中，在潜移默化中培养学生良好的思想品德。帮助学生树立正确的价值观。

3. 组织实施：坚持三个结合，促进课程思政教学目标实现

《宪法学》课程坚持教师引导与学生参与相结合，线上教学与线下教学相结合，课堂教学与课外实践相结合，以促进课程思政教学目标的实现。具体而言，在课程教学中充分考虑学生的实际需求和特点，突出学生主体地位，引导学生积极参与课程教学，如通过课前布置任务、课中事例讨论、课后思考研习等，激发学生学习的主动性，培养学生自主学习能力，促进学生个性发展。为了打破课程教学中的时间与空间壁垒，实现教师与学生的高频互动，还需要充分借助现代信息技术，如通过对分易、超星学习通、中国大学慕课（MOOC）网等线上教学平台。

4. 协同推进：落实四个计划，助力课程思政提质增效

课程思政建设少不了教师能力的提升、教学团队的培育、教学研究的开展、第二课堂的打造以及实践育人基地的建设等。因此，在《宪法学》课程

思政教学中，协同推进《宪法学》课程教师思政建设能力提升和教学团队培育计划、《宪法学》课程思政教学研究计划、《宪法学》课程思政第二课堂打造计划、《宪法学》课程思政实践育人基地建设计划的落实是十分必要的。这4个计划的有效落实，可以为《宪法学》课程思政教学提供强有力的师资保障、良好的理论基础、畅通的育人渠道和广阔的平台支持。

5. 持续改进：强化评价育人导向，着力提升人才培养质量

为充分保障《宪法学》课程思政的育人效果，促进课程思政教学内容、教学方式等及时改进，应构建科学合理的课程考核评价机制。《宪法学》课程考核评价机制结合教学实际，遵循教育教学规律，坚持学习过程评价与学习结果评价相结合、定量与定性相结合、激励和引导相结合、教师与学生共同参与相结合的原则，以德法兼修应用型法治人才培养为导向，健全包括学生评价、小组组长评价、教师评价在内的三级评价体系，以促进学生思想政治素养、专业理论知识与实践应用能力的同步提升及教师教育教学水平的提高。

四、教学设计典型案例展示

(一) 知识点概况

高等教育出版社 2020 年 12 月出版的马克思主义理论研究和建设工程重点教材《宪法学》（第 2 版）第一章第三节"宪法的制定、解释和修改"中的第一部分"宪法的制定"，需要学生理解制宪权的概念，系统了解和掌握制宪权的理论，明确制宪机关和制宪程序，并准确掌握我国宪法的制定过程。

(二) 教学思路

课前通过超星学习通设置和发布任务，让学生提前预习本节教材内容，观看微纪录片《百炼成钢：中国共产党的 100 年》第 29 集《新中国第一部宪法》，并推荐阅读制宪权及宪法制定的相关专业书籍，使学生了解并熟悉制宪权理论及其发展和实践。在课堂教学中，以新中国第一部宪法制定的事例引入，提出问题，让学生带着问题进入本节课的知识点学习。在课堂教学中，教师主导，采用启发式、讨论式等教学方法，引导学生积极参与课堂，自主解决课堂伊始提出的问题，帮助学生深刻领悟本节课蕴含的思政元素。课程末尾，教师针对本节课学生的学习、讨论情况进行总结，进一步强调课程重难点、深化对学生价值观的引领。课后再次通过超星学习通设置和发布任务，让学生完成知识点测试，复习巩固本节内容。

（三）课程思政设计

1. 课程引入

新中国成立前夕，召开全国人民代表大会制定宪法的时机并不成熟，中国共产党邀请各民主党派、人民团体、人民解放军、各地区、各民族以及国外华侨等各方面代表组成中国人民政治协商会议，制定并通过了起临时宪法作用的《中国人民政治协商会议共同纲领》。

经过几年发展，国家政治、经济、文化等各方面的情况发生了巨大变化，1952 年，中共中央决定着手准备召开全国人民代表大会制定宪法。1953 年初，以毛泽东为主席的中华人民共和国宪法起草委员会成立，负责宪法的起草工作。1954 年 3 月，《宪法草案（初稿）》正式形成，毛泽东同志代表中国共产党中央委员会向宪法起草委员会提出了宪法草案初稿。自 3 月 23 日至 6 月 11 日，宪法起草委员会先后多次召开会议对草案逐条逐句地进行研究和讨论。同时，政协全国委员会、各大行政区、各省市的领导机关和各民主党派、各人民团体的地方组织纷纷开展宪法草案初稿讨论，参加讨论的各方面人士共 8000 余人，提出意见 5900 多条。同年 6 月 14 日，中央人民政府委员会第三十次会议通过了《宪法（草案）》，并决定向全国公布，交付全国人民讨论。随着《宪法（草案）》全文的公布，一场有关宪法的全民大讨论以最快的速度在全国范围内展开。为了做好这次讨论，各地普遍成立了宪法草案讨论委员，培养报告员和辅导学习讨论的骨干分子，有组织地进行《宪法（草案）》的讨论和宣传工作。从 1954 年 6 月 16 日到 9 月 11 日，《宪法（草案）》的全民讨论持续了近三个月，全国各界共有 1.5 亿多人参加，许多地区听报告和参加讨论的人数都达到了当地成年人口的 70% 以上，有些城市和个别的专区达到了 90% 以上，全国人民共提出了 1 180 420 条修改和补充意见。[1]宪法起草委员会办公室编辑组对这些意见进行分组和整理，并编辑了《全民讨论意见汇编》共 16 册。[2]

对《宪法（草案）》的全民讨论正值我国发生严重的洪涝灾害，很多地方积涝成灾，道路被毁，交通受阻。为了能将各地民众的意见及时、安全地送到北京，各地用一层层的油纸将载有意见的纸张打包捆好装上飞机，用飞

---

〔1〕《宪法草案的全民讨论结束》，载《人民日报》1954 年 9 月 11 日。

〔2〕许崇德：《中华人民共和国宪法史》（上卷），福建人民出版社 2003 年版，第 148 页。

机运送到北京。最终所有的意见均被安全送达，宪法起草委员会根据这些意见对《宪法（草案）》进一步作了修改和完善。1954 年 9 月 20 日，第一届全国人民代表大会第一次会议全票通过《中华人民共和国宪法》，新中国第一部宪法正式诞生。

2. 思政结合

通过本节内容的学习，可以清晰地知道，西方资本主义国家所倡导的人民主权原则与我国的人民主权原则有着本质的区别。正如德国学者哈贝马斯尖锐地指出："资本主义民主只是在形式上保障每一个公民拥有平等的机会使用他们的权利，而这种权利最后带来的结果，是一切人都拥有'在桥梁下睡觉'的平等的权利。"基于此，我国《宪法》并不是简单地照搬照抄其他国家的宪法，而是真正凝聚着民主法治精神的智慧结晶。通过对事例及知识点的讲解促使学生深刻体认新中国宪法制定历程所体现出的中国宪制道路之价值，牢固树立国家一切权力属于人民的理念，增强学生对国家、宪法的认同感，坚定中国特色社会主义道路自信、理论自信、制度自信和文化自信，增强社会主义民主法治意识，树立真正的民主观。

同时，进一步增强学生的宪法意识、公民意识和国家意识，树立主人翁意识，增强关心国家社会事务、积极参与国家政治生活的热情。在实践中，弘扬宪法精神，贯彻实施宪法，践行以人民为中心的法治理念。培养学生形成良好的宪法意识和法律素质，指导工作和实践，切实维护人民群众的根本利益，更好地推进我国宪制实践的发展。

3. 思考讨论

制宪权主体是谁？制宪权主体与制宪机关是否等同？我国宪法制定的程序是怎样的？

第四章
《中国法律史》课程思政教学设计

周良勇[1]

一、课程简介和思政建设目标

（一）课程简介

《中国法律史》课程是法学类"1+10+X"分类设置模式中10门核心课程之一，是一门学习中国法律历史发展和演变的学科。它以中国历史上各时期的法律思想、法律制度为主要研究对象，通过系统学习历史上各主要政权的法律指导思想、主要立法活动及代表性成果、主要司法制度等知识，让学生把握中国法律起源、发展、演变的过程及其规律，探寻各法律现象产生的历史必然性，感悟中华优秀传统法律文化的魅力，理解中国特色社会主义法治道路的历史必然性，培养学生纵向和横向的思维能力，构建对中华法系形成、发展演进过程和其特征的整体性认识，加深对法学理论的理解，提升作为法科生的知识和素养，弘扬中华优秀传统法律文化，铸牢中华民族共同体意识，增强学生"四个自信"和家国情怀。

（二）思政建设目标

1. 传承中华优秀传统法律文化，增进文化自信

通过系统学习本门课程，让学生掌握中国历史上不同时期的主要法律思

---

[1] 周良勇，四川广安人，四川民族学院法学院副教授，主要讲授《中国法律史》《婚姻家庭继承法》。本部分为四川民族学院综合改革试点学院项目《"德法兼修 知行合一"——构建民族地区"三性+三得"基层法治人才"三全育人"培养模式》；四川民族学院2023年教改项目《"三全育人"视域下地方民族院校法治人才培养模式的创新与实践》（编号 X-JG202320）；中共四川民族学院委员会宣传部2023年思想政治工作精品项目《德法兼修"引领下〈民法学〉课程育人的探索与实践》成果。

想、法律制度和法律活动，构建起对中华法系形成、发展、演进的整体认识，让学生感受到中华传统优秀法律文化的魅力，从而增强对中华优秀传统法律文化的自信。

2. 培养法治思维和法治情怀

通过学习中国法律史中的重大事件和重要人物，培养学生分析法律现象的法治思维，提高学生的法治意识和遵纪守法的观念，提高学生明辨是非、关注公正和公平的能力，激发学生对法治的情感认同。

3. 强化社会主义核心价值观引领

通过讲授中国法律史中的道德伦理、爱国爱民、公平正义、诚信守法、爱岗敬业等方面的案例和故事，引导学生树立正确的价值观念和道德意识。

4. 铸牢中华民族共同体意识

通过介绍少数民族同胞在历史上为中国法律文明所做的贡献，让学生明白各民族都为中华法律文明贡献了力量，从而达到铸牢中华民族共同体意识教育目的。

5. 增强"五个认同"

通过学习新民主主义以来我们党在国家治理方面的探索与实践，尤其是新中国成立后中国特色社会主义法治体系的建设历程，能够增强学生对伟大祖国、中国共产党、中国特色社会主义道路等的认同。

二、课程思政元素挖掘与融入

(一) 课程思政元素挖掘与分析

1. 课程思政元素与历史唯物主义的结合

本门课程坚持历史唯物主义的方法论，教学中强调坚持社会存在决定社会意识的历史唯物主义基本观点和立场。因为，"法是人类文明的产物，法治是政治文明的必然。法治具有民族性、历史性、时代性、开放性"。[1] 因此，教学中我们在对待法律思想、法律制度与法律活动时，要从其所处的时代而不能超越时代对其进行分析和评价。基于此立场与方法，我们发现，中国尽管不是世界上最早制定成文法典的国家和地区，但中国古代法律的发展却有

---

〔1〕 中央党校（国家行政学院）习近平新时代中国特色社会主义思想研究中心：《坚持中国特色社会主义法治道路》，载《光明日报》2019 年 2 月 20 日。

其独特性，中华法系独立于世界其他法系而存在，影响东亚和东南亚国家。近代以来，中华法系逐渐走向解体，我国开始了法治建设漫长的探索过程。尤其是新中国成立后，经过艰辛努力，我们逐渐探索走出了一条适合我国国情的中国特色社会主义法治建设道路，这条道路目前正在完善过程之中。因此，运用历史唯物主义的立场与方法，有利于客观认识我们今天的法治建设现状，传承中华优秀传统法律文化，辩证借鉴吸收人类法治文明建设优秀成果，增强法治自信，坚定不移地走中国特色社会主义法治道路。

2. 课程思政元素与中华优秀传统文化的结合

在教学过程中，我们应深入挖掘中华优秀传统法律文化中的精髓，如"天下为公"的崇高理念、"民为邦本"的民本思想、"为政以德"的治理智慧，以及"革故鼎新"的创新精神、"厚德载物"的包容品质、"讲信修睦"的诚信精神。这些元素不仅体现了社会主义核心价值观，也是培养学生家国情怀，爱国、诚信、友善品质的重要资源。因此，我们应充分利用这些丰富的教育资源，让学生在学习中感受中华优秀传统文化的魅力，塑造他们成为具有高尚品德和深厚文化底蕴的新时代人才。

3. 课程思政元素与依法治国理念的结合

通过学习中国历史上各阶段的法律指导思想、治国理念以及主要的法律制度、法律活动等，如律令格式法律形式的演进、刑事法、行政法等法律制度的形成、发展、演变过程，尤其是法家的"以法治国"、西周时期的明德慎罚、汉朝以后的德主刑辅思想，以及清末法制改革、新民主主义时期红色政权的法治建设探索和新中国成立后中国特色社会主义法治体系的探索等，让学生系统掌握从古至今的法律发展演变过程，深入理解法治与德治相结合的重要性，培养学生的法治意识和国家观念，增强对全面依法治国战略的认同感和责任感。

4. 课程思政元素与中国历史上的著名法治人物

将法治理念与中国历史上的著名法治人物相结合，旨在引导学生树立正确的法治观念。如，在学习商鞅变法时，了解他如何通过严格的法律制度来推动社会改革，使秦国成为战国时期最强大的国家。再如，在学习宋明法制时，可介绍包拯、海瑞等清廉官员的事迹和精神，弘扬廉洁奉公、执法如山的精神，增强学生的廉洁自律意识。通过学习这些历史法治人物的事迹，引导学生学习他们的优秀品质和精神风貌，培养学生的高尚品德和人格魅力，让其努力成长为德法兼修的合格法治人才。

（二）课程思政融入点

序号	章节	专业知识点	思政元素	典型案例	教学方法
1	第一章 中国法律的起源与夏商法律	1. 中国法律的起源 2. 夏商时期的神权法指导思想 3. 夏商法律主要内容	1. 通过讲解法的起源及与西方法制文明的比较，说明中国法制文明源远流长 2. 大禹治水与"禹刑"：勤政。商汤灭夏治商与"汤刑"：仁政爱民	1. 文献：甘誓 2. 故事：大禹治水 3. 成语：网开三面	1. 讲授法：讲解《甘誓》的背景及最早的军事法。 2. 故事法：大禹治水及三过家门而不回的勤政爱民精神影响夏朝。故夏朝法律被称为"禹刑"。 3. 故事法：商汤连捕禽兽的网都要撤去三面的仁政爱民使得商朝法律以"汤刑"命名。
2	第二章 西周法律	1. 西周法律思想 2. 礼刑关系 3. 西周时期的刑事政策及法定五刑 4. 西周的民事法律 5. 西周的司法机构及诉讼制度	西周的明德慎罚及礼治给我们启示：依法治国与以德治国相结合	周公制礼	故事法：周公制礼并将礼作为法律一种形式，采取明德慎罚的轻刑思想和礼刑结合的综合治理理念。
3	第三章 春秋战国法律	1. 儒家法律思想及法家法律思想 2. 春秋时期公布成文法活动及其意义 3. 《法经》的主要内容及其历史地位 4. 商鞅变法的主要内容及其历史意义	1. 学习子产的改革创新和爱民如子、廉洁奉公的精神 2. 通过《法经》增强对中华优秀法治文明的文化自信 3. 通过介绍春秋战国时期一些司法官执法如山，刚正不阿的故事说明我国早就有严守法治精神的典范 4. 通过春秋战国时期一些典型人物的典型故事弘扬社会主义核心价值观	1. 子产爱民 2. 徙木为信 3. 李离伏剑	1. 启发式教学法：通过介绍子产这一历史人物爱民的事迹以及率先公布法律进行改革，让学生认识到爱民勤政、改革创新的价值。 2. 故事法：商鞅为赢得人们对他变法的信任，徙木为信，这告诉我们诚信的价值。 3. 故事法：通过李离伏剑这一故事告诉学生应严守法律伦理，带头守法。

序号	章节	专业知识点	思政元素	典型案例	教学方法
4	第四章 秦朝法律	1. 秦朝的法律指导思想 2. 秦朝的主要法律形式 3. 秦朝的刑法原则及主要刑种 4. 秦朝的司法机构	1. 秦"法令由一统"的社会价值及秦二世而亡的教训 2. 法律答问体现中国传统法律文化的先进性	法律答问中关于区分有无犯罪意识的案例	小组讨论法：结合今日我国刑法关于犯罪的构成主观要件来看秦朝法律先进性，进一步彰显中国优秀传统法律文化的价值。
5	第五章 汉朝法律	1. 汉朝法律指导思想的演变 2. 汉朝的主要法律形式 3. 汉朝刑法的主要原则 4. 文景的刑罚改革 5. 春秋决狱 6. 汉朝的司法制度	1. 缇萦救父引发文景刑制改革，中国古代法律进一步走向文明 2. 春秋决狱彰显中国法律儒家化	1. 缇萦救父 2. 春秋决狱典型案件：拾儿道旁	1. 故事教学法：讲述缇萦救父的勇气以及因此而引起文景刑制改革的影响。 2. 案例教学法："拾儿道旁"案让学生既看到法律儒家化的意义，又能理解在法律供给不足时司法者所体现的本土化智慧，进而增强学生坚定全面依法治国对本土法律资源的吸收和转化的信心。
6	第六章 魏晋南北朝时期的法律	1. 魏晋南北朝时期法律体例结构的变化 2. 魏晋南北朝时期主要立法代表 3. 魏晋南北朝时期法律儒家化的具体表现	1. 张杜律等表明法律进一步儒家化以及法治与德治的结合 2. 律学的出现及发展	1. 张举烧猪证人尸 2. 张江陵詈母致死案	案例与故事教学法：讲述这两个案例并让学生分组讨论。对张举烧猪证人尸引导学生认识到古人智慧和法律推理的价值，增强文化自信。张江陵詈母致死案体现儒家对孝道在司法的运用。
7	第七章 隋唐时期的法律	1. 唐朝的法律指导思想 2. 隋唐时期主要的立法代表 3. 唐律的法律形式 4. 《唐律疏议》	1. 唐律的主要内容及历史地位，中华法系对世界的影响 2. 德主刑辅的法律价值	错杀张蕴古案	1. 小组讨论法：结合唐律的影响及其规定中的一些制度如"六杀""保辜"等的界定，引导学生对中华法制文明独特性价值的思考。

续表

序号	章节	专业知识点	思政元素	典型案例	教学方法
		的结构、主要内容、历史地位及影响 5. 唐朝的刑罚原则、主要罪名、五刑 6. 唐朝的司法制度 7. 中华法系的形成、特点及影响			2. 故事法与启发式教学法：介绍错杀张蕴古案并导致唐初死刑复奏制度的产生，引导学生将其与现代的死刑复核制度联系思考，强化对慎刑理念的认可以及对生命的尊重。
8	第八章 宋辽金元时期法律	1. 宋朝主要法律形式及主要立法活动 2. 宋朝的刑罚制度 3. 宋朝的婚姻家庭继承制度 4. 宋朝的司法制度 5. 辽、金、元法律概况及其特征 6. 元朝的四等人制度	1. 宋朝司法改革"鞫谳分司"体现改革创新精神 2. "翻异别勘"体现慎刑思想 3. 《洗冤集录》体现中国古代法医学的价值 4. 辽、金、元等少数民族政权为中国法律文明作出了不同程度的贡献	《洗冤集录》关于尸体检验的规定	1. 讲授法：阅读《洗冤集录》关于尸体检验的规定，启发学生对中国古代法医学文化价值的思考。 2. 任务驱动法：让学生收集家乡历史上的法律案例并进行分享，引导学生认识到各民族为中国法律文明的发展都不同程度作出了贡献。
9	第九章 明朝的法律	1. 明朝法律指导思想 2. 明朝主要立法成果 3. 明朝的司法机构与司法制度	明刑弼教指导思想；专制法治不利于社会、文化的发展	方孝孺案	小组讨论法：通过方孝孺案，引导学生用法律思维参与社会事务的能力，培养学生正确历史观。
10	第十章 清朝前期的法律	1. 清朝的立法活动和法律体系 2. 清朝的刑法制度 3. 清朝的司法机构、诉讼制度、会审制度及调处制度	1. 少数民族政权对中华民族传统优秀法律文化的贡献及铸牢中华民族共同体意识。 2. 会审制度体现了慎刑思想	周德章留养承祀案	1. 讲授法：让学生明白清朝针对不同民族和地区都有相应的法律制度，这为我国今天的民族区域自治制度提供了启示。 2. 案例教学法：通过周德章留养承祀案，让学生明白清朝的秋审制度及体现的慎刑思想。

序号	章节	专业知识点	思政元素	典型案例	教学方法
11	第十一章 清末法律改革	1. 清末变法的社会背景、主要内容 2. "预备立宪"的主要活动:《钦定宪法大纲》《十九信条》 3.《大清民律草案》《大清现行刑律》《大清刑律》主要内容 4. 清末司法改革 5. 领事裁判权及会审公廨	清末变法修律促进中国法律的近代化转型,体现了法律的改革和创新	苏报案	案例教学法:通过苏报案,让学生理解会审公廨,理解清末法制改革的直接动因,增进学生的爱国之情和报国之志。
12	第十二章 民国时期的法律	1. "三民主义""五权宪法"与"权能分治"理论 2.《中华民国临时约法》的主要内容及历史意义 3. "天坛宪草"主要内容 4. 1923年《中华民国宪法》主要特点 5. "五五宪草"及1947年《中华民国宪法》特点 6.《中华民国训政时期约法》主要内容 7. 南京国民政府的"六法全书"	通过民国法制进一步让学生明白中国共产党为什么能,坚定走中国特色社会主义法治道路的政治认同和道路自信	王孝和烈士案	故事法:通过讲解王孝和烈士案,揭露国民党反动统治者利用国家机器对爱国人士进行迫害,进一步增强学生珍惜今日之生活,增强"五个认同""四个自信"。
13	第十三章 革命根据地人民民主政权的法律	1. 新民主主义革命时期的立法指导思想 2.《中华苏维埃共和国宪法大纲》主要内容、特点及历史意义 3. 土地立法及劳动立法 4. 马锡武审判方式	新民主主义革命政权的法治成就为新中国法治建设积累了宝贵经验	马锡五审判方式	启发式教学法:通过观看视频法律讲堂文史版视频《马锡五审判方式》,引导学生理解我党在探索基层社会治理方面的创新,增强学生的制度自信。

续表

序号	章节	专业知识点	思政元素	典型案例	教学方法
14	第十四章 新中国法律	1.《共同纲领》 2.《宪法》《刑法》的制定及修正历程 3. 民法典 4. 司法制度体系 5. "一国两制"	新中国法治探索取得的伟大成就	《中国特色社会主义法律体系》白皮书及《民法典》的创新	讲授法：通过讲解新中国探索法治现代化的努力，增强学生对中国特色社会主义法治的道路自信与制度自信。

三、教学设计基本思路与措施

（一）教学设计基本思路

通过本课程的教学，引导学生把握中国历史上主要朝代的法律思想、法律制度和法律活动，形成对中华法系形成、发展演进过程和其特征的整体性认识，理解法律演进背后的道德理念和社会价值，增强对中华优秀传统法律文化的自信和家国情怀，培养社会责任感和公民意识，从法治建设角度铸牢中华民族共同体意识，为实现德法兼修法治人才培养目标奠定坚实基础。

（二）措施与方法

1. 主要措施

在教学实施方面，充分发挥"三全育人"理念，主要有：

（1）发挥课堂育人主渠道作用。主要用好课堂 45 分钟宝贵的教学时间，积极向课堂要质量。

（2）发挥环境育人作用。通过将社会主义法治理念、历史上典型的法治案例与典故等法言法语布置在所在教学楼层、实训室楼层等位置，形成法律史文化走栏层，让学生随时能够感受到法治文化的魅力。

（3）发挥教材育人作用。学院以马工程教材《中国法制史》为教学主要教材，按照教材观点组织学生学习。

（4）发挥学生自主阅读作用。教师根据教学需要，列出法律史方面的阅读书目，要求学生读后在课堂进行分享，充分调动学生积极性主动性。

2. 主要方法

除了传统的讲授法、播放视频等方面法外，可采用以下教学方法：

（1）案例与故事教学法。充分利用播放或讲解中国法律史上的大量案例，如典型人物故事、典型事件、典型制度、典型理论等，把大量枯燥乏味的法学思想、法律理论、法律制度融入案例与故事。

（2）启发式教学法。通过引导学生思考中国历史上重大法律事件的发生原因、重要法律制度或法律理论的价值等，启发学生对中国法律发展历史规律的认识，并以史为鉴审视、评价当下的法律理论和法律事件，促使学生深入领悟中华优秀传统文化的魅力。

（3）小组讨论法。通过提前将相应案例发给学生，以小组方式让学生查询案例背景、对相关问题进行小组讨论并在课堂上分享讨论结果等方式，充分发挥学生朋辈互助优势，锻炼学生合作能力。

（4）任务驱动教学法。安排学生收集家乡历史上的法律文献、法律案例，并对案例做出自己的评议，再由同学在课堂上进行分享，使学生充分感受到各民族在建设中华优秀传统法律文化方面都做出了不同程度的贡献，以达到铸牢中华民族共同体意识和增强学生自主积极性的目的。

四、教学设计典型案例展示

（一）知识点概况

西周时期是我国奴隶制时代的代表，其法律制度对后世产生了深远的影响。礼与刑是西周法制的两大支柱，把握二者的关系至为重要。二者的关系如何界定代表了古代社会不同的治理理念。本部分课程将重点介绍西周礼的性质、礼的功能、礼的基本原则与核心、礼与刑之间的辩证关系，帮助学生正确理解法治与德治的关系。

（二）教学思路

（1）提前让学生阅读《左传》中关于礼的重要性与功能的材料，让学生自己分析礼在当时社会中的地位。

（2）提前让学生阅读有关周公的介绍及周公制《周礼》。

（3）讲解西周时期礼的性质、礼的功能、礼的基本原则与核心、礼与刑之间的辩证关系

（4）让学生讨论西周时期为什么要用礼来规范人们言行，并思考西周礼刑关系对现代法治建设的启示和借鉴。

（三）课程思政设计

1. 课程引入

通过讲述西周时期的政治、社会、文化背景，引导学生了解西周礼刑关

系产生的历史背景和时代需求。同时，结合当前社会热点问题，如法治建设、文化传承等，引导学生思考法律与道德、传统与现代的关系。

2. 思政结合

（1）引导学生正确认识法治与德治的关系。在讲解西周礼刑关系时，突出礼的道德属性和刑的道德基础，同时让学生认识到法治"固根本、稳预期、利长远"的重要性，并引导学生认识到法律与道德的紧密联系，如何进行道德建设和法治素养建设，促进法治与德治相结合。

（2）增强法治自信。西周礼刑关系是中华优秀传统法律文化的重要组成部分，其将礼与刑有机结合以维护社会秩序的观念对今天的社会治理具有重要的参考价值。在教学过程中，应深入挖掘这些优秀传统法治文化精神，引导学生认识到中华优秀传统法律文化的价值和意义，增强文化自信。

3. 思考讨论

通过小组讨论、班级分享等方式讨论：西周礼刑关系对于现代法治建设的启示和借鉴有哪些？

第五章
《刑法总论》课程思政教学设计

胡选洪[1]

一、课程简介和思政建设目标

(一) 课程简介

《刑法总论》课程主要是对我国刑法典总则内容进行解释、讲述和学习，具体涉及对刑法的概念、刑法基本原则、刑法效力、犯罪概念、犯罪构成理论、正当行为、犯罪形态、共同犯罪、罪数、刑罚目的、刑罚种类、量刑制度、刑罚执行制度等的讲授和学习。刑法总论的内容具有较强的理论性和抽象性，对《刑法总论》课程的学习，可以使学生初步建立起刑法学的基本思维框架和对具体犯罪进行分析的基本思路。

(二) 课程思政建设目标

通过对《刑法总论》课程的学习，实现知识学习、能力培养和价值塑造相统一。

1. 知识学习目标

掌握刑法的概念、刑法基本原则、刑法效力、犯罪概念、犯罪构成理论、

---

[1] 胡选洪，四川会东人，四川民族学院法学院教授，法学博士，主要讲授《刑法学》。该部分为 2023 年四川省高等教育人才培养和教学改革重大项目校级立项 "新法科建设背景下民族地区高校面向基层培养卓越法治人才的探索与实践" (JGZD202302)、2021 年四川民族学院思想政治工作精品项目 "《刑法分论》课程育人探索与实践"、2020 年四川民族学院 "课程思政" 示范教学团队 (刑事法学教学团队) (Szkcsfjxtd01)、2020 年四川省高校省级 "课程思政" 示范教学团队 (刑事法学教学团队) 和 2019 年四川省高校省级 "课程思政" 示范课程 (刑法分论) 阶段性成果。

正当行为、犯罪形态、共同犯罪、罪数、刑罚目的、刑罚种类、量刑制度、刑罚执行制度等刑法的专业基础知识和基本理论。

2. 能力培养目标

能够应用刑法基本原则、刑法效力、犯罪构成理论、正当行为、犯罪形态、共同犯罪、罪数、刑罚种类、量刑制度、刑罚执行制度等分析或初步研究实际案件（分析能力与研究能力不可分）和相关刑法问题。

3. 价值塑造目标

第一，深入理解和把握我国刑法总则具体原则或制度设置（法条规定）背后及具体案件处理中蕴含的"公正"与"法治"的社会主义核心价值观（通过刑法学的基础理念、刑法基本原则、具体制度、具体个案的认定和处理等体现出来）。第二，通过对刑法任务、刑法立法模式（定性+定量相结合）、刑法立法的变化（包括修正案）、死刑政策、量刑减免、定罪免刑、四要件犯罪论体系等内容的讲授和学习，一方面启发学生树立对我国刑法立法和刑法理论的"四个自信"，另一方面启发学生积极思考有中国特色的刑法的学科体系、学术体系和话语体系。第三，通过对《刑法总论》课程的学习，启发学生深入理解《高等学校课程思政建设指导纲要》提出的"政治认同、家国情怀、法治意识、道德修养和文化素养"五大思政要求与刑法相关规定之间的具体关联性。

二、课程思政元素挖掘与融入

（一）课程思政元素挖掘与分析

1. "四个自信"

我国 1979 年《刑法》到现在的 1997 年《刑法》及其修正案［目前到《刑法修正案（十二）》］的变革，从许多方面反映了我国刑法立法的"四个自信"。

（1）道路自信和制度自信。1979 年《刑法》的制定，使新中国刑法规范第一次得以体系化，为刑事办案和刑法学的教学与研究提供了规范依据[1]；1997 年《刑法》整合了 1981 年到 1996 年制定的 25 个单行刑法和相关的附属刑法，使之成为一部实质意义上统一的刑法典（虽然形式上没有"典"字），并使得随后的刑法补充或修改都采用刑法修正案模式（虽然目前关于刑法的

---

［1］ 高铭暄：《新中国刑法立法的伟大成就》，载《法治现代化研究》2020 年第 1 期，第 1 页。

再法典化模式存在争论）。相比于德日等国刑法，我国刑法关于犯罪的规定一般采用"定性+定量"的立法模式。除此之外，我国刑法关于刑法目的或任务的规定、关于犯罪概念的规定、关于罪刑法定原则的规定、关于罪刑体系的规定、关于死缓制度的规定、关于累犯从重处罚的规定、宽严相济刑事政策的指导等都体现了鲜明的中国特色。[1]这些方面反映了我国刑法在内容或制度规定和立法或修法模式上的道路自信和制度自信。

（2）理论自信。关于犯罪论体系的四要件体系或三阶层体系之争，是长期以来刑法学在体系性思考问题上的焦点，甚至关涉刑法学的知识转型。虽然目前刑法学界部分学者采用三阶层体系的逻辑分析和思考问题，但刑事司法实务采用传统的四要件体系分析案件是常态，因为四要件体系具有历史合理性、现实合理性和内在合理性，相对稳定、适合中国诉讼模式，具有优势。[2]这是我国刑法在理论自信方面的集中反映。

（3）文化自信。我国《刑法总则》关于年满 75 周岁以上一般不适用死刑的规定、关于未成年人犯罪从宽处罚的规定、关于犯罪中止减免处罚的规定、关于定罪免刑的规定、关于特赦的规定等，是"矜老恤幼""和为贵"和"德主刑辅"等我国传统文化（包括法律文化）在刑法上的呈现，反映了我国刑法立法的文化自信。

2. 社会主义核心价值观

在社会主义核心价值观的具体内容中，作为社会层面的自由、平等、公正、法治体现了法的一般性要求，也可以将其视为法治的具体构成要素，当然也体现刑法目的。我国刑法通过对罪刑法定原则、罪责刑相适应原则和适用刑法人人平等原则的规定，从刑法基本原则的角度实现了对自由、平等、公正、法治的保障。当然，这些基本原则的保障作用又要通过具体的刑法制度和罪刑规范的规定来实现，如刑法总则关于时间和空间效力的规定、关于犯罪主体的规定、关于犯罪主观方面的规定、关于犯罪停止形态的规定、关于正当化事由的规定、关于刑罚种类的规定、关于量刑情节的规定（累犯、自首、立功等）、关于行刑制度的规定（缓刑、减刑、假释等）、关于追诉时

---

〔1〕 刘艳红：《中国刑法制度的守正创新》，载《检察日报》2021 年 8 月 20 日。
〔2〕 高铭暄：《论四要件犯罪构成理论的合理性暨对中国刑法学体系的坚持》，载《中国法学》2009 年第 2 期，第 5 页。

效的规定、关于刑罚消灭制度的规定等。刑法的这些规定一方面作为裁判规范为司法者提供裁判指引，要求司法裁判必须以事实为根据、以法律为准绳，做到刑事司法裁判的平等和公正；另一方面也作为保障规范限制司法权，防止刑事司法权力的滥用和任性，实现对自由、平等、公正和法治的保障作用。社会层面作为连接国家层面和个人层面的桥梁，自由、平等、公正、法治的实现，将更加有助于个人层面爱国、敬业、诚信、友善和国家层面富强、民主、文明、和谐的实现。当然，社会主义核心价值观三个层面内容的划分也仅是一种相对的划分，三个层面之间其实是相互关联的。因此，刑法作为其他法律的保障法，其具体制度的真正贯彻落实，就是在法律体系层面实现社会主义核心价值观的保障力量。

3. 总体国家安全观

刑法总则通过对刑法的立法宗旨和刑法任务的规定，明确了"惩罚犯罪，保护人民"的立法宗旨和保卫国家安全、保卫人民民主专政的政权和社会主义制度，保护国有财产、集体所有的财产、公民私人所有的财产、公民的人身权利、民主权利和其他权利，维护社会秩序、经济秩序等的刑法目的，体现了总体国家安全观。刑法立法宗旨和刑法任务的实现：一方面通过刑法总则的相关制度规定来落实；另一方面通过刑法分则十大类犯罪的具体规定来体现。通过刑法总则和刑法分则的协调配合适用，实现对国家安全、公共安全、经济社会安全、公民个人安全、国防安全和生态安全等总体国家安全的保障。保障总体国家安全观在刑法上具体体现的罪刑规定，也是"爱国主义、集体主义、民族精神、民生福祉等在法律上的体现，具有浓厚的家国情怀色彩"。[1]

（二）课程思政元素与教材知识点对应表

《刑法总论》课程采用"马工程"教材《刑法学》（上册·总论）（第2版）（《刑法学》编写组，高等教育出版社2023年版），各章主要内容对应的思政元素如下表所示：

〔1〕董文辉：《论刑法学课程中思政元素的系统挖掘与有机融入》，载《河北法律职业教育》2023年第1期，第42页。

序号	章名	专业知识点	思政元素	典型案例/问题
1	第一章 刑法概说	刑法的性质、任务、沿革与发展、刑法的解释	道路自信、理论自信、制度自信	"人民教育家"高铭暄老师参与刑法立法的历程；刑法的法典化与再法典化之争；枯死樟树案、深圳王某案
2	第二章 刑法的基本原则	罪刑法定原则、适用刑法人人平等原则、罪责刑相适应原则	自由、平等、公正、法治的社会主义核心价值观	枯死樟树案、深圳王某案、上海肖某灵案、王某使用玩具枪抢劫案
3	第三章 刑法的效力	刑法的空间效力、刑法的时间效力	国家司法主权、一般人的预测可能性	吴某凡案、四川首例高空抛物罪案、江歌案
4	第四章 犯罪概念与犯罪构成	犯罪的三特征说、犯罪构成（犯罪论体系）	理论自信、创新思维	犯罪论体系之争；刑法的知识转型
5	第五章 犯罪客体	犯罪客体	总体国家安全观	罗某平侵害英雄烈士名誉、荣誉案
6	第六章 犯罪客观方面	行为、结果、因果关系、时间、地点、方法	个人责任、总体国家安全观教育	李某海不作为型故意杀人案、宋福祥案、"冷漠出租车司机案"、唐某良等三人非法捕捞青海湖裸鲤案
7	第七章 犯罪主体	刑事责任年龄、精神状态、单位犯罪	对未成年人的关爱和教育、心理健康教育、单位的职责与义务	人工智能的刑事责任之争、河北邯郸三初中生杀人案、乌鲁木齐铁路运输中级人民法院涉嫌单位受贿案
8	第八章 犯罪主观方面	故意、过失、目的、动机、期待可能性、违法性认识的可能性	关注个人的成长、人际和谐、认知能力	北京刘某某故意杀人案、误食甲醇致死案、"货拉拉女孩跳车致死案"、兰草案、枯死樟树案
9	第九章 正当行为	正当防卫、紧急避险、被害人承诺、职务行为、业务行为	正不能对不正让步、见义勇为、关爱他人、正当履职	于某案、昆山"反杀案"、云南丽江唐某案、河北"涞源反杀案"

序号	章名	专业知识点	思政元素	典型案例/问题
10	第十章 故意犯罪的停止形态	犯罪预备、犯罪未遂、犯罪中止、犯罪既遂	总体国家安全观、违法犯罪及时回头	预谋抢劫出租车司机案、王某因被害人称有妇科病而放弃强奸案、"催泪抢劫案"、骗门抢劫案
11	第十一章 共同犯罪	犯罪共同说、行为共同说、主犯、从犯、胁从犯、教唆犯	扫黑除恶教育、善待他人	王某主动为别人盗窃望风案、张某和王共谋强奸案
12	第十二章 罪数	持续犯、想象竞合犯、连续犯、牵连犯	总体国家安全观	张某非法拘禁案、王某飞车抢夺案、蔡某诈骗罪
13	第十三章 刑事责任	刑事责任的实现方式：刑罚、定罪免刑、非刑法处罚措施	制度自信、和谐价值观	蒋某醉酒驾驶摩托车案、张某盗窃案
14	第十四章 刑罚及其种类	限制自由刑（管制）、剥夺自由刑（拘役、有期徒刑、无期徒刑）、死刑	刑罚个别化、制度自信	死刑的存废之争、毛某案、药某鑫案、马某爵案、吴某宇案
15	第十五章 刑罚制度	量刑情节、累犯、立功、自首、数罪并罚、缓刑、减刑、假释、追诉时效、特赦	刑罚个别化、制度自信	许某案、王某案、黄某盗窃案、王某危险驾驶罪案、赵春华案、南京医科大学女生被害案、丁某山案等（故意伤害）核准追诉案、全国人大常委会关于特赦部分服刑罪犯的决定（2015年、2019年）

三、教学设计基本思路

（一）规范教学档案，特别是完善教学大纲

教学档案一般包括专业人才培养方案、课程教学大纲、考试大纲、教学课件、教案、教学日志、过程性评价材料、终结性评价材料（期末试卷）、毕业论文等。

在专业人才培养方案的基础上，课程教学大纲就是执行专业人才培养方案、实现人才培养目标的重要依据，是教学组织与实施的基本指导和遵循，是规范教学行为的纲领性文件，是组织教学、制定授课计划、编写教材（讲义）以及教学质量督导的主要依据，也是课程建设和课程评估的重要内容。因此，教学大纲的重要性不言而喻。在《刑法总论》课程教学大纲中，除课程简介（课程性质、意义、目的）外，要写明课程教材、课程目标（包括课程思政目标/价值塑造目标）与人才培养方案毕业要求指标点的对应关系、课程内容（教学的重难点）、教学方法、具体章节内容的课时分配、课程评价方式与考核内容（包括过程性评价标准和终结性评价方法）、主要参考书目等。其中，在教学内容上，结合专业知识点对学生开展哪些方面的课程思政教育，要做到有明确的规划或列明。对课程的考核评价，终结性考核在试题设置上可以适当体现对专业知识点的考核与课程思政的结合，考核学生对相关课程思政的理解或把握情况，过程性考核除论文阅读分析、判决书阅读分析、小论文写作等外，在成绩构成上应考虑学生平时思想政治方面的表现等。

（二）采用多元教学方法

教学方法多种多样，《刑法总论》课程专业知识点与思政元素的有机融合，可以采用如下一些方法：

（1）历史分析的教学法——在时代的发展中理解刑法的变迁与修正。例如，在讲授新中国刑法的沿革与变迁时，不可避免地要采用历史分析法。从新中国建立到1979年才有了第一部刑法，到1997年有了第二部刑法，1997年《刑法》至今又有了12个《刑法》修正案。从1979年《刑法》到今天，刑法从分散立法到统一立法、在统一刑法典基础上采用修正案模式、增设新的罪名、修改罪刑结构、废除部分犯罪的死刑、刑事立法从相对粗疏走向精细等。刑法的这些变迁虽然直接反映的是立法理念和立法技术的进步，但更是间接反映了我国经济社会发展所带来的法治水平和对公民权利保障意识的不断提升，是以人民为中心的发展思想在刑法立法上的体现。

（2）案例分析和体系分析相结合的教学法——在刑法规定的体系中甚至整个法秩序中理解罪责刑相适应，实现案件处理的公平和公正。由于犯罪行为和社会关系（客体）的相互关联性，刑法也会从不同的视角或侧面对相同的法益提供不同的保护，从而形成不同的罪名。例如，对生命健康法益的保护。由于现实生活中可以通过多种方式侵害生命健康，如刀砍、投毒、造成事故、枪击等，这就要求对同一种侵害生命健康的行为应将其放在整个刑法的罪名体系中去思考，做出准确的定罪和量刑，实现罪责刑相适应。同时，在行政犯不断增加的时代（行政犯时代），对行为是否构成犯罪，还需要考虑一次法（行政法）的规定，如果一次法与二次法（刑法）对行为的规定完全一样，同时二次法（刑法）也没有做量的特别要求（如情节严重等），此时就应当考虑法秩序的协调（行政法与刑法之间的协调），对相关行为不作犯罪认定而按行政违法处理，只有达到一定的量，才能按犯罪处理，即行政法定性、刑法定量或"前置法定性与刑事法定量相统一"[1]。否则既是用二次法（刑法）架空了一次法（行政法），同时也违背了刑法的谦抑性，不能实现公平和公正。民事法与刑法之间的关系也具有类似程度的相似性。

（3）"经验之塔"的教学法。美国教育家戴尔在《教学中的视听方法》一书中提出了"经验之塔"理论，认为经验通过直接方式和间接方式获取，按照媒介的抽象程度从高到低构建了金字塔模型，通过语言、视觉符号（教材）获得的经验具有抽象性，直接体验获取的经验最为具体。[2]"经验之塔"理论实质上讲的是通过何种方法获得的经验更牢固和持久。据此，《刑法总论》课程思政"经验之塔"的教学法可按如下步骤层层递进：第一，通过传统的讲授法，让学生对专业知识点及其思政意识获得一般性认知，即获得抽象的经验。第二，通过讨论法、案例教学、启发式教学，辅之以课堂多媒体视频展示、法律电影欣赏、组织学生参观展览、到法院旁听案件庭审等，让学生对专业知识点及其思政意识获得直观的经验，即观察的经验。第三，通过互动式教学法，辅之以模拟法庭、法律诊所、专业实习，通过亲自动手做起来，让学生对专业知识点及其思政意识获得做的经验（直接体验的经验）。在抽象的经验、观察的经验和做的经验中，抽象的经验最不牢固，做的经验

---

〔1〕 田宏杰：《行政犯的法律属性及其责任——兼及定罪机制的重构》，载《法学家》2013年第3期，第51页；田宏杰：《立法扩张与司法限缩：刑法谦抑性的展开》，载《中国法学》2020年第1期，第166页。

〔2〕 尹俊华、庄榕霞、戴正南编著：《教育技术学导论》（第3版），高等教育出版社2011年版，第10页；赵雪军：《"互联网+课程思政"下"刑法学"教学改革探索》，载《喀什大学学报》2021年第2期，第103页。

最牢固和持久。因此，要让学生对《刑法总论》课程的专业知识点和相关思政元素有真切的理解和把握，可以从"抽象的经验—观察的经验—做的经验"顺次递进，采用相应的教学方法来实现。

四、教学设计样例展示

以《刑法总论》课程专业知识点犯罪客体（或法益）为例，展示该知识点课程思政教学的具体设计。

（一）课前问题预设：让学生思考

我国《刑法修正案（十一）》（2021年3月1日起施行）为什么要增加侵害英雄烈士名誉、荣誉罪？

（二）专业知识点：犯罪客体

犯罪客体是指我国刑法保护的而为犯罪行为所侵害的社会关系。对其可作一般客体和同类客体、简单客体和复杂客体、主要客体和次要客体等分类。犯罪客体即社会关系的重要程度，其往往决定着犯罪危害性的严重程度。随着社会的发展、人们对某种特定社会关系重要性认识的提高和某种危害行为的严重程度，刑法也会适时通过增加罪名的方式将其纳入保护的范围，英雄烈士的名誉和荣誉就是实例。

（三）教学案例与教学过程设计

1. 教学案例

罗某侵害英雄烈士名誉、荣誉暨附带民事公益诉讼案[1]

2021年，罗某观看《长津湖》电影和纪录片后，为博取关注，使用新浪微博账号（粉丝数220余万）发帖，侮辱在抗美援朝长津湖战役中牺牲的中国人民志愿军"冰雕连"英烈。上述帖文因用户举报被平台处理，此前阅读量2万余次。罗某次日删除该帖文，但相关内容已经在网络上广泛传播，引发公众强烈愤慨。罗某曾系知名媒体人，曾使用上述账号先后发表侮辱、嘲讽英雄烈士等帖文9篇，其账号被平台处置30次。该案经过海南省三亚市城郊人民法院审理，判处被告人罗某有期徒刑7个月并承担在新浪网、《法治日

---

〔1〕参见《最高人民法院发布涉英烈权益保护十大典型案例》，载人民法院网：https://www.chinacourt.org/article/detail/2022/12/id/7055388.shtml，访问日期：2018年9月14日。

报》和《解放军报》上公开赔礼道歉等民事责任。

2. 教学过程设计

（1）学生分组讨论。罗某的行为侵害了什么社会关系（法益）？法院为什么要认定罗某的行为构成犯罪？

（2）讨论小组代表发表本组讨论主要观点。

（3）授课教师对讨论小组代表的发言进行评析。

（4）授课教师展示法院判决理由。海南省三亚市城郊人民法院审理认为：中国人民志愿军的英雄事迹是中华民族共同的历史记忆和宝贵的精神财富，伟大抗美援朝精神跨越时空、历久弥新，是社会主义核心价值观的重要体现，需要全体中华儿女永续传承、世代发扬，绝不容许亵渎、诋毁。被告人罗某在互联网上侮辱英烈，否定社会主义核心价值观和抗美援朝精神，破坏社会公共秩序，损害社会公共利益，情节严重，其行为已构成侵害英雄烈士名誉、荣誉罪，应依法惩处。

（5）授课教师总结。正如习近平总书记指出，英雄是一个民族最闪亮的坐标。英雄烈士的事迹和精神是社会主义核心价值观的重要体现，是实现中华民族伟大复兴的强大精神动力，每一位公民都应当自觉维护英雄烈士的尊严和合法权益。

第六章
《刑法分论》课程思政教学设计

黄寅成[1]

一、课程简介和思政建设目标

(一) 课程简介

《刑法分论》课程主要是对我国刑法分则的内容进行讲述和学习，具体涉及对刑法分论的概述、总论与分论的关系以及对"危害国家安全罪""危害公共安全罪""破坏社会主义市场经济秩序罪""侵犯公民的人身权利、民主权利罪""侵犯财产罪""妨害社会管理秩序罪""危害国防利益罪""贪污贿赂罪""渎职罪""军人违反职责罪"等刑法分则所规定的具体罪名的了解和学习。在授课上，重点讲述侵犯"公民人身权利、民主权利罪""侵犯财产罪""妨害社会管理秩序罪"等常见多发的罪名。相对于刑法总论而言，刑法分论的内容更具实践性和应用性，通过学习可以对常用罪名进行准确的判断，能够熟练地分析罪与非罪、此罪与彼罪、具体犯罪的停止形态等，通过对刑法分论的学习，结合总论知识建立起刑法学的基本思维和对具体犯罪进行分析的基本能力，引导学生初步树立刑事法治的观念。通过课程学习，实现知识学习、能力培养和价值塑造相统一。

(二) 思政建设目标

1. 法治思维与法治精神的培养

《刑法分论》课程是法学专业的重要组成部分，其核心在于培养学生的法

---

[1] 黄寅成，四川泸定人，四川民族学院法学院助教，主要讲授《刑法学》。

治思维。在教学中，通过解读刑法条文、分析案例等方式，引导学生理解法治精神的重要性，认识到法律在维护社会秩序、保障人权等方面的作用。同时，结合社会热点问题，探讨法律与社会、法律与道德的关系，使学生在学习过程中逐步树立起法治思维。

2. 社会主义核心价值观的融入

《刑法分论》课程教授过程中应当注重社会主义核心价值观的融入。在教学过程中，可以通过对刑法条文的解读和对案例的分析，引导学生深入理解社会主义核心价值观的内涵和要求。例如，在讲授盗窃罪、故意伤害罪等罪名时，可以结合社会现实，强调诚实守信、尊重他人等价值观的重要性，使学生在学习法律知识的同时，也能接受到社会主义核心价值观的熏陶。

3. 法律职业道德的培养

《刑法分论》课程承担着培养学生法律职业道德的重任。在教学中，可以通过对犯罪构成要件、刑事责任等内容的讲解，使学生认识到犯罪行为的严重性和危害性，从而提升他们的职业道德。在分析刑法分论中的具体案例时，加入对律师、法官、检察官等法律从业者职业道德行为的分析和讨论。讨论违反职业道德的行为可能导致的法律后果和社会影响，以及维护职业道德的重要性。同时，通过模拟法庭、法律咨询等实践活动，让学生亲身体验法律从业者的职业道德要求。在实践教学中，注重培养学生的职业道德素养和职业操守，如尊重当事人、保持客观公正等。让学生在实践中体验法律职业道德的承担和履行，进一步加深对法律职业道德的认识和理解。

4. 传统文化与法治精神的结合

在《刑法分论》课程教学中，应当深入挖掘传统文化中的法治元素，将其与现代法治精神相结合。例如，在讲解刑法中的罪名和刑罚时，可以引入古代法律文化中的相关内容，让学生了解到法治精神的历史渊源和文化底蕴。同时，通过分析传统文化中的法治思想和实践经验，引导学生认识到法治精神在维护社会稳定、促进社会发展方面的重要作用。

5. 国际视野与比较法学的引入

随着全球化的深入发展，国际视野和比较法学在《刑法分论》课程中的重要性日益凸显。在教学中，可以通过引入国际刑法、比较刑法等相关内容，让学生了解不同国家和地区的刑法制度和实践经验。同时，通过对比分析不同国家和地区的刑法规定和司法实践，引导学生认识到我国刑法制度的优势和不足，从而培养他们的国际视野和比较分析能力。

二、课程思政元素挖掘与融入

（一）课程思政元素挖掘与分析

1. 课程思政元素与马克思主义法学理论相结合

《刑法分论》课程以"马工程"重点教材为教学用书，在解读刑法条文时，引入马克思主义法学理论中关于法律本质和作用的观点，帮助学生理解法律条文背后的社会意义。例如，在解读刑法中关于盗窃罪的规定时，可以引用马克思主义法学理论中关于财产权和社会秩序的观点，引导学生理解法律在保护财产权和维护社会秩序方面的作用；在案例教学中，运用马克思主义法学理论中的观点和方法，对案例进行深入剖析，揭示案件背后的社会、经济和政治因素。再如，在分析环境污染犯罪的案例时，可以运用马克思主义法学理论关于人与自然关系的观点，引导学生思考环境保护的重要性以及法律在保护环境方面的作用；在课堂讨论中，引导学生结合马克思主义法学理论对刑法中的思政问题进行深入思考。例如，可以组织学生对"法律与道德的关系""法律的公正性"等话题进行讨论，引导学生树立正确的法律观和道德观。

2. 课程思政元素与中华传统文化相结合

中华传统文化源远流长，其中"仁、义、礼、智、信"等核心价值观构成了其精髓。这些价值观强调人与人之间的互动关系，注重人的情感、道德和精神层面的建设，对于培养人的道德品质和法治思维具有重要意义。在《刑法分论》课程中，可以引入一些与中华传统文化相关的案例，如"盗窃自家财物"的法律规定。通过讨论这些案例，引导学生理解中华传统文化中"家"的概念和道德观念，同时加深对刑法条文的理解。例如，可以结合最高人民法院和最高人民检察院联合发布的《最高人民法院、最高人民检察院关于办理盗窃刑事案件适用法律若干问题的解释》中的相关规定，讨论"偷拿家庭成员或者近亲属的财物"的认定和处罚问题；在《刑法分论》课程的讲解中，可以融入中华传统文化中的"仁爱""诚信"等理念。这些理念不仅有助于培养学生的道德品质，还能引导他们形成正确的法治观念。例如，在讲授"故意伤害罪"时，可以引导学生思考"仁爱"理念在犯罪预防中的作用，从而培养学生的同情心和正义感；组织学生对刑法中的某些问题进行课堂讨论，引导他们结合中华传统文化进行思考。通过讨论，学生可以更深入地理解中华传统文化的核心价值观和刑法条文背后的道德意义。例如，可以组织学生对"法律与道德的关系"进行讨论，引导他们思考在中华传统文化中法律与道德是如何相互作用的。

3. 课程思政元素与时代主题相结合

时代主题是指人类社会某一发展阶段中带有全球性、战略性和关乎全局的核心问题。当前，和平与发展仍然是时代的主题，但随着全球化和信息化的深入发展，安全、稳定、公正等问题也日益凸显。这些时代主题对《刑法分论》课程思政元素的挖掘和融合提出了新的要求。在培养学生法治思维的过程中，结合时代主题，引导学生关注法治在维护国家安全、社会稳定和公平正义方面的作用。例如，在讲授刑法中的危害国家安全罪时，可以引导学生思考如何在全球化背景下维护国家安全和稳定。在培养学生道德修养的过程中，结合时代主题，引导学生关注道德在促进社会和谐、文明进步方面的作用。例如，在讲授刑法中的贪污贿赂罪时，可以引导学生思考贪污贿赂行为对社会道德风尚的破坏；在讲授人身类、财产类等犯罪时，可以引导学生思考如何在日常生活中践行社会主义核心价值观。在培养学生社会责任感的过程中，结合时代主题，引导学生关注自身在推动社会进步、维护社会稳定方面的责任和使命。例如，在讲授刑法中的环境保护罪时，可以引导学生思考如何在日常生活中践行环保理念；在讲授刑法中的恐怖主义犯罪时，可以引导学生思考如何防范和打击恐怖主义行为，维护国家安全和社会稳定。

4. 课程思政元素与学生学习、成长环境相结合

在《刑法分论》课程中，将思政元素与学生学习、成长环境相结合，可以使学生在学习刑法知识的同时，更深入地理解和感受法律与社会的紧密联系，从而培养学生的法治思维、道德观念和社会责任感。学生的学习环境包括课堂环境、校园文化和社会环境等多个方面，这些环境会对学生的认知、情感和行为产生深远影响。因此，将《刑法分论》课程的思政元素与学生学习环境相结合具有重要意义。

在《刑法分论》课程中，结合社会热点问题和典型案例进行教学。通过分析案例的背景、过程和结果，引导学生思考法律与社会的关系，培养学生的法治思维和道德观念。组织学生参与模拟法庭、法律咨询等实践活动。通过亲身体验法律的应用过程，让学生感受到法律的威严和力量，同时培养他

们的实践能力和创新精神。例如，可以组织模拟法庭活动，让学生扮演法官、检察官、律师等角色，亲身体验法律程序的运行过程和法律文书的撰写过程。结合校园文化活动，开展法治宣传、法律知识竞赛等活动。通过丰富多彩的活动形式，引导学生关注法律、学习法律、运用法律，培养他们的法治意识和道德观念。例如，可以举办法律知识竞赛活动，让学生积极参与其中，通过竞赛的形式检验他们的法律学习效果和法治意识。在讲授"网络安全犯罪"时，可以引导学生关注近年来频发的网络安全事件和网络犯罪案例，让他们认识到网络安全的重要性以及法律在维护网络安全方面的作用。

5. 课程思政元素与法学专业特征及职业要求相结合

课程思政元素与法学专业特征及职业要求的结合，有助于培养具备坚定法治信仰、良好道德伦理、深厚法律知识和实践能力的法学专业人才。在教学过程中，注重将思政元素与法学专业知识相结合，通过案例分析、实践活动等方式，培养学生的实践能力和解决问题的能力，为他们的职业发展奠定坚实的基础。

（二）课程思政融入点

以下是一个简单的《刑法分论》课程思政融入点的图表，用于展示如何在各个章节中融入思政元素：

序号	章节	专业知识点	思政元素	典型案例
1	第十七章	危害国家安全罪	爱国主义、家国情怀	央视女主持人成某涉嫌间谍案、张某革案、蔡某树案、施某屏案、某高校学生田某涉嫌煽动颠覆国家政权案
2	第十八章	危害公共安全罪	社会责任感和公民意识	唐某危险驾驶罪、危害公共安全罪
3	第十九章	破坏社会主义市场经济罪	强化法治思维和市场经济秩序意识	马某利用未公开信息交易案
4	第二十章	侵犯公民人身权利、民主权利罪	生命教育、家庭教育、感恩教育	重庆姐弟坠亡案、药某鑫故意杀人案、吴某宇弑母案、复旦林某浩投毒案、杭州杀妻案

序号	章节	专业知识点	思政元素	典型案例
5	第二十一章	侵犯财产罪	开展适度消费、反思消费的教育	金融 e 租宝集资诈骗案、偷换二维码案件、校园套路贷典型案件
6	第二十二章	妨害社会管理秩序罪	社会责任感与使命担当，弘扬社会主义核心价值观	基因编程婴儿非法行医案、彭某网络寻衅滋事案
7	第二十三章	危害国防利益罪	爱国情怀	马某、杨某破坏军事设施案
8	第二十四章	贪污贿赂罪	正确金钱观、廉洁教育	彭某受贿，贾某受贿、洗钱违法所得没收案
9	第二十五章	渎职罪	正确职业观	崔某某环境监管失职案

此图表只是一个基本的框架，具体的思政融入点可以根据课程内容和目标进行详细展开和深化。在每个章节中，均可以结合具体案例、法律条文和社会现象，引导学生深入思考法治精神、公正观念、人权保障、社会责任和公民意识等方面的内容，从而实现《刑法分论》课程与思政教育的有机结合。

三、教学设计基本思路与措施

（一）教学设计基本思路

首先，要明确思政教育的核心目标，即培养学生的法治精神、公正观念、社会责任感和公民意识。这些目标应贯穿于整个《刑法分论》课程的教学过程，成为课程设计的指导思想。

其次，要深入挖掘《刑法分论》课程中的思政元素。在传统课堂外，教师还需继续拓宽课程思政课堂教学的时空边界，引导学生自主学习，引导其课后主动挖掘刑法学知识中的思政元素。注重对学生知识迁移能力与实践能力的培养。为打破传统课堂的时间、空间限制，教师可采取"线上 + 线下"相结合的方式，引导学生自发挖掘思政元素。刑法分论涉及众多罪名和犯罪行为，每个罪名背后都蕴含着深刻的社会问题和道德责任。通过分析典型案例、探讨犯罪动机和后果等方式，引导学生思考犯罪行为的本质和社会影响，从而培养他们的法治思维和道德观念。

在教学方法上，重理论与实践相结合。采用案例教学、角色扮演、小组讨论等多样化的教学方式，让学生在参与中学习和思考。同时，还可以结合社会实践和法治教育活动，如组织参观法庭、旁听案件审理等，让学生亲身感受法治的力量和重要性。

此外，还应注重课程内容的系统性和连贯性。《刑法分论》课程的知识点较为繁杂，但各章节之间又存在着内在逻辑联系。在设计课程时，应充分考虑各章节之间的衔接和过渡，确保课程内容的连贯性和整体性。同时，还要根据学生的认知特点和需求，合理安排教学进度和难度，确保学生能够逐步深入理解和掌握刑法分论的知识。

最后，要注重课程思政的评估与反馈。教师可以通过课堂讨论、作业批改、考试等方式，了解学生对课程思政内容的掌握情况，并根据反馈结果及时调整教学策略和方法。同时，还可以邀请学生参与对课程思政设计的讨论和建议，激发他们的学习积极性和主动性。

（二）措施与方法

1. 融入思政元素，强化价值引领

在《刑法分论》课程的教学过程中，深入挖掘各章节中的思政元素，将其与专业知识有机结合。例如，在讲授具体罪名时，可以引入相关社会热点案例，通过分析案例中的法律问题和道德困境，引导学生深入思考犯罪行为的本质、社会危害及预防对策，从而培养他们的法治思维和道德观念。

2. 采用多样化教学方法，激发学生兴趣

案例教学：选择具有代表性的典型案例，组织学生进行小组讨论和角色扮演，让他们在分析和解决问题的过程中加深对法律条文和犯罪构成要件的理解。

互动式教学：鼓励学生积极参与课堂讨论，发表自己的观点和看法。教师可以通过提问、引导等方式，激发学生的思考能力和创新精神。

实践教学：结合社会实践和法治教育活动，如组织参观法庭、旁听案件审理等，让学生亲身感受法治的力量和重要性，增强他们的社会责任感。

3. 注重课程思政的评估与反馈

通过建立有效的评估机制，了解学生对课程思政内容的掌握情况和学习效果。同时，鼓励学生对课程思政教学提出意见和建议，以便教师及时调整教学策略和方法，不断提升教学质量和效果。

4. 强化制度自信与文化自信的培养

在《刑法分论》课程的讲授中，我们不仅要传授法律知识，更要注重培养学生的制度自信与文化自信。这种自信不仅是对我国法律制度的坚定信念，也是对我国优秀传统文化的自豪和传承。在对具体犯罪的讲解过程中，我们要向学生阐述我国法律制度的优越性，如法治原则、公平正义等核心价值观的体现，以及法律制度的不断完善和发展。这有助于培养学生对我国法律制度的信任和尊重，进而形成坚定的制度自信。为了让学生更深入地理解和体验制度自信与文化自信，我们可以结合具体案例进行讲授。通过分析国内外典型案例，比较不同法律制度下的处理方式和结果，展现我国法律制度的优势和特点。结合案例分析，引导学生思考如何在司法实践中更好地贯彻法律原则和理念。同时，善于挖掘法条背后的"中国故事"，培养学生的文化自信。

5. 结合时事热点，提升课程思政的时效性

结合当前的时事热点和社会问题，如网络安全犯罪、环境保护犯罪等，及时调整教学内容和教学方法，使课程思政更加贴近实际、贴近生活、贴近学生，增强课程的时效性和针对性。

四、教学设计典型案例展示

（一）知识点概况

涉毒类犯罪规定在我国刑法分则的妨害社会管理秩序罪一章当中。其侵犯了国家对毒品的管理制度，其中走私行为还扰乱了国家的进出口管理制度。涉毒类犯罪严重危害社会稳定，上下游犯罪间相互交织，需司法实务工作者具备较高的专业素养和道德水准进行合理的裁量，以实现不枉不纵、宽严相济的刑事司法要求。

（二）教学思路

利用中国大学慕课（MOOC）网平台发布课前任务清单，让学生观看电影《湄公河行动》，课上利用翻转课堂和小组讨论等形式组织学生讨论该电影的情节，同时进行爱国主义教育、感恩教育及我国在国际禁毒合作中展现的大国担当，开启对课程的学习。首先，由教师串讲涉毒罪名的基础知识，阐释涉毒类罪名制定背景以及现实意义，同时强调重难点，确保教学效果。其次，利用最高人民法院发布的新型毒品犯罪真实案例，以走私、贩卖毒品罪

被判处死刑的 26 岁女大学毕业生"毛某案"为例，融入底线教育、生命教育。通过案例分析和翻转课堂等形式恰当地把思政教育融入具体涉毒类案件，以达到法律效果和社会效果的统一。课后要求同学围绕讨论思考问题并形成文字报告，上传到中国大学慕课（MOOC）网平台，作为同学平时成绩考核的标准之一。

（三）课程思政设计

1. 课程引入

案例：张某某等人走私、运输毒品案[1]

2018 年 10 月至 2019 年 7 月期间，形成以被告人张某某为首，被告人田某某、易某某等人为骨干分子，多人参与的走私、运输毒品集团。该犯罪集团盘踞在缅甸小勐拉，通过网络招募运毒马仔、统一安排食宿、拍摄运毒视频和遥控行动路线等方式，组织十余人携带毒品从缅甸小勐拉走私进入中国境内并运往重庆市、辽宁省鞍山市、四川省遂宁市及云南省普洱市、昭通市等地。公安机关共计查获涉案甲基苯丙胺片剂（俗称"麻古"）58 694.14 克、甲基苯丙胺（冰毒）7473.14 克、海洛因 7423.40 克。

昆明铁路运输中级人民法院于 2020 年 9 月 25 日作出［2020］云 71 刑初 38 号刑事判决：一、被告人张某某犯走私、运输毒品罪，判处死刑，剥夺政治权利终身，并处没收个人全部财产。二、被告人田某某犯走私、运输毒品罪，判处死刑，缓期二年执行，剥夺政治权利终身，并处没收个人全部财产。三、被告人易某某犯走私、运输毒品罪，判处死刑，缓期二年执行，剥夺政治权利终身，并处没收个人全部财产。宣判后，三被告人均提出上诉。云南省高级人民法院于 2021 年 4 月 13 日作出［2020］云刑终 1188 号刑事裁定，驳回上诉，维持原判。最高人民法院作出刑事裁定，核准云南省高级人民法院维持死刑的刑事裁定。

法院生效裁判认为：被告人张某某、田某某、易某某无视国家禁毒法律，长期盘踞在缅甸小勐拉，结成固定的走私、运输毒品团伙，通过网络招募、统一安排食宿、拍摄运毒视频和遥控行动路线等方式，组织十余人多次携带

---

［1］《云南省高级人民法院［2020］云刑终 1188 号刑事裁定》，载人民法院案例库：http://rmfyalk. court. gov. cn，访问日期：2021 年 4 月 13 日。

毒品甲基苯丙胺片剂共 58 694.14 克，甲基苯丙胺共计 7473.14 克，海洛因共计 7423.40 克，从缅甸小勐拉走私进入中国境内并分散运往中国内地。三名被告人的以上行为已触犯国家刑法，构成走私、运输毒品罪，且系共同犯罪，并在共同犯罪中形成了以张某某为首，田某某、易某某等人为骨干分子的犯罪集团，其中，张某某系首要分子，应对犯罪集团全部犯罪事实承担责任；田某某、易某某系犯罪集团主犯，应对所参与或指挥的全部犯罪事实承担责任。三被告人在归案后均能如实供述全部犯罪事实，具有坦白情节。被告人张某某在归案后积极协助公安机关抓获受其指挥走私、运输毒品的马仔高某，具有立功情节。

关于被告人张某某的辩护人提出的本案不能认定张某某为犯罪集团首要分子的辩护意见，经查，本案中张某某独立组织相关人员，组成了以其为首，有多名固定成员分工负责走私、运输毒品的不同环节，专门进行毒品走私、运输的犯罪集团，并招募众多不固定的马仔负责毒品的走私、运输，该集团所走私、运输的毒品由何人提供并不影响其集团的构架以及运作，其集团所走私、运输的毒品的所有人是否到案也不能影响张某某在该毒品犯罪集团中的地位认定；在该毒品犯罪集团中，张某某总管走私、运输毒品活动全局，并指挥安排集团其他主犯田某某及易某某的行动，其在犯罪集团中的作用地位明显突出于田某某及易某某，故对该辩护意见不予采纳。关于该辩护人提出的涉案毒品不可能流入社会造成实际危害的辩护意见，与法院查明的本案涉案毒品系在境外组织，并已成功交由不同马仔走私入境，涉案毒品均系在走私、运输环节被查获，已经流入社会的事实不符，故对该辩护意见不予采纳。

综上，被告人张某某组织、安排他人走私、运输的毒品数量特别巨大，且持续时间长，犯罪的主观恶性极深、社会危害性极其严重；其虽在归案后积极协助公安机关抓捕了其犯罪集团的运毒马仔，具有立功及坦白情节，但结合其所涉走私、运输毒品犯罪的情节，其功不足以抵罪。张某某系毒品犯罪集团首要分子，需对犯罪集团全部走私、运输毒品的犯罪承担责任，应予以严惩。被告人田某某、易某某指挥他人走私、运输的毒品数量巨大，系犯罪集团主犯，社会危害性极其严重，应予以严惩；鉴于二人在本案中具有的坦白情节及积极的认罪悔罪态度，可以认定二人尚不属于应当判处死刑，必须立即执行的犯罪分子。故一、二审法院依法作出如上裁判。

2. 思政结合

（1）以涉毒类犯罪构成为载体融入爱国主义教育。涉毒类犯罪的客观方面表现为违反国家毒品法规，走私、贩卖、运输、制造毒品等行为。国家之所以打击涉毒类犯罪，不仅在于此类犯罪对个人身心危害极大，还在于涉毒类犯罪之间也存在上下游犯罪竞合、牵连关系。教师在向学生讲解因毒品交易引发的系列上、下游犯罪的关系及背后的法理时，可以引入鸦片战争相关历史对学生进行爱国主义教育。1820—1840 年间，由于鸦片大量输入而引起的白银不断外流，使清政府的经济处于崩溃的边缘。更为严重的是鸦片的泛滥极大地摧残了吸食者的身心健康，销蚀国人的身体和意志，国人抵御外侵的身体素质和意志力逐渐丧失。民族英雄林则徐的清末"虎门销烟"是我国禁毒史上的壮举，林则徐的"禁烟运动"增加了中国人民对鸦片危害性的认识，唤醒了广大中国人民的爱国意识，体现了民族气节。与两百多年前相比，当代毒品种类增多，制毒手段更为隐蔽，国际涉毒犯罪也在不断增多，并在一定程度上危害国家安全，打击涉毒类犯罪的难度也越来越大。当代的禁毒斗争是一个系统性、长期的工程，在依法治国的大背景下，未来法律人需继承先贤的爱国情怀，有序开展禁毒工作。

（2）以涉毒类犯罪法定刑为载体融入感恩教育。毒品交易会引发次生犯罪从而对社会治安、国家安定产生严重影响，因此我国秉持"重刑制毒"的刑事立法和刑事政策立场。走私、贩卖、运输、制造毒品罪是我国刑法分则中非暴力犯罪中为数不多的保留死刑的罪名。此类犯罪严格的刑事立法和刑事政策导向，也变相地将缉毒警察等一线缉毒工作者置于危险境地。实践中，毒品犯罪多为有组织的集团作案或有黑社会性质组织支持。走私、贩卖、运输、制造鸦片、甲基苯丙胺等成瘾性毒品的犯罪分子为了追逐高额利益，采取各种"藏毒"手段，运用多种藏毒工具铤而走险。无论是依据《刑法》条文还是最高人民法院、最高人民检察院印发的《关于常见犯罪的量刑指导意见（试行）》，毒品犯罪分子都有很大可能面临死刑的处置。犯罪分子一旦进入侦查人员视线或暴露藏毒窝点，考虑逮捕后重刑的审判境遇和求生的本能，往往会与缉毒战警"殊死一搏"。一线缉毒警察的每一次行动都是生与死的较量，他们与毒贩斗智斗勇，或是化装为毒枭下线吸引毒枭接头，或是潜入"毒窝"搜集犯罪线索与证据，一旦不慎暴露身份或陷入埋伏，一般非死即伤。教师在阐述涉毒类犯罪法定刑与缉毒战线警察牺牲的关系时，应引导学生在和平年代对奋战在缉毒前线的缉毒工作者心怀感恩之心。

（3）以毒品犯罪原因为载体的法律风险防范与底线教育。涉毒类犯罪中走私、贩卖、运输、制造毒品罪的法定刑最重，但并不代表持有、容留、引诱他人吸毒等其他涉毒类犯罪不处罚或仅作为一般违法行为处理。各类毒品犯罪间存在上下游犯罪关系，且毒品犯罪与其他犯罪间也相互关联。犯罪分子铤而走险走私、贩卖、运输、制造毒品，在很大程度上是因为毒品有广泛市场需求。许多毒品特别是新型毒品通过各种渠道不知不觉间侵入普通人的生活。许多年轻人涉世未深，出于对新鲜事物的好奇，以及盲目追求刺激与兴奋感，容易沾染毒品，甚至将毒品作为待客的高档礼品。教师在讲授容留他人吸毒罪、引诱他人吸毒罪、非法持有毒品罪时，宜用真实的案例引出对毒品成瘾机制的介绍，从而引导学生面对诱惑要坚守法律的底线。无论是基于何种原因容留他人吸毒、引诱他人吸毒，我国刑法都设置了管制刑及以上的刑罚措施。管制虽作为我国主刑最轻的刑种，但对于一些涉世未深的青少年而言，受此刑罚对其一生的次生影响非常深远。毒品对吸毒者危害巨大，吸毒后人体机制会处于病理状态，人的生理平衡被打破，生理功能紊乱，甚至出现幻觉。因吸毒者吸毒出现幻觉或发展成妄想症而疯狂杀害亲友、无辜群众的新闻报道屡见不鲜。教师可以通过涉毒类犯罪部分轻罪中法理、情理唤起受教育者对新型毒品下美丽外包装的罪恶的愤慨之情。每名法学学子均有义务从自身做起，严守法律底线，积极防范由涉毒肇祸事件带来的社会风险及因涉毒产生的个人风险，并积极普及防毒意识和宣传识毒知识，带动拒绝毒品浸染校园、社区等活动，推动课程思政的实践效果。

（4）以涉毒矫正相关知识为载体的职业伦理教育。在涉及部分涉毒类犯罪轻罪罪名时，犯罪分子可能被判处管制或宣告缓刑，故在相关涉毒类犯罪的课堂授课中，可融入以涉毒矫正相关知识为载体的职业伦理教育。部分法学类特设专业虽会开设专门的社区矫正理论与实务类课程，但只有矫正实务工作者自身先具有正确的价值观才能更好地帮助犯罪分子重新树立正确的价值观。在实践中，涉毒类犯罪中缓刑犯和假释犯所占比重大，给此类犯罪矫正工作带来了很大困难。许多毒品犯罪分子"以贩养吸"，服刑人员中吸毒成瘾者由于长期吸食毒品，身心备受煎熬甚至多种疾病缠身，他们在服刑或社区矫正过程中给司法工作者的工作带来了更多挑战。

作为未来司法实务工作者，不能因社会大众基于朴素的法情感对犯罪人的憎恨而忽视罪犯的基本权利，应树立帮扶教育罪犯的观念。涉毒犯罪分子服刑前往往社会关系复杂，因涉毒可能导致家庭关系破裂或经济困难。为避免其完成矫正后再次因家庭、经济问题走上犯罪道路，需要一线司法工作人员积极帮助涉毒犯罪分子配合改造与戒毒，矫正与戒治相结合，通过榜样示范等为涉毒类犯罪分子的成功改造打下良好的心理基础，助其重新回归社会。同时，对意外涉毒、因好奇心涉毒等低龄青少年群体要有同情心，给予帮扶。每名司法者、执法者都应树立高尚的职业道德，法律的目的不仅是打击犯罪、惩治犯罪分子，还应以自己的耐心与热心帮助罪犯改造，发挥刑罚的特殊预防效果。

3. 思考讨论

请同学们思考，涉毒类案件是如何体现爱国主义的？可结合具体案例阐释。

第七章
《民法1（总则编+人格权编）》课程思政教学设计

叶晓彬[1]

一、课程简介和思政建设目标

（一）课程简介

《民法1（总则编+人格权编）》（以下简称《民法1》）作为法学专业的重要核心课程，面向大一本科生开设，在法学应用型人才培养的课程体系中发挥着举足轻重的作用，同时在课程思政中具有典型性和高度契合性，尤其是与社会主义核心价值观密切相关。课程以《民法典》总则编+人格权编为主要教学内容，以习近平新时代中国特色社会主义思想、社会主义核心价值观等为价值引领，以"培养德才兼备，具有扎实的专业理论基础和熟练的职业技能、合理的知识结构，具备依法执政、科学立法、依法行政、公正司法、高效高质量法律服务能力与创新创业能力，坚持中国特色社会主义法治体系和熟悉国际规则的复合型、应用型、创新型法治人才及后备力量"[2]的育人目标为导向。通过本课程学习，为受教育者奠定"靠得住、下得去、干得好"

---

〔1〕 叶晓彬，四川邛崃人，四川民族学院法学院教授，主要讲授《民法学》课程。该部分为四川省第三批省级课程示范课程项目《民法总论》阶段成果、四川民族学院2020年度校级课程思政示范课程项目《民法总论》（基金号：Szkcsfk202001）阶段性成果、中共四川民族学院委员会宣传部2023年思想政治工作精品项目《"德法兼修"引领下〈民法学〉课程育人的探索与实践》阶段成果、四川民族学院综合改革试点学院项目《"德法兼修 知行合一"——构建民族地区"三性+三得"基层法治人才"三全育人"培养模式》阶段成果。

〔2〕 参见《法学类教学质量国家标准（2021年版）》。

的应用型法律人才所必备的思想基础、专业基础和能力基础。

（二）思政建设目标

1. 帮助学生建立规范法治观念

民法典是社会生活的百科全书、是民事权利宣言书、是民商事法律关系的基本法、是私法。其与每个人的生活息息相关，伴随着我们每个人的一生，但这些民事权利都是通过相关庞大的民事法律规则规范的，没有无规范的自由。为此，《民法1》可以帮助同学掌握《民法典》总则编的规范基础知识，构建《民法典》总则编的规范知识框架体系，帮助学生建立规范法治观念，树立规范法治思维并能用法治的方法解决民事实践问题。

2. 帮助学生培养法律学习兴趣并具备刻苦钻研、勇于创新的法治人才品质

民法是万法之基，也是学生学习的第一步实体法，同时也是有1260条庞大规则体系的法律。为此，首先，要解决学生的畏难情绪，激发他们的学习兴趣和内生动力。通过对《民法典》前世今生的介绍及《民法典》如何伴随我们的一生的相关规定，激发同学们的学习兴趣和动力。其次，本课程不仅要让学生理解、记忆《民法典》总则编、人格权编及相关司法解释等条文的内容，更要让学生积极通过多元学习方式探索《民法典》总则编、人格权编条文背后所蕴含的国家、社会、民族对具体问题的价值选择，增强制度自信、文化自信，特别是能够自觉地从马克思主义和社会主义核心价值观等高度来定位和理解民法的精神内核。最后，帮助学生在扎实《民法典》总则编条文涵义的基础上能够灵活运用相关理论和知识解决实际问题。通过知识教育、实践教育、信念教育、人格教育的有机融合，多维度培养德法兼修、刻苦钻研、勇于创新的法治人才品质。

3. 帮助学生牢固树立社会主义核心价值观

社会主义核心价值观是社会主义核心价值体系的内核，《民法典》第1条开宗明义地规定，弘扬社会主义核心价值观是我国《民法典》的立法目的之一，这也是在我国社会主义立法史上的一个创举，体现了坚持依法治国与以德治国相结合的鲜明中国特色。《民法1》课程可以使学生认识到我国社会主义核心价值观在《民法典》总则编中的具体体现，理解社会主义核心价值观如何渗透到民事法律规则中，又如何与民事法律规则相融贯，成为一个统一体。帮助培育学生作为法律人的使命感，即通过适用规则，将依法治国与以德治国实践行于中国大地，成为新时代"德法兼修"的高素质社会主义法治

人才。

二、课程思政元素挖掘与融入

（一）课程思政元素挖掘与分析

1. 课程思政元素与马克思主义法学理论相结合

《民法1》课程以"马工程"重点教材为教学用书，将马克思主义法治理论及其在中国的实践与成果作为课程思政内容挖掘的重点，用多种教学手段将其融入授课。如通过讲授"民法主要是权利法"使学生理解马克思主义"关于民法是权利法"这一法学理论的核心要义。在授课过程中运用马克思主义世界观引导学生树立正确的价值观，客观分析现实法治问题，形成正确的中国特色社会主义法治体系价值认知，坚定中国法律制度自信。

2. 课程思政元素与中华传统文化相结合

习近平总书记在中央政治局第二十次集体学习时指出：《民法典》系统整合了新中国成立七十多年来长期实践形成的民事法律规范，汲取了中华民族五千多年的优秀法律文化，借鉴了人类法治文明建设的有益成果，是一部体现我国社会主义性质、符合人民利益和愿望、顺应时代发展要求的《民法典》。[1]为此，《民法典》不仅从广博的世界法治文明中来，更是从伟大的中华民族历史文化中来，凝聚并闪耀着中国人的首创精神与中华民族集体智慧。如《民法典》将习惯规定为民法的法源（第10条），还在其他17个条文中规定了"习惯"或"交易习惯"，充分体现了开放包容的立法态度和对民众生活习俗的尊重；又如善风良俗是国家和社会发展所需要的一般道德，它大量存在于人们的日常生活中。民法典将公序良俗确立为民法基本原则（第8条），反映了人们美好的道德愿望，有利于规范指导人们的日常生活。再如《民法典》汲取了中国传统文化中的"人本主义"思想，倡导人的价值和尊严，与现代法治精神相契合，以人民为中心，将保护民事权利作为出发点和落脚点，切实回应人民的法治需求。本课程通过挖掘中华优秀传统文化，梳理中华法治文化发展脉络，将传统文化中的优秀因子蕴于课程教学之中并发扬光大，发挥思想政治引导和道德教育的作用。

---

〔1〕 参见《习近平主持中央政治局第二十次集体学习并讲话》，载中国政府网：https://www.gov.cn/xinwen/2020-05/29/content_ 5516059.htm，访问日期：2024年5月3日。

3. 课程思政元素与时代主题相结合

时代主题是时代基本特征、本质规律的集中呈现。当今世界正逢"百年未有之大变局"，新时代中国的主题就是实现中华民族的伟大复兴。本课程通过挖掘新时代爱国敬业、努力奋斗的各类思政典型人物，以法律视角观察社会，实现法学知识教育与实践教育的同频共振，激发学生追求公平、正义、正当等法治理想信念和增强学生的爱国热情和职业责任感；通过选取典型法治事件，深挖专业理论知识与思政元素，践行法学教育提倡的理论与实践结合的理念，培养学生对司法舆情的正确判断能力。习近平新时代中国特色社会主义思想是新时代中国共产党的思想旗帜和精神旗帜，是新时代高等教育的根本遵循，为本课程思政元素的挖掘提供了广阔空间。

4. 课程思政元素与学生学习、成长环境相结合

高校大学生正处在世界观、人生观、价值观形成的关键时期，同时他们又来自五湖四海，成长环境和经历又都各有差异。本课程坚持问题导向，紧密结合大学生关心的重大理论和实践问题，综合运用案例式、体验式、互动式等教学方式，坚持把课堂教学与现实结合、与家乡结合、与个人结合、与身边人结合、与身边事结合，把"大法理"转化为"小故事"，更好地解答学生所关注的人的问题、社会的问题和自然的问题。引导学生在深入思考与互动讨论中领会道理，受到思想熏陶、心灵启迪。如讲解《民法1》课程中的绿色原则时，让同学们首先搜索中国近年来的环境生态保护纠纷案件，然后调研自己家乡或学校所在地环境生态保护的具体举措和存在的问题，将法律规则与大学生熟悉的生活环境紧密结合起来，既强化了法律运用能力，更是增强了家国情怀，加深了大学生对中国现行法律制度的认同和自信以及对于社会主义核心价值观的自觉践行。

5. 课程思政元素与法律职业要求相结合

围绕"德法兼修的应用型法治人才"培养目标，《民法1》课程在教学过程中注重扎实学生基础知识、提升法律技能、拓宽学生视野、增强学生价值判断能力。如在讲授自然人的个人信息受法律保护时，就《民法典》第127条及人格权编第六章专章将数据、网络虚拟财产作为客体加以确认及作为个人信息加以保护。结合习近平总书记关于全球新一轮科技革命的系列重要讲话精神，向学生讲授移动互联网、大数据、超级计算、传感网、脑科学等对经济发展、社会进步、全球治理等方面产生的重大影响，并拓展学习中共中

央、国务院于 2020 年 3 月 30 日发布的《中共中央、国务院关于构建更加完善的要素市场化配置体制机制的意见》。引导学生在透过本课程全面了解中国现行民事法律的规定的同时，加深对中国现行法律制度的认同和自信，多维度培养德法兼修的、满足新时代法治中国建设需要的、自觉践行社会主义核心价值观的社会主义法治人才。

（二）课程思政融入点

序号	章节	专业知识点	思政元素	典型事例或案例
1	第一编总则绪论	《民法典》的特色和思维方法	《民法典》的中国特色、实践特色和时代特色	1. 西安救人英雄蒋正全事件 2. 全国首例预防性公益诉讼案：中国生物多样性保护与绿色发展基金会诉雅砻江流域水电开发有限公司生态环境保护民事公益诉讼案
2	第一章第二节	民法基本原则	公正、诚信、善良风俗习惯	1. 吴某某与潘某某、范某某买卖合同纠纷案 2. 赵某甲与赵某乙、赵某丙、赵某丁人格权纠纷案（涉吊唁权、祭奠权）
3	第二章第一节	监护	弘扬尊老爱幼、百善孝为先的优良家风	1. 父母异地共同抚养让儿童利益得到最优保障——李某诉朱某甲变更抚养关系纠纷案 2. 钟某意定监护案
4	第三章第三节	民事权利的行使	权利义务一致性及责任意识、担当精神	王某霞与北京某京投资管理有限公司等股东损害公司债权人利益责任纠纷上诉案
5	第四章第四节	民事法律行为的生效	社风文明、诚实守信、网络伦理	1. 向未成年人提供内容不健康网络服务的合同无效——唐某诉某网络科技有限公司网络服务合同纠纷案 2. "暗刷流量"合同无效案——常某某诉许某网络服务合同纠纷案
6	第四章第五节	民事法律行为的效力瑕疵	公平、友善	甲公司诉乙公司买卖合同纠纷案

续表

序号	章节	专业知识点	思政元素	典型事例或案例
7	第五章第二节	代理权	诚实守信、履职尽职	江苏某商业银行股份有限公司、刘某等金融借款合同纠纷案
8	第六章第二节	民事责任的免责事由	文明、法治、友善、互助	1. 李某某诉某市第一人民医院、徐某某健康权纠纷案——乐于助人且无过错不应承担侵权责任 2. 劝阻影响公交车安全驾驶行为，劝阻人挣脱抓扯对被劝阻人损伤不担责——刘某诉史某健康权纠纷案
9	第六章第三节	侵害英雄烈士等人格利益的民事责任	革命英烈保护	董存瑞、黄继光英雄烈士名誉权纠纷公益诉讼案——杭州市西湖区人民检察院诉瞿某某侵害烈士名誉权公益诉讼案
10	第七章第四节	诉讼时效的效力	时间意识、责任意识	中国某某资产管理股份有限公司广东省分公司与东莞市某某电子有限公司等金融不良债权追偿纠纷民事一审民事判决书
11	第四编人格权第一章第一节	人格权的概念和特征	以人为本的人文关怀	郎某、何某诽谤案
12	第一章第四节	死者人格利益的保护	良好社会风尚	谭某在网络上侮辱、诽谤死者及其母亲案
13	第二章第四节	性骚扰的法律规制	尊重和保护妇女权益、职场文明	王某诉傅某性骚扰损害责任纠纷案
14	第六章第二节	个人信息	安全、文明法治	1. 大数据杀熟事件 2. 使用APP事件

（注：以上仅列举部分内容）

三、教学设计基本思路与措施

（一）教学设计基本思路

法学是实践性学科，本课程承担着使学生牢固掌握民事法律基础知识，初步树立民法思维，解决一般性民事问题能力的责任。为此，本课程以《关于加强新时代法学教育和法学理论研究的意见》、《普通高等教育学科专业设置调整优化改革方案》（教高〔2023〕1号）、《教育部、中央政法委员会关于实施卓越法律人才教育培养计划的若干意见》（教高〔2011〕10号）、《教育部、中央政法委关于坚持德法兼修实施卓越法治人才教育培养计划2.0的意见》（教高〔2018〕6号）、《高等学校课程思政建设指导纲要》（教高〔2020〕3号）、《法学类教学质量国家标准（2021年版）》为指导，根据学校办学定位，立足新文科建设背景，秉持"靠得住、下得去、干得好"的基层应用型法治人才培养目标导向，围绕知识目标、能力目标、价值目标，将民事法律条文蕴含的立法精神、价值元素充分融入。通过优化的育人教学设计，将专业教育与思政育人有机结合，寓社会主义核心价值观于教学全过程，寻求学生们的情感认同，并转化为行为习惯，以"润物细无声"的方式实现对学生的人格塑造，培育"德法兼修"的基层法治人才，实现育人目标。

（二）措施与方法

1. 反向设计并正向推进本课程的教学体系和内容

（1）教学体系的设计达成"会学"的OBE理念。在"OBE"理念下，《民法1》从"希望学生获得怎样的学习成果？怎样获得目标学习成果？怎样帮助学生获得目标学习成果？又怎样评价学生获得了目标学习成果？"反向设计，正面推进方式开展。具体来讲：一是利用超星等互联网平台发布课前任务清单，包括收看相关章节法治视频，关注社会新闻，中国大学慕课（MOOC）网、学银在线等让同学自主学习相关基础知识，并辅之以相关案例或前沿争议，要求同学分组讨论探究，以此培养学生的自主学习能力和团队合作精神及独立思考的能力。二是教师通过网络教学平台记录数据督促学生完成学习，确保每个学生在课堂教学之前完成相关任务，以此培养学生的学习自觉性。三是在课堂教学中，教师首先串讲基础知识确保教学效果；其次以翻转课堂的形式，组织学生积极参与讨论案例，适时引导，深化理解民法规制及其价值，让学生体悟到民事法律条文背后所蕴含的国家、社会、民族对具体问题的价值选择，增强制度自信、文化自信；最后，针对同学讨论情况，教师点评，深化同学对知识的掌握并强化同学案例讨论的思路和应用，培养学生独立思考、自主学习的品质和解决问题的能力。四是课后要求小组形成案例讨论报告，上传到超星或对分易平台，以此考查学生对该知识点的理解，培养学生的团队合作精神。

（2）教学内容应该是润物细无声地自然渗入。课程思政不是将思政课硬搬到专业课，而应该是润物细无声地自然渗入、融合。信息社会背景下的大学生知识面广、思维敏捷，教育的目的不仅是入耳，更重要的是入脑入心并践行。为此，《民法1》课程在内容上要深度挖掘本课程知识点背后所蕴含的人文精神和价值理念，突出育人功能，凸显价值引领，真正体现"知识传授、能力提升和价值引领"。通过对《民法1》课程的理论知识梳理、司法判例研习等方式，找准思政教育在课程教学中的融入点，将社会主义核心价值观有效植入课堂教学，获得学生的情感认同、价值认同，从而达成课程思政的育人目标。如在案例教学中，以案例与知识点的紧密贴合性和以对案例的分析带动知识点的推进为导向，所选取的案例须是突出纠纷矛盾焦点且能与本课程知识点相对应的典型司法案例。具体来讲：一是选用的案例既可以是与本课程某一知识点对应，也可以具有一定的综合性，即包括涵盖某个章节主要知识点的案例或跨章节知识点的案例；二是选取的案例还可以是争议较大、真实发生的新闻热点事件；三是选取的案例可以是最高人民法院公报发布的指导案例。总之，选取的案例均能有效地让学生认识社会，通过案例的分析判断培养学生的法律应用能力，通过司法人员、执法人员对案件的裁判结果及专家的点评，培养学生的法律职业伦理观。所有的教学内容都是自然浸润，这样才能达成育人的"成果导向"。

2. 秉持以学生为中心理念，探索线上+线下、课内+课外的多元思政教学模式

在以学生为中心的OBE理念下，在《民法1》课程教学过程中除了传统的课堂讲授外，必须充分借助互联网技术和媒体平台资源，如中国裁判文书网、无讼APP、法律检索库、中国大学慕课（MOOC）网、企查查APP、民商法律网、北大法宝等，引导学生带着问题，在网络咨询中寻求答案。该过程既能拓宽学生的思维，提升学生在网络信息大爆炸时代的信息甄别判断能力，同时也能利用现代信息技术平台将这些资源在《民法1》课程中融合，

通过信息媒介、课堂案例讨论、辩论、个人报告、小组报告、课前预习、课后作业等，将学习时间从课堂延伸到课前和课后，让每位学生都能学思结合、知行合一，把价值观的培育和塑造融入整个教学环节。达成基础知识学生自学、重难点知识教师主讲、法律适用教师引领、争议讨论学生展示等模式。当然，教师应成为教学的引领与控导者。通过以上多元教学模式，让学生对我国现行的民事法律体系有更深刻的认识和认同，增强制度自信、文化自信。

3. 以课程思政为切入点探索丰富多彩的实践教学模式

以课程思政为切入点，依托学院"特色化专业实践实训平台"，根据学生的职业规划意愿，由学生自主选择相应的实训平台并完成平台的实训内容，让学生真切感知国情、社情、民情和法律执业能力的现实需求，从而有针对性地培养学生的法治思维能力、实践能力和职业伦理。具体来讲：第一，基层司法实训平台，实训目标是培养学生初步掌握法官、检察官等司法工作人员职业技能；实训形式包括模拟法庭竞赛、法官检察官实务指导、庭审现场观摩、法律知识竞赛、学生学术活动以及读书报告会等。此外，还有"校地合作"法院实习基地。第二，基层法律服务实训平台，实训目标是培养学生初步掌握从事律师等法律服务工作技能；实训形式包括法律专题辩论赛、演讲比赛、律师实务指导、律师事务所见习、学术活动、读书报告会、法律文书撰写培训等。此外，还有"校地合作"律师事务所实习基地。第三，基层行政法治实训平台，实训目标是培养学生初步掌握行政执法人员工作技能；实训形式包括"学宪法 讲宪法"系列活动，"3·15""4·15""6·26""12·4"等法治宣传、社会调研、公务员实务指导、到基层行政部门参与社会实践以及参加实践报告会等。此外，还有"校地合作"地方行政部门实习基地。第四，基层企业法务平台，实训目标是培养学生初步掌握企业法务人员工作技能；实训形式包括双创项目及大赛、企业实习、实践报告会、企业家实务指导、读书报告会等。此外，还有"校地合作"等众多地方企业实习基地。

4. 思政元素贯穿考核全过程

《民法1》课程采用了过程性考核+期末考核的评价模式，且各阶段考核权重分别为50%。其中过程性考核包括考勤、平时作业、课堂表现、课后实训，期末考试以闭卷方式开展，全程都贯穿了思政元素（见以下图表）。

	考核方式		考核指标点	达成度	权重	
过程性考核	考勤	网络签到	旷课1次扣2分，迟到、事假、病假1次扣1分，扣完为止	遵守校纪校规及课堂秩序	不计分，仅仅扣分，扣分权重为10%	
	平时作业	读书报告	阅读民事法律书籍3本	培养法律逻辑思维能力、法律检索能力、法律分析能力、法律判断能力、法律学术能力，学思结合、知行合一，让学生体悟到民事法律条文背后所蕴含的国家、社会、民族对具体问题的价值选择，增强制度自信、文化自信	15%	
		案例研习报告	阅读中国裁判文书网民事案例至少5个并撰写相关心得报告		15%	
		热点研习报告	关注近期热点案件并撰写心得报告		15%	
		学术论文阅读报告	从中国知网搜索民事法律相关论文并撰写读后感		15%	
	课堂表现	课堂提问	课前网络课程相关知识及课中重点问题提问	扎实基础理论知识和初步的法律适应能力，培养学生勤探索品质	5%	50%
		课堂讨论	就课前布置的案例或热点法律问题进行讨论或辩论	进一步培养学生思辨思维和语言表达能力，塑造学生正确的世界观	5%	
		课堂分享（个人）	就课后布置的作业通过PPT方式进行演示、展示	通过分享课前、课后捕捉的法律新闻、热点事件、视频等，培养学生自主学习能力、拓宽视野，让学生体悟到民事法律条文背后所蕴含的国家、社会、民族对具体问题的价值选择	10%	
		课堂分享（小组）	就课后布置的作业通过PPT方式由小组成员进行演示、展示	培养学生团队合作精神	10%	
	课后实训	特色化专业实践实训平台	学生通过提交自主选择的实训平台实训内容证明	根据学生的职业规划意愿，由学生自主选择相应实训平台并完成平台的实训内容，让学生真切感知国情、社情、民情和法律执业能力的现实需求，从而有针对性地培养学生的法治思维能力、实践能力和职业伦理	10%	
期末考核	闭卷考试		题型至少5类（单选、多选、简答、材料分析、案例分析），基础知识权重50%、法律应用能力权重35%，思政材料权重15%。	达成知识考查、能力培养和价值塑造三者的融合	50%	

四、教学设计典型案例展示

（一）知识点概况

诚实信用原则被誉为民法的"帝王规则"，是指民事主体在从事民事活动、行使民事权利和民事义务时，应本着善意诚实的态度，即讲究信誉、恪守信用、意思表示真实、行为合法、不规避法律和曲解合同条款等。我国《民法典》第7条规定："民事主体从事民事活动，应当遵循诚信原则，秉持诚实，恪守承诺。"该原则弘扬了社会主义核心价值观中的诚信价值。其所涉及的知识点包括诚实信用原则的含义、功能等。

（二）教学思路

利用超星平台发布课前任务清单，让学生通过中国大学慕课（MOOC）网自主学习本节知识，并发布相关知识案例，要求同学分组讨论探究。教师可通过网络教学平台记录数据了解学生的学习情况，确保学生在课堂教学之前完成相关任务。课堂教学中，教师应首先串讲诚信原则基础知识，功能及现实中的表象，确保教学效果。其次以翻转课堂的形式，组织学生积极参与讨论案例，适时引导，深化理解民法为什么将其作为"帝王原则"，从而坚定诚信为人、为事的信念。最后，针对同学的讨论情况，教师点评，深化同学对本节知识的掌握并强化同学案例讨论的思路和应用。课后要求小组形成案例讨论报告，上传到超星平台，作为同学平时成绩考核的标准之一。

（三）课程思政设计

1. 课程引入

案例：李某诉黄某关于农村房屋买卖合同无效案[1]

2010年12月28日，李某（甲方）与黄某（乙方）约定将李某面积近200平方米的农村祖建房屋卖给黄某，双方签订了《绝卖房契》一份。其中第5条约定："此房屋产权纯属甲方祖遗，有继承权和出售权，如有来历不明或亲族后代寻机争执、混闹，均由甲方负全部责任，并需赔偿乙方损失金30万元，此系买卖两愿，各不反悔，恐后无凭，立此为证。"黄某于2010年12月28日随即搬入该房屋居住使用至今，并对房屋进行了装修。2021年4月，

---

[1] 本案例根据福建省龙岩市新罗区人民法院民事判决书［2016］闽0802民初57号整理而成。

该房屋因被征拆而价值大增，于是2021年2月5日，李某以该房屋买卖违反法律规定为由诉至法院，请求依法确认黄某于2010年12月28日签订的《绝卖房契》（房产转让合同）无效，并将房产返还给原告。

一审法院经审理认为，当事人之间订立有关设立、变更、转让和消灭不动产物权的合同，除法律另有规定或者合同另有约定外，自合同成立时生效；未办理物权登记的，不影响合同效力。原告李某与被告黄某于2010年12月28日签订了《绝卖房契》。从《绝卖房契》的内容可以看出，双方对买卖房屋进行了充分协商，并达成一致意见，系双方真实意思表示，是双方自愿协商达成，且双方已经履行完毕，被告入住讼争房屋十余年，对讼争房屋也已经进行部分装修、整改。综上，原审判决认为，法律禁止权利人买卖或者转让宅基地使用权，但是并不禁止权利人出卖、出租宅基地上的房屋，本案中的《绝卖房契》系双方自愿签订，意思表示真实，应认定合法有效。被告在讼争房屋已长期、稳定地占有、使用，应维护当事人现有生活状态的稳定、和谐，原告主张《绝卖房契》无效的行为违背了民法倡导的诚实信用原则。据此，对原告要求确认《绝卖房契》无效的诉讼请求不予支持，依法予以驳回。依照《民法典》第7条、第215条之规定，判决驳回原告李某的诉讼请求。

2. 思政结合

诚信作为商业关系中一种最基本的道德标准和规范要素，从一开始就不仅是一种主观理念、商业规则，而是一种法律规范和法律原则，被称为"帝王规则"。诚信原则起源于古罗马裁判官采用的一项司法原则，即在审理民事纠纷时考虑当事人的主观状态和社会所要求的公平正义。近代资本主义国家的民法最初将其作为债务履行的原则，后来逐渐扩展适用于债权行使乃至一切民事权利的行使和民事义务的履行。在垄断资本主义时期，该原则对于缓和资本主义社会的各种矛盾起到了一定的作用，对于制裁欺诈消费者、保护善意行为人，反对垄断、保护正当竞争，反对私权滥用、保护公共权益，均有一定意义。在我国，诚实信用原则和公平原则一样，也是社会主义核心价值观在法律上的反映。为此，作为现在的法律学子和未来的法律人，无论在生活中还是工作中都要践行诚信。以此，根植"人无信、则不立"的情怀。

市场经济既是法治经济，也是信用经济。民事活动要顺利进行，要求参与民事活动的主体必须讲诚实、守信用。诚信问题亘古而弥新，伴随社会的发展变化和新型经济模式、新兴业态的发展，对个人信用、企业信用的监管与保护日益重要。《中共中央办公厅关于培育和践行社会主义核心价值观的意见》，将 24 字核心价值观分成 3 个层面：富强、民主、文明、和谐是国家层面的价值目标，自由、平等、公正、法治是社会层面的价值取向，爱国、敬业、诚信、友善是公民个人层面的价值准则。我国《民法典》第 7 条规定："民事主体从事民事活动，应当遵循诚信原则，秉持诚实，恪守承诺。"这就将诚信从道德规范上升到了法律规范，将传统道德义务固定为法律义务，将内在自律约束转化为外在强制约束。实践中，个人征信系统和企业信用信息公示系统的建立，为市场经济活动提供了法律保障，也为司法判决和案件执行提供了支持。黑名单制度等限制了失信人的融资渠道、高消费行为，为加强社会诚信建设、构建诚信营商环境、强化打击市场失信行为提供了积极措施和有效手段。这些都使得诚信原则的运用具有了实际操作性。

3. 思考讨论

请同学们思考，如何构建诚信社会？作为未来的法律人，我们可以做哪些努力？

第八章
《民法 2（物权编）》课程思政教学设计

武雪萍[1]

一、课程简介和思政建设目标

（一）课程简介

《民法 2（物权编）》是法学专业的基础核心课程，面向大二本科生开设。本课程的授课内容围绕《民法典》物权编展开，以社会主义核心价值观、习近平法治思想等为价值引领，以"建立规范法治观念、遵循行业规范、培养学生社会主义市场经济意识、培育和践行社会主义核心价值观"的育人目标为导向。课程巧用案例引导，践行"以学生为中心"的教学范式，推进"线上-线下"相结合的混合式学习，促进学生学习能力和实践能力的培养。课程从掌握物权编知识入手，以提升法律实践能力为重点，以升华情感态度为主线，将知识传授与价值引领相结合，在传授知识的同时潜移默化地实现价值观的塑造。

（二）思政建设目标

1. 帮助学生牢固树立社会主义核心价值观

《民法 2（物权编）》课程可以使学生认识到我国社会主义核心价值观，

　　[1] 武雪萍，河北张家口人，四川民族学院法学院讲师，主讲《民法学》课程。该部分为四川省第三批省级课程思政示范课程项目《民法总论》成果、四川民族学院 2020 年度校级课程思政示范课程项目《民法总论》（基金号：Szkcsfkc202001）成果、四川民族学院 2023 年校级教改项目《以"思政育人与学用一体"为引领的民族高校法学专业第二课堂改革与探究》成果，中共四川民族学院委员会宣传部 2023 年思想政治工作精品项目《"德法兼修"引领下〈民法学〉课程育人的探索与实践》成果、四川民族学院 2021—2022 年校级一流本科课程《民法分论》成果。

尤其是其中的自由、平等、公正、法治、诚信、友善在物权基本原则及具体内容中的体现，理解物权编与社会主义核心价值观之间的关系，并进一步理解社会主义道德与社会主义法治之间的关系。

2. 让学生充分认识以人为本是社会主义的本质，也是物权制度的本质

通过对所有权、居住权、土地经营权等制度的学习，使学生认识到我国社会主义以人为本的制度特征；认识到人是民法的目的，是法律的目的，也是我们社会主义国家的最终目的。

3. 培养学生善于运用物权制度解决实践问题的能力，在实践中内化知识，升华思想，理解物权制度背后的道德意义、中国精神和社会主义法治理念

通过价值引导，帮助学生了解和掌握物权知识，积极参与法律实践，实现知行合一。继而实现立德树人，教育、培养出有理想、有担当、有道德、有专业水平，也有职业伦理的优秀法律人的目标。

二、课程思政元素挖掘与融入

（一）课程思政元素挖掘与分析

1. 课程思政元素与马克思主义法学理论相结合

《民法2（物权编）》课程以"马工程"重点教材为教学用书，将马克思主义法治理论及其在中国的实践与成果作为课程思政内容挖掘的重点，用多种教学手段将其融入授课。如通过讲授平等保护原则使学生理解平等这一马克思主义法学理论的核心要素。在授课过程中运用马克思主义世界观引导学生树立正确的价值观，客观分析现实法治问题，形成正确的中国特色社会主义法治体系价值认知，坚定中国法律制度自信。

2. 课程思政元素与中华传统文化相结合

中华传统文化博大精深，其中蕴含的诚实信用、公平合理、团结友爱、拾金不昧等中华优秀传统文化和思想观念，在《民法2（物权编）》课程中有充分体现，丰富了本课程思政元素的内涵。如相邻关系的处理原则就充分体现了团结友爱、公平合理的优秀传统文化因素。挖掘中华优秀传统文化，梳理中华法治文化发展脉络，将传统文化中的优秀因子蕴于课程教学之中并发扬光大，发挥思想政治引导和道德教育的作用。

3. 课程思政元素与时代主题相结合

社会主义核心价值观所提倡的公正、平等、诚信、友善、和谐等价值内涵也是《民法2（物权编）》的基本要义。通过分析法治人物身上所体现出的家国情怀和法律信仰，增强学生的爱国热情和职业责任感。选取典型法治事件，深挖专业理论知识与思政元素，践行法学教育提倡的理论与实践结合的理念，培养学生对司法舆情的正确判断能力。习近平新时代中国特色社会主义思想是思想政治教育理论创新的依据，也为本课程思政元素的挖掘提供了广博空间。

4. 课程思政元素与学生学习、成长环境相结合

在校大学生来自五湖四海，有不同的生长环境，对自己生活和成长的地方是最熟悉也是最有感情的，挖掘学校本地和学生家乡的法制基因和法治环境素材，有利于调动学生学习的积极性，激发学生热爱家乡、热爱民族、热爱国家之情，增强他们为家乡法治建设添砖加瓦的责任感。如讲解《民法2（物权编）》中的相邻关系时，可以让同学们去调研自己家乡处理邻里纠纷的方式、乡规民约及典型事件，教师授课时将其中的内容总结提炼并与专业知识相结合，既可以提升学生的社会实践能力，也可以进行团结友爱、公平合理等价值观引领。

5. 课程思政元素与法学专业特征及职业要求相结合

依据本校的法学专业人才培养目标，《民法2（物权编）》在课程教学中注重学生专业理论基础和职业技能的提升。由于学生未来的工作多与法律相关，本课程有针对性地挖掘课程所蕴含的公正、平等、诚实信用等育人元素，增强课程育人的针对性和实效性，提升学生职业发展能力。

（二）课程思政融入点

序号	章节	专业知识点	思政元素	典型案例
1	第一章第二节	平等保护原则	平等、公正	某焦化公司诉某某确认合同无效案
2	第一章第二节	公示、公信原则	诚信	李某、牟某诉某建材公司房屋买卖合同纠纷案

续表

序号	章节	专业知识点	思政元素	典型案例
3	第三章第一节	征收、征用	以人为本，公共利益保护	湖南省岳阳市岳阳县M办事处洞庭村Y组、X组诉Y县国土资源局土地征收行政行为违法及行政赔偿案
4	第三章第四节	善意取得	诚信、公平	汪某诉李某国、李某房屋买卖合同案
5	第三章第四节	拾得遗失物	拾金不昧的优秀传统文化	高某诉南京某某物业公司遗失物返还纠纷案
6	第四章第四节	建筑物区分所有权	权利保护、和谐友善	龙某、蒋某等诉重庆市G资产经营管理公司恢复原状纠纷案
7	第五章第二节	处理相邻关系的原则	团结友爱、公平合理	万某诉黄某、王某相邻关系纠纷案
8	第六章第四节	共有财产的分割	公平合理	吴某诉邵某共有财产纠纷案
9	第七章第四节	准用益物权	绿色理念	王某远诉邵某连海域使用权纠纷案
10	第八章第五节	土地经营权	改革创新	陈某诉曾某土地承包经营权纠纷案
11	第九章第五节	农村集体公益用地使用权	增进民生福祉	某房地产公司诉甲县人民政府、甲县乙镇人民政府合同纠纷案
12	第十章第一节	宅基地使用权的概念与特征	增进民生福祉	李某、贾某某诉贾某平、徐某宅基地使用权纠纷案
13	第十一章第一节	居住权概述	以人为本、加快建立多主体供给、多渠道保障住房制度	杨某顺诉杨某洪、吴某春居住权纠纷案
14	第十二章第三节	地役权的效力	公平、效率	殷某诉任某、某建材公司地役权纠纷案

序号	章节	专业知识点	思政元素	典型案例
15	第十三章第二节	流抵（质）契约的效力	公平、意思自治	某建设公司诉某置业公司合同纠纷案
16	第十四章第四节	浮动抵押权	习近平新时代中国特色社会主义经济思想	某银行昆明分行诉某珠宝公司、某旅游公司等金融借款合同纠纷案
17	第十七章第四节	占有的保护	维护社会财产秩序和生活秩序稳定、和谐	林某涛诉桂某金、黄某林排除妨害纠纷案

三、教学设计基本思路与措施

（一）教学设计基本思路

本课程立足于法学专业人才培养，形成了思政引领视域下"一个目标，两种角色，三个课堂，四个结合"的教学设计思路，寓价值观引导于知识传授和能力培养之中，帮助学生塑造正确的世界观、人生观、价值观。"一个目标"即明确"传授知识—培养能力—塑造价值"的递进式培养目标；"两种角色"包括教师与学生，教师为引领，学生为中心；"三个课堂"即思政课堂、理论课堂与实践课堂，三者充分配合，实现学以致用；"四个结合"即知识学习和思政引领相结合、线上和线下相结合、教师讲授与学生讨论相结合、人才培养与行业需求相结合。该模式从目标到实施，明确师生定位，延展学习时空，运用多样化教学方法，将课程思政自然融入课堂，以专业案例为主线，从课前、课中、课后三个过程入手，实践阶梯式教学设计，运用线上线下混合式教学的优势，调动学生的主动性与求知欲，打通教师与学生、课内与课外之间的壁垒，全面提升教育教学质量，实现课程育人目标。

（二）措施与方法

1. 重构课程内容，挖掘思政元素

一是梳理教学内容，分离基础知识和重难点。基础知识通过线上由学生自主学习。重难点是教师理论课堂需重点讲解的内容。二是教学内容与时俱进，紧密结合热点案例、最新的法律法规司法解释及学术前沿。三是梳理可以深挖的思政结合点，在传授知识的同时潜移默化地实现价值观的塑造，理解并内化本课程蕴含的习近平新时代中国特色社会主义思想以及社会主义核心价值观等思政因素。同时，本课程团队还编写完成了《民法学》教材和《民法学课程思政案例研究》。其中都涉及物权部分及相关课程思政内容。上述教学资源的建设为学生进行自主学习和感悟思政元素提供了丰富的资源。

2. 以课程思政为切入点推进教学方法转型

一是教师讲授与学生讨论相结合，践行合作式学习方法，在同学互教中培养团队精神和合作意识。二是以案例讨论为形式，实施翻转课堂，开展基于案例的思政教学。教师课前精心选择案例，不仅要体现知识相关度也要注重对思政元素的挖掘。课中以学生为中心，学生在自主参与中感悟思政元素，实现育人目标。三是利用中国大学慕课（MOOC）网平台实现课堂的全过程管理，构建课程思政学习的全程性评价。通过案例分析、理论学习、实践活动、反馈提高等环节，将课程思政教学融入"线上–线下"结合的混合式学习，关注学生参与学习的频次与深度、学习协作程度等过程性数据。

3. 创设"线上+线下、课内+课外"的课程思政教学环境

《民法2（物权编）》课程线下完成课堂教学、案例讨论、合作学习和期末考试等教学环节，线上完成视频学习、课后作业和拓展学习等教学环节。课程思政融入贯穿于线上、线下各教学环节。本课程除了要形成校内思政育人教学环境外，也注重校外思政育人环境的拓展。鼓励学生通过普法宣传、专业实习实践及大学生创新创业项目等多种形式的实践活动和服务型学习增强职业责任意识，把社会主义核心价值观渗透到法学实践中。

4. 创新考核评价，改变评价理念，建立学业预警和帮扶制度，使学生在学习中感受到人文关怀

《民法2（物权编）》课程采用了过程性和多样化的考核评价模式。过程性评价环节包括课堂签到、网络课程学习、课堂练习、课堂讨论、课后作业等；多样性评价环节主要包括线上线下结合、课堂课外融合、参加学科竞赛等。实现评价理念变革，由等级排名评价转变成为学生提供个性化学习支持服务的依据，评价即服务。本课程建立了学习情况跟踪评估制度。利用中国大学慕课（MOOC）网平台，教师对学生的学习情况进行跟踪和评估，对不及时完成学习任务的同学及时进行督促。学期结束，对学生整个学期的学业情况进行评估，对不达标的学生进行学业预警和帮扶，使同学在学习中感受到来自老师、同学的关爱。

四、教学设计典型案例展示

（一）知识点概况

居住权是指权利人为了满足生活居住的需要，按照合同约定或遗嘱，在他人享有所有权的住宅之上设立的占有、使用该住宅的权利。其所涉及的知识点包括居住权的概念、特征、设立、效力、消灭。

（二）教学思路

利用中国大学慕课（MOOC）网平台发布课前任务清单，让学生通过该平台自主学习本节网络课程。发布课程引入案例，要求同学分组讨论。教师可通过网络教学平台记录数据了解学生的学习情况，确保学生在课堂教学之前完成相关任务。在课堂教学中，教师首先串讲居住权的基础知识，阐释居住权制度制定背景和建立居住权制度对于实现我国社会保障、社会扶助、养老育幼具有很重要的现实意义。同时强调重难点，确保教学效果。以翻转课堂的形式，组织学生讨论课前发布案例，适时加以引导。针对同学讨论情况，教师点评，深化同学对本节知识的掌握并进行价值观引领，感悟社会主义核心价值观及青年人应具有的奋斗精神和责任感。课后要求同学围绕讨论思考问题形成文字报告，上传到中国大学慕课（MOOC）网平台，作为同学平时成绩考核的标准之一。

（三）课程思政设计

1. 课程引入

案例：杨某顺诉杨某洪、吴某春居住权纠纷案[1]

杨某顺系杨某洪、吴某春夫妇的儿子。杨某顺出生后一直随其父母在农村同一房屋中居住生活。杨某顺成年后，长期沉迷赌博，欠下巨额赌债。后该房屋被列入平改范围，经拆迁征收补偿后置换楼房三套。三套楼房交付后，其中一套房屋出售他人，所得款项用于帮助杨某顺偿还赌债；剩余两套一套出租给他人，一套供三人共同居住生活。后因产生家庭矛盾，杨某洪、吴某春夫妇不再允许杨某顺在二人的房屋内居住。杨某顺遂以自出生以来一直与

---

〔1〕　参见《第二批人民法院大力弘扬社会主义核心价值观典型民事案例》，载中华人民共和国最高人民法院网：https://www.court.gov.cn/zixun/xiangqing/346671.html，访问日期：2022年2月23日。

父母在一起居住生活，双方形成事实上的共同居住关系，从而对案涉房屋享有居住权为由，将杨某洪、吴某春夫妇诉至法院，请求判决其对用于出租的房屋享有居住的权利。

法院经审理认为，杨某顺成年后具有完全民事行为能力和劳动能力，应当为了自身及家庭的美好生活自力更生，而非依靠父母。杨某洪、吴某春夫妇虽为父母，但对成年子女已没有法定抚养义务。案涉房屋系夫妻共同财产，杨某洪、吴某春夫妇有权决定如何使用和处分该房屋，其他人无权干涉。杨某顺虽然自出生就与杨某洪、吴某春夫妇共同生活，但并不因此当然享有案涉房屋的居住权，无权要求继续居住在父母所有的房屋中。故判决驳回杨某顺的诉讼请求。

2. 教学过程设计

教师于课前精心选择案例，将课程设计为课前、课中、课后三个教学环节。在教学过程中，以学生为中心，使学生适应翻转课堂的节奏，增加学生课堂的参与度，激发学生的学习兴趣。

阶段一：课前，教师在中国大学慕课网平台发布学习任务及案例。要求学生自主学习教师安排的学习任务并完成阅读任务，以小组为单位阅读并分析教师提供的案例，查阅资料，小组在开展充分讨论后形成文字，课上讨论。

阶段二：课中，教师以问题导入学习内容，对重难点进行讲解。针对讲授内容，教师通过中国大学慕课（MOOC）网平台发布练习题，并要求学生在课堂上通过网络平台提交。学生应首先就练习题进行独立思考并通过网络提交自己的答案，然后和持有不同答案的同学相互讨论，在讨论中实现同学互教。懂的同学因刚学过相关知识，能很快发现不懂的同学的问题，在讨论中，懂的同学能教会不懂的同学，教人的同学也会学得更好，在语言表达、思维逻辑方面得到更多的锻炼。同学互教的方法能更好地促进学生掌握相关知识，提高学习积极性，培养团队精神和合作意识。

然后，进入课前案例的讨论。同学以小组为单位发表本组观点，不同的小组间也可以进行辩论。在这一过程中，教师要进行讨论引导，把握课堂节奏。最后，老师进行点评，并就案例中的难点进行讲解，进行思政融入。通过讨论，学生对问题的理解将更加深入，思路将更加开阔，增强学生的逻辑思维能力和口头表达能力，感悟中华民族艰苦奋斗、自力更生、爱老敬老的传统美德。

阶段三：课后，学生根据课上教师讲解和讨论的内容，深入思考，完善案例报告并通过中国大学慕课（MOOC）网平台上传。教师及时反馈，并要求学生进行拓展学习。

在教学过程中，通过中国大学慕课（MOOC）网平台提供的通知、签到、讨论、作业、考试、统计等功能，实现课堂的全过程管理。通过反馈可以随时了解学生的学习动态，把握教学重点。同时，学生的积极性也会得到极大提升，课堂互动显著增加，形成很好的学习氛围。通过线上线下混合、课堂课外互补提升课堂管理水平。

3. 思政结合

青年自立自强是家庭和睦、国家兴旺的前提条件。只有一代又一代人的独立自强、不懈奋斗，才会有全体人民的幸福生活。《民法典》第 26 条规定："父母对未成年子女负有抚养、教育和保护的义务。成年子女对父母负有赡养、扶助和保护的义务。"对于有劳动能力的成年子女，父母不再负担抚养义务。如果父母自愿向成年子女提供物质帮助，这是父母自愿处分自己的权利；如果父母不愿意或者没有能力向成年子女提供物质帮助，子女强行"啃老"，那就是侵害了父母的民事权利，父母有权拒绝。司法裁判在保护当事人合法权益的同时，也引导人们自尊、自立、自强、自爱。本案的裁判明确了有劳动能力的成年子女在父母明确拒绝的情形下无权继续居住父母所有的房屋，对成年子女自己"躺平"却让父母负重前行的行为予以了否定，体现了文明、法治的社会主义核心价值观。有助于引导青年人摒弃"啃老"的错误思想，树立正确的人生观、价值观，鼓励青年人用勤劳的汗水创造属于自己的美好生活；有助于弘扬中华民族艰苦奋斗、自力更生、爱老敬老的传统美德；有助于引导社会形成正确的价值导向，促进社会养成良好的家德家风，传递社会正能量。

4. 思考讨论

请同学们思考，居住权制度是如何体现社会主义核心价值观的？可结合具体案例阐释。

第九章
《民法 3（合同编+侵权责任编）》课程思政教学设计

杜晋川[1]

一、课程简介和思政建设目标

（一）课程简介

《民法 3（合同编+侵权责任编）》是法学专业基础核心课程，旨在帮助学生深入理解和掌握合同法与侵权责任法的基本原理、法律规定及其实践应用。该课程以《民法典》中的合同编和侵权责任编为基础，结合司法实践和最新的理论研究成果，对民事法律制度进行系统、全面、深入的阐述。本门课程通过将世界观、人生观、价值观、政治观等思政教育、意识形态教育目标融入民法学课程教学的各个环节和方面，在培养法学专业能力的同时提升思政素养，促进专业课程与思政教育的同频共振，培育品德高尚的法治人才，实现全员、全过程、全方位的立德树人育人目标。

（二）思政建设目标

1. 价值观念目标

社会主义核心价值观是当前社会的价值共识。《民法典》将社会主义核心价值观写入了第 1 条，并通过民法基本原则的具体表达，实现其由道德价值向法律原则的转化，进一步提升了社会主义核心价值观在民法领域的调整范围和辐射面。培养学生正确的价值观，需要将社会主义核心价值观植入课堂教学，在教学过程中通过分析、解读社会主义核心价值观典型案例，将抽象

―――――――――――――

[1] 杜晋川，四川乡城人，四川民族学院法学院讲师，主要讲授《民法学》。

的价值宣讲转化为鲜活的法律适用，这更有利于获得学生的认同，促进其形成正确的价值观。

2. 社会责任目标

当前大学生大多是"00后"，他们对于社会责任感有一定的认同，但是在承担社会责任的主动性和能力方面尚有欠缺。《民法3（合同编+侵权责任编）》课程中有大量涉及社会责任感培养的内容。对这些教学内容的讲授，需紧跟当下的社会热点，结合时事政治和现实生活中的典型事件，引起大学生对承担社会责任的关注。当代大学生是伴随着互联网发展而成长的一代人，社会热点案件、新兴技术等更容易引起他们的关注。教师可借此引导学生正确认识新时代的发展大势，充分理解数字技术在国家未来战略中的重要地位及其对《民法典》的立法挑战，使学生在新媒体的影响下找到学术归属感，切实增强责任感和使命感。

3. 科学精神目标

"科学精神"是一种包括敬业、专注、创新等在内的职业精神。提倡"科学精神"，不仅是教育工作者应当承担的育人职责和使命，更是国家发展、民族振兴、学生成长成才的必然要求。一方面，在《民法学》课程的思政教学中，应结合民法理论教学环节，体现《民法学》课程的职业属性，将学生作为未来法律职业主体进行法律职业教育，重视培养学生民法技能训练和法律思维方式，以及运用职业伦理规则处理各种复杂法律问题的能力。另一方面，端正学术风气、加强学术道德建设是当前我国高等学校一项刻不容缓的重要任务。《民法学》课程思政的推进，应在大学生培养中加强学术道德建设，倡导并形成崇尚诚实劳动、鼓励科研创新、保护知识产权的良好氛围，树立良好的学术风气，使学生深刻领悟学术道德的重要性，坚持实事求是的科学精神和严谨的治学态度。

二、课程思政元素挖掘与融入

（一）课程思政元素挖掘与分析

1. 围绕营商环境建设：突出敬业、民主、平等、诚信价值观

在当前全球经济一体化和市场经济快速发展的背景下，营商环境建设已成为国家竞争力的重要体现。合同法作为市场经济法律秩序的基础，对于优化营商环境、保护市场主体权益具有至关重要的作用。本课程以《民法典》

中的合同编和侵权责任编为核心内容，旨在培养学生对合同法与侵权责任法的深入理解，并强调敬业、民主、平等价值观在营商环境建设中的重要性。强调敬业精神在合同领域的重要性，要求学生理解并遵守职业道德，诚实守信地履行合同义务。同时，引导学生认识到合同中的民主原则，即在合同订立过程中应充分尊重各方当事人的意愿和利益，实现公平交易。

2. 围绕法益平衡思想：突出公正、友善、责任与担当的价值观

《侵权责任法》课程是"马克思主义理论研究和建设工程重点教材"《民法学》教材配套中国大学慕课（MOOC）网的第三部分《侵权责任法》，以《民法典》的实施为背景，系统讲授中国侵权法的一般理论，对《侵权责任法》和相关法律、重要行政法规、规章和司法解释以及指导性案例组成的中国侵权法律体系进行介绍，结合中国司法实践中的相关案例进行实务分析。在《侵权责任法》课程中融入思政元素，特别是围绕法益平衡思想，并突出公正、友善、责任与担当的价值观，是提升法学教育综合质量的重要途径。《侵权责任法》课程思政元素涵盖了价值理念、责任与担当、法治观念、案例与实践、教学模式与方法以及思政教育的拓展与延伸等多个方面。这些元素共同构成了《侵权责任法》课程思政的完整体系，有助于培养学生的法治观念、法律素养和道德品质。

3. 课程思政元素与马克思主义法学理论相结合

《民法3（合同编+侵权责任编）》课程思政实践资源的发现，理应从我国社会经济基础出发，从民事权益、民生诉求出发，挖掘出能够建立起社会发展与《民法典》之间关联的实践素材，在以法教义学为主要内容的民事部门法课程中，有机地嵌入马克思主义法学理念，进而引导学生认识理解我国社会，领悟马克思主义的科学性，培养学生形成马克思主义法学思维，能够从实践出发，从历史唯物主义视角去理解法律的适用和法律与社会的关系。

（二）课程思政融入点

序号	章节	专业知识点	思政元素	典型案例
1	第一章 第二节	债的概念和特征	引导学生将社会主义核心价值观融入民法学学习和实践中，树立正确的价值导向。契约精神在民主法治的形成过程中有着极为重要的作用，一方面契	某某集团有限公司与某某集团发展有限公司等合同纠纷案

序号	章节	专业知识点	思政元素	典型案例
			约精神促进了商品交易的发展，为法治创造了经济基础，同时也为市民社会提供了良好的秩序；另一方面根据契约精神，在实现人权方面具有重要意义	
2	第一章第四节	合同法概述	通过民法学课程，让学生认识到中国特色社会主义法治道路是符合中国国情、具有强大生命力的道路	某银行太原分行申请执行山西某饭店金融借款案
3	第二章第二节第三节第七节	要约与承诺缔约过失责任	养护诚实守信、爱憎分明的法律职业良心；培养学生的诚实守信品质和爱憎分明的法律职业良心，让他们在法律实践中始终保持清醒的头脑和坚定的立场	北京某某贸易有限公司诉北京某某有限公司合同纠纷案
4	第二章第六节	格式条款	引导学生树立追求公平与正义的法律职业理想，培养他们的正义感和责任感	杭州某理发店利用合同格式条款排除消费者权利案
5	第三章第一节第二节第三节	合同的效力未生效合同效力待定的合同无效合同可撤销合同	把握社会主义核心价值体系的内核，将培育践行社会主义核心价值观与法学理论及实践紧密结合；引导学生将社会主义核心价值观融入民法学学习和实践中，树立正确的价值导向	周某与丁某、薛某债权人撤销权纠纷案
6	第四章第二节	合同履行的基本规则	围绕营商环境建设；突出敬业、民主、平等、诚信价值观	某石材公司与某采石公司买卖合同纠纷案
7	第四章第三节	合同履行中的抗辩权	引导学生树立合同履行中的诚信意识和规则意识，深入理解社会核心价值体系的内容	某通讯公司与某实业公司房屋买卖合同纠纷案
8	第五章第二节第三节	合同的保全债权人代位权债权人撤销权	坚守抑恶扬善、扶弱济困的法律职业责任；引导学生将抑恶扬善、扶弱济困作为自己的法	某控股株式会社与某利公司等债权人代位权纠纷案

续表

序号	章节	专业知识点	思政元素	典型案例
			律职业责任，积极履行社会责任和公民义务	
9	第六章 第二节 第三节 第四节	合同债权的转让 合同债务的转移 合同权利义务的概括转让	引导学生了解合同关系存续过程中特殊事务处理秉持的诚信和友善态度	柴某与某管理公司房屋租赁合同纠纷案
10	第七章	合同权利义务的终止 合同的解除 清偿 抵销 免除 混同 提存 免除	坚持用习近平新时代中国特色社会主义思想铸魂育人：将习近平新时代中国特色社会主义思想融入民法学课程，引导学生树立正确的世界观、人生观和价值观 坚持中国特色社会主义道路自信、理论自信、制度自信、文化自信：通过民法学课程，加深学生对中国特色社会主义的理解和认同，增强对中国特色社会主义法治道路的自信 遵循马克思主义的世界观和方法论并将其应用于理论研究与法律实践：引导学生运用马克思主义的观点和方法分析法律问题，提高理论素养和实践能力	宁波某某文化旅游发展集团有限公司、宁波某某文旅景区管理有限公司诉宁波某某商业品牌管理有限公司合同纠纷案
11	第八章	违约责任 违约行为的形态 实际履行 损害赔偿 违约金和定金	追求实现公平与正义的法律职业理想：在民法学教学中，引导学生树立追求公平与正义的法律职业理想，培养他们的正义感和责任感 秉持勤勉、谨慎的法律职业态度：通过民法学课程的学习，让学生认识到勤勉、谨慎是法律职业的基本要求，培养他们的职业态度和职业素养	某银行诉某投资公司、景某某等金融借款合同纠纷案

序号	章节	专业知识点	思政元素	典型案例
12	第九章 第十二章 典型合同	买卖合同 借款合同 保证合同 租赁合同 技术合同 委托合同 合伙合同等	把握社会主义核心价值体系的内核，将培育践行社会主义核心价值观与法学理论及实践紧密结合；引导学生将社会主义核心价值观融入民法学学习和实践中，树立正确的价值导向坚持想国家之所想、急国家之所急、应国家之所需；培养学生的爱国情怀和奉献精神，鼓励他们为国家的发展和繁荣贡献自己的力量	唐山某某商贸公司与天津某某混凝土公司购销合同纠纷案 向未成年人提供内容不健康网络服务的合同无效 ——唐某诉某网络科技有限公司网络服务合同纠纷案
13	第十三章	无因管理 不当得利	加强社会主义法治文化建设：在民法学教学中，注重社会主义法治文化的传播和弘扬，培养学生的法治信仰和法治精神。 坚持法治国家、法治政府、法治社会一体建设；引导学生认识到法治国家、法治政府、法治社会三者之间的紧密联系和相互作用，推动全面依法治国战略的实施	白某香诉刘某意无因管理纠纷案

三、教学设计基本思路与措施

（一）教学设计基本思路

债法制度强调契约精神，我国春秋时期早已有之，中国传统文化中的儒商精神的内涵亦是对契约精神的体现。在当代中国特色社会主义市场经济体制下，契约精神的基本原则与我国倡导的社会主义核心价值观的基本内容和精神不谋而合。任何一种精神形态要发展和长存，其内涵和外延都应当随着社会的发展需要做出适度调整，"契约精神"亦同。传统的契约精神可以说是典型的道德层面的约束，但在建设有中国特色社会主义的新时期，仅以"德治"是明显不足的，契约精神的全面适用必须赋予其新的内涵和外延。新时代契约精神的内容必须体现中国特色，在以传统契约精神构建社会信用体系的同时坚持强调依法治国，把法治作为契约遵守的前提。同时，契约的平等和自由要注重思想引领，坚持党的领导，坚持社会主义的道路，最终实现德法兼修，把社会主义核心价值观融入社会主义法治建设。

综上所述，《民法3（合同编+侵权责任编）》课程思政教学的基本思路在于，从课程内容出发，围绕新时代契约精神，使学生深入理解社会主义核心价值观的基本内容，有力践行相关理论体系。

（二）措施与方法

1. 科学设计案例的课程思政教学体系

根据教学目标与内容，科学设计课程的思政教学体系，根据人才培养方案，落实法学专业教学标准，构建科学合理的课程思政教学体系。深度挖掘本节课知识体系中所蕴含的思政元素。如平等、诚信、友善。根据优化后的体现课程思政元素的教学体系和教学大纲，发挥课程的思政教育作用。

2. 课程思政有机融入课堂教学建设

抓住课堂教学主渠道，精心设计本节课的课程思政教案，根据课程思政教学目标组织教学内容。落实到课程目标设计、教学大纲修订、教案课件编写各方面，贯穿于课堂授课、教学研讨、作业论文各环节。

3. 信息技术在课程思政建设中的创新与应用

切实推进信息技术在课程思政建设中的创新与应用，通过学习通在线课程平台建设弘扬正能量，将平台建设与课程思政建设相结合，实现翻转课堂，提高学生思政自我教育的主观能动性。

4. 教学反思

有机融合思政元素与专业知识，职业道德与职业素养，培育法律人的职业道德与素养，树立公平、正义的法治理念，形成爱岗敬业的职业素养。通过课程的学习，进一步树立敬业、诚信、法治等社会主义核心价值观，提升权利意识、法治素养、契约精神。初步实现课程思政建设的功能与目标。

课程教学方法应持续改进，更加体现以学生为中心，加强师生之间的互动，达到润物细无声的思政育人效果。并进一步探索线上线下相结合的课程思政教育新模式。

四、教学设计典型案例展示

（一）知识点概况

如实告知义务是中介合同中中介人的法定义务，房产中介基于专业知识和实务经验，对与缔约有关的事项应当进行审核，并将交易房屋的相关真实信息尽可能全面、及时地告知委托人。《民法典》第962条规定："中介人应当就有关订立合同的事项向委托人如实报告。中介人故意隐瞒与订立合同有关的重要事实或者提供虚假情况，损害委托人利益的，不得请求支付报酬并应当承担赔偿责任。"

合同欺诈的行为表现为合同当事人一方为了获取非法利益，故意捏造虚假情况，或歪曲、隐瞒真实情况，使相对人陷入错误认识，并因此作出不合真意的意思表示，从而订立、履行合同的行为。

（二）教学思路

通过对中介人如实告知义务的专业学习，树立权利意识、规则意识，提升契约精神。提高运用法治方式维护自身权利、化解矛盾纠纷的法治素养与能力。教学重点为将思政教育融入教学，通过典型案例，将价值塑造与能力培养相结合，使学生形成遵纪守法、爱岗敬业、无私奉献、诚实守信的职业品格和行为习惯，培育道德高尚的法治人才。

（三）课程思政设计

1. 课程引入

案例一：积极型欺诈

案情：刘某为了让孩子上重点中学，求购学区房。中介公司宣称该房属于"学区房"，保证可以让孩子上区重点。

房屋过户后，刘某发现该房并非学区房，而是紧邻学区房，遂拒绝向中介公司支付中介费，并要求撤销房屋买卖合同。

课堂中加入互动提问环节

教师提问：

（1）中介虚假宣传学区房，购房人能不能拒付中介费？

（2）能不能撤销房屋买卖合同？

审理结果：法官认为，中介就紧邻学区房的非学区房进行虚假宣传，并作出可以上学的虚假承诺，构成合同欺诈。

案例二：隐瞒型欺诈

案情：房主、中介故意隐瞒"凶宅"实情

2020 年 12 月，张某委托中介公司提供中介服务向王某购买房屋，双方签订《北京市房屋买卖合同》，并完成了房款交付及过户手续。后来，张某得知 2019 年涉案房屋内发生过非正常死亡，一名女子曾在涉案房屋厕所中自杀身亡。

课堂中加入互动提问环节

教师提问：张某如何维权？中介人是否构成欺诈？

审理结果：法院经审理认为，房主在合同订立前未向张某披露房屋发生过非正常死亡事件，属于故意隐瞒行为，构成欺诈。

本案例为《合同法》课程的第十六章"中介合同"中的第三节"中介人的义务"，授课时间为 50 分钟。经过前面章节的学习，学生已经掌握了合同法的基础知识接受了基本专业的训练，包括合同的成立、变更、履行、解除、违约责任等。但对合同法总则内容的掌握并不等于对合同具体类型的完全精通，学生对新类型的合同（例如实践中常见的中介合同）法律问题还没有完全掌握。因此，本节课的教学任务是通过对中介合同中中介人的如实告知义务进行重点讲解、研讨，使得学生在掌握专业知识、提升法律专业素养的同时，能够理论联系实际，进一步培育思政素养，形成法律职业责任感与使命感。

本案例中的课程思政教学目标是，通过对中介人如实告知义务的学习、研讨，植入公平、法治、爱岗敬业等社会主义核心价值观，培育学生的权利意识、规则意识、诚实守信的契约精神。贯彻落实本课程思政培养的思想品德标准、专业技术能力、科学素养、专业思维和方法、职业道德和职业素养等五个指标点，切实发挥课程思政教育的功能。

2. 思政结合

课程思政首先要确保专业课程的科学性，在坚持科学性的基础上充分挖掘学科思想政治教育资源，认真梳理专业课程的"思政元素"，构建起全课程育人格局。优秀的课程思政，应当充分尊重专业课程的规律性，将思政元素自然融入，力争做到润物细无声，而不能硬性塞入思政元素或者简单地贴标签。否则，不但不能实现课程思政的育人功能，而且还会影响课程的专业性和科学性，产生适得其反的效果。在合同法课程中，应注重结合合同法知识和制度本身的特殊性，对思政元素予以勘探、采掘、冶炼、加工，精心设置"触点"，努力将社会主义核心价值观、全面依法治国的要求融入知识体系、实现价值认同。比如，在新冠疫情期间，企业因疫情导致部分合同履行困难，教学团队会结合《民法典》第 533 条的情势变更条款，引导学生理解社会主义核心价值观对规范市场主体诚信经营、公平交易的重要意义，强调不能直接以价值观代替法律，按照习近平法治思想的要求，应善用法治手段保护企业合法权益。

3. 思考讨论

（1）毕业之后就业应当如何对待自己的工作？

（2）我们订立合同时应当如何对待？

（3）如果订立合同被骗了，怎么办？

第十章
《民法4（婚姻家庭编+继承编）》课程思政教学设计

唐 哲[1]

一、课程简介和思政建设目标

（一）课程简介

《民法4（婚姻家庭编+继承编）》作为法学本科专业的核心理论课程之一，不仅在培养学生法学专业知识与技能方面发挥着不可替代的作用，在塑造学生人格品质、培养法律职业道德和法治观念方面也有着不可忽视的功能。本课程以《民法典》"婚姻家庭编"与"继承编"的规定为基础，以爱党、爱国、爱社会主义、爱人民、爱集体为主线，以家国情怀、文化素养、法治意识、道德修养等重点优化课程思政内容为供给，系统开展中国特色社会主义教育、社会主义核心价值观指引及铸牢中华民族共同体意识的培养。

课程采用课堂引导与课外探究"双轨制"教学模式，以相关案例为切入点，并通过"多元化"的方式让学生充分参与课堂教学，包括学习小组讨论、案例辩论、课外知识拓展延伸、文献报告会等要素。以此让学生掌握《民法典》"婚姻家庭编"与"继承编"的基本法律制度和相关规则，并在此基础上培养学生的批判性思维能力和解决实际问题的能力，引导学生树立正确的婚姻家庭观念，培养家庭责任感和社会责任感，践行社会主义核心价值观。树立优良家风，弘扬家庭美德。

---

[1] 唐哲，甘肃漳县人，四川民族学院法学院助教，主要讲授《法理学》。该部分为《婚姻家庭继承法"三三制"课程思政育人模式探索与实践（课程育人）》阶段性成果。

（二）思政建设目标

1. 引导树立正确的婚姻家庭观念，培养家庭责任感和社会责任感

通过讲授婚姻家庭的基本属性及社会职能、婚姻家庭法的基本原则、亲属制度、结婚制度、夫妻关系、亲子关系、法定继承、遗嘱继承等核心知识点，结合当下现实生活中的婚姻家庭模式以及相关典型案例，强调家庭关系和睦对于国家发展和社会稳定的重要性，引导学生树立正确的婚姻家庭观念，弘扬家庭和睦和尊老爱幼的传统美德。

2. 促进社会主义核心价值观内涵的深刻认识，弘扬家庭美德和践行社会主义核心价值观

首先，通过对家庭成员间相互关系的原则性规定的学习和探索，让学生明确自身应当掌握和践行的基本内容："家庭应当树立优良家风，弘扬家庭美德，重视家庭文明建设""夫妻应当互相忠实，互相尊重；家庭成员间应当敬老爱幼，互相帮助，维护平等、和睦、文明的婚姻家庭关系"。其次，《民法典》对家庭、家风和家庭文明建设进行规范，将家庭教育融入民法体系，对家庭教育活动予以私法规范，既是完善我国家庭教育法律法规框架体系的重要步骤，也是将"社会主义核心价值观"这一民事立法宗旨在"婚姻家庭编"中予以贯彻体现。最后，从法律上规范家庭关系，应当树立优良家风，通过家庭教育使子女在"自觉承担家庭责任、树立良好家风"以及为社会做出有益贡献等方面打下良好的思想基础、品德基础和人格基础。全面贯彻和践行"社会主义核心价值观"，塑造优良品德和社会责任感。

3. 培养学生的法律思维和解决实际问题的能力

教育的基本功能在于育人，在于塑造德才兼备的高素质人才。法学教育的宗旨并非培养只会机械适用法律的"工匠"，更为重要的是法学教育承载着培养一批又一批追求正义、知法懂法、忠于法律、廉洁自律的法律人的宏大工程。作为贴近生活的法学课程之一的《民法4（婚姻家庭编+继承编）》，其基本遵循培养一批具有独立思考能力和判断能力的高素质法治人才，而非单纯的理论知识灌输的理念。通过让学生切身分析具体案例来发现问题、分析问题和解决问题；运用基础理论解决案件争议，以此引导学生通过法律的视角来看待和解决现实问题，以理论来回应现实，培养其法律思维和实践能力。

4. 培养学生团队协作精神和沟通能力

本课程运用"多元化"的教学手段，力图促进学生相互间的沟通与交流，

通过在教学过程中设置小组讨论、小组作业、案例辩论等环节，让学生在互动与交流中塑造团队协作能力和合作意识。

二、课程思政元素挖掘与融入

（一）课程思政元素挖掘与分析

法学教育是一项功在当代、利在千秋的伟大工程。习近平总书记在全国高校思想政治工作会议中提到"要用好课堂教学主渠道，使各类课程与思想政治理论课同向同行，形成协同效应"[1]，《高校思想政治工作质量提升工程实施纲要》《教育部关于深化本科教育教学改革全面提高人才培养质量的意见》等一系列文件明确提出坚持把立德树人成效作为检验高校一切工作的根本标准，把课程思政建设作为落实立德树人根本任务的关键环节，课程思政在为党育人、为国育才中的重要地位不言而喻。[2]高校法学教育既要践行社会主义核心价值观的"法治"原则，又要德法兼修，深入落实"立德树人"的根本任务。《民法4（婚姻家庭编+继承编）》课程思政元素的挖掘是贯彻该教学目标的必然选择。以马克思主义伦理思想为基石的社会主义核心价值观，体现了具有时代特色的社会主义伦理精神。[3]《民法4（婚姻家庭编+继承编）》课程思政建设以此为核心，围绕法学人才队伍培养建设目标、"社会主义核心价值观"协同并行、理想信念教育相融合、民族精神相辅相成、全球意识相结合"五步融入"教学体系，逐步融贯于教学实践。

1. 专业知识讲授与法学人才队伍培养建设目标高度契合

高素质法学人才培养的重心并不仅仅在于对专业知识的教授，而是力图通过将蕴含深刻内涵的思政元素融入专业知识讲授，以实现法学教育中的"德育"目标。《民法4（婚姻家庭编+继承编）》课程中蕴含着丰富的思政元素，例如通过讲解结婚制度、离婚制度、法定继承、遗嘱继承及遗赠等相

---

〔1〕 2016 年 12 月 8 日，习近平总书记在全国高校思想政治工作会议上强调，要用好课堂教学这个主渠道，各类课程都要与思想政治理论课同向同行，形成协同效应，把"立德树人"作为教育的根本任务落实到教育工作的各个环节。

〔2〕 米新丽主编：《法学专业课程思政建设成果集：理论·方法·实践》，首都经济贸易大学出版社 2022 年版，第 1 页。

〔3〕 李晓娟：《以"社会主义伦理精神"为核心的婚姻家庭法课程思政教学探索》，载米新丽主编：《法学专业课程思政建设成果集：理论·方法·实践》，首都经济贸易大学出版社 2022 年版，第104 页。

关制度和法律规则等内容，强调结婚的实质要件和形式要件的重要性、重申继承相关规则中的权利和义务，引导学生遵守法律的相关规定，不可因存在侥幸心理而实施违法行为。指出作为法律人应当要知法懂法，不可以身试法，同时要加强对理论知识的运用，提升处理实践问题的能力，从而培养一批德才兼备的高素质法律人才。

2. 专业知识讲授与"社会主义核心价值观"协同并行

"社会主义核心价值观"中国家层面、社会层面和个人层面的三个价值目标都与《民法典》婚姻家庭编与继承编的相关内容充分契合，包括"民主""文明""和谐""自由""平等""公正""法治""友善"等价值观念。

运用典型案例"罗某甲、谢某某诉陈某代孕子女监护权纠纷案"，强调在家庭关系中，要注重保护儿童等弱势群体的权利和利益，这与"和谐""友善"的价值观念高度融合。

"高某翔诉高甲、高乙、高丙继承纠纷案"则突显了团结友爱、中华孝道等核心价值，可以让学生在对案情进行深入分析的基础上，理清本案的判决思路，从而达到让学生理解遗产继承处理的不仅仅是当事人之间的财产纠纷，更重要的是如何恢复和修补家庭伦理关系和社会风气，作为继承人应当本着互谅互让、和睦团结的精神消除误会，积极修复亲情关系，共促良好家风。

3. 专业知识讲授与理想信念教育相融合

理想信念教育的核心是爱党、爱国、爱社会主义。理想信念教育的主要内容包括：坚定的马克思主义信仰和共产主义远大理想；鲜明的爱国主义情怀和为祖国、为人民奉献一切的崇高精神；强烈的社会责任感和为人民服务的意识；正确的人生观、价值观和世界观。基于理想信念的核心内涵和主要内容，教师在教授《民法典》婚姻家庭编与继承编的理论知识过程中，应密切关联理想信念的内容。如在婚姻家庭法概述部分，强调婚姻家庭的自然属性和社会属性，同时关注婚姻家庭的社会功能，包括人口再生产职能、组织消费职能、教育职能等。家庭教育作为社会教育的一部分，在教导青少年树立正确的世界观、人生观和价值观的过程中依然发挥着不可替代的作用。多数青少年的犯罪行为大都离不开家庭教育缺失的影响，这也正说明了家庭教育职能的发挥对于维持整个社会秩序稳定的重要性。让学生正确认识婚姻家庭对社会稳定和国家繁荣昌盛的重要作用和积极影响，倡导学生树立正确的婚姻家庭观。

法律与道德的关系是法哲学上的永恒主题和难解之谜。婚姻家庭关系既是重要的法律关系，又是重要的伦理关系。婚姻家庭领域里的许多问题既需要法律来规范，也需要道德来调整。[1]"婚姻家庭法的基本原则"，即婚姻自由原则；一夫一妻原则，男女平等原则，保护妇女、未成年人、老年人和残疾人的合法权益原则等无不体现法律与道德之间纵横交错的关系。首先，通过对婚姻家庭法基本原则内容的讲授，引导学生正确理解婚姻自由原则的概念，强调"人是生而自由的，但却无时不在枷锁之中"[2]。同时，遵守法律关于婚姻自由原则的规定，不可违反《民法典》关于婚姻自由原则的禁止性规定，要知法、懂法。其次，倡导学生正视男女平等的深刻内涵，在生活实践中要时刻践行维护妇女合法权益的行动，彻底贯彻男女平等的原则。再次，要在教学过程中，结合案例的讲解分析，引导学生重视对未成年人、老年人等弱势群体的权益保护；这也正是婚姻家庭编所独有的魅力，即"与其他绝大多数'不近人情'的法律规范不同，婚姻家庭法的伦理性突出反映了法律制度'温情脉脉'的人文关怀的一面"。[3]最后，强调学生要结合自身实际情况和生活环境践行家庭成员之间的互帮互助、互相尊重、团结友爱的良好风尚，倡导在家庭中要敬老爱幼，主动承担力所能及的家务活动，勇于承担家庭责任，并将这种良好风尚贯彻到家庭生活以外的社会生活中，这样更有助于构建和谐社会和弘扬中华民族的优秀传统文化，坚定和强化社会责任感以及为社会服务的意识。

"继承法的性质和基本原则"这一部分与"正确的人生观、价值观和世界观"这一理想信念的内容紧密结合。从保护社会主义市场经济的需要、发挥家庭养老育幼职能和稳定家庭关系的角度出发，倡导学生在日常生活中要遵守法律关于遗嘱继承制度和法定继承制度的规定。作为遗产继承人，不可意图独占遗产而实施伤害被继承人和其他继承人的违法行为。要本着遵守继承权平等原则、养老育幼、照顾无劳动能力又无生活来源者的原则和权利、义务相一致原则合法继承被继承人的遗产。对这一内容的学习有助于学生树立

〔1〕 陈苇：《中国婚姻家庭法立法研究》，群众出版社 2010 年版，第 50 页。
〔2〕 ［法］卢梭：《社会契约论》，何兆武译，商务印书馆 2003 年版，第 4 页。
〔3〕 马亿南：《婚姻家庭法的弱者保护功能》，载《法商研究》1999 年第 4 期，第 15 页。

正确的人生观、价值观和世界观，同时也有助于推动社会主义市场经济的发展，同时使马克思主义理论课程的教学内容更加丰富，使学生对中国特色社会主义事业的认识更加全面、深刻，从而有助于推动学生从思想上认同和拥护中国共产党领导和社会主义制度，引导学生形成对党、对国家、对人民、对社会的高度认同。

4. 专业知识讲授与家国情怀、民族精神相辅相成

家国情怀体现了个人对民族、国家的强烈认同感和使命感，承载了个人对于国家发展繁荣的责任感和精神认同。民族精神的培育是坚定文化自信和道路自信的根本路径，也是传承中华优秀传统文化的必由之路，同时也是铸牢中华民族共同体意识的重要体现和实现中华民族伟大复兴的有力支撑。

对家国情怀与民族精神的培育离不开教育，法学教育作为贯彻这一内涵的重要途径，应将知识传授与家国情怀和民族精神的培育有机结合，实现立德树人的教学目标。就《民法4（婚姻家庭编+继承编）》这一理论课程来讲，应在婚姻家庭概述、夫妻关系、亲子关系和继承法概述中引导学生树立家国一体观念。倡导只有在互帮互助的良性家庭关系的基础上，才能维护社会秩序的稳定和民族团结，才能促进国家经济、政治和文化的繁荣昌盛。故应立足于自身，放眼于国家和社会，继承和发展中国传统的尊老爱幼和孝道思想以及团结友爱的观念。将个人、民族、国家和社会有机联系起来，增强学生自身的民族团结意识和对国家强盛及实现中国梦的信心，有助于进一步构建社会主义和谐社会。

5. 专业知识讲授与全球意识相结合

全球意识意味着要从人类命运共同体的角度出发，以全球和世界范围内的热点问题为关注点，去思考和解决问题。作为私法领域的《民法4（婚姻家庭编+继承编）》，经济不断全球化的过程也给婚姻观念和遗产继承带来了新的挑战。随着婚姻观念的变化以及全球人口结构的变化，需要在适时调整人口政策的同时，积极引导学生转变生育观念，充分认识到其对国家长远发展和全球化趋势扩张在人口动力支持方面的重要性，及时适应国内发展要求和国际环境。

（二）课程思政融入点

序号	章节	专业知识点	思政元素	典型案例
1	第一章第二节婚姻家庭法的基本原则	我国婚姻家庭法的基本原则	婚姻自由、男女平等、遵纪守法	肖某芬诉王某强暴力干涉婚姻自由案
2	第二章第二节结婚的条件	结婚行为的成立条件、结婚行为的有效条件、事实婚姻	树立"责任"与"担当"的婚姻家庭观念	董某某诉马某某婚姻无效纠纷案
3	第三章第一节夫妻关系	夫妻财产关系	男女平等、明礼守法的价值观念	吴某1、吴某2离婚后财产纠纷案
4	第三章第一节夫妻关系	夫妻人身关系、夫妻之间的忠实义务	树立"诚信、平等、公正、法治"等社会主义核心价值观念	方某1与张某离婚纠纷案
5	第四章第四节离婚的效力	离婚的财产效力、离婚后的子女抚养教育	家庭成员团结互助以及"情"与"义"的维系	吴某与于某抚养纠纷案
6	第五章第二节收养关系的成立	收养关系成立的条件、收养关系成立的程序	诚信、守法	郑某1、沈某与郑某解除收养关系纠纷案
7	第一章第三节继承权	继承权的丧失与恢复	承担责任、相亲相爱、尊老爱幼的传统文化	张某2与赵某、张某3、张某1继承纠纷案
8	第二章第二节法定继承人的继承范围与继承顺序	法定继承人的范围和继承顺序	权利义务相对应之法律意识、尊长爱幼、孝道等传统优秀文化	张某与李某1、吴某继承纠纷案
9	第三章第四节遗嘱的效力	遗嘱的有效要件、遗嘱的无效	团结友爱、中华孝道等核心价值	高某翔诉高甲、高乙、高丙继承纠纷案
10	第三章第三节遗嘱的内容与形式	遗嘱的内容、遗嘱的形式	公序良俗、意思自由原则和理念的引导	泸州遗赠纠纷案

续表

序号	章节	专业知识点	思政元素	典型案例
11	第四章第二节遗赠扶养协议	遗赠扶养协议的效力	尊老、敬老、爱老、助老的优良传统	李某遗赠扶养协议确权纠纷案
12	第五章第二节转继承	转继承的概念、转继承的适用条件、转继承与代位继承的区别	创新精神	王某与李某遗产继承纠纷案
13	第五章第五节无人承受遗产的处理	无人承受遗产的概念和范围、无人承受遗产的归属	奉献精神与集体意识及互帮互助理念	王老太遗产继承纠纷案

三、教学设计基本思路与措施

（一）教学设计基本思路

本课程深入挖掘思政元素，并在此基础上将专业知识讲授与思政元素有机融合，坚持"一根主线、全方位衔接、多角度塑造"的教学设计理念。

所谓"一根主线"，即坚持课前、课中、课后三个阶段的专业知识和思政元素的融入。就课前部分而言，应借助线上学习平台及时发布有关涉及社会主义核心价值观的热点事件和案例，以学习任务的形式让学生提前对此部分的内容进行熟悉和理解。这对于课中重点内容的学习与理解都会有所助益。经过课前对学习内容的熟悉，课中则是重点"以学生为中心、产出导向"为原则，通过导入有关婚姻家庭与继承方面的典型案例，让学生分析案例中当事人的行为是否合法，是否符合社会主义核心价值观的要求，并说明理由。探索式的引导可以帮助学生树立问题意识和善于思考的习惯，更为重要的是，在理解和把握知识点的同时，增进对知识点背后所蕴含的丰富思政内容的理解，这更有利于实现培养德法兼修人才的培养目标。课后则主要立足于思政元素的巩固与提升以及拓展等方面。启发学生积极开展社会群体的婚恋观问卷调查以及鼓励学生参与养老公益等法律服务活动；提供婚姻家庭及继承等相关法律问题的解答与咨询等一系列主题活动。

"全方位衔接"，即通过运用多渠道来搭建完整的婚姻家庭与继承的思政元素融入框架，实现线上多媒体的运用与线下实践活动的互动衔接。线上多媒体运用主要体现在对于案例和热点问题的发布与解答以及播放与此联系密切的讲座与主题纪录片，以此增强课堂内容的趣味性和灵活性，培养启发学生的思政意识。线下实践活动主要包括鼓励学生积极开展有关婚姻家庭方面的社会实践与调查问卷，参与助老、敬老、爱老、养老等公益活动，切身感受到活动带来的意义和价值，让互帮互助和家国情怀以及团结友爱等价值观念内化于心、外化于行。

"多角度塑造"旨在将"学生角色""教师角色""第三视角"融入"课前""课中""课后"的全过程。

首先，在"课前"阶段，教师作为引导的角色，将与课程有关的思政元素资料提前发布于学习通，学生在规定时间内完成阅读和内容预习，教师在线上平台及时查看学生的阅读和预习进度，并对学生的问题进行及时解答。以此加强学生在课前对于课程思政重点和难点内容的理解和把握。

其次，课中作为整个教学环节的核心，始终贯彻"以学生为中心"的教学理念；将教师的讲授与学生的分享融贯起来，增强课堂的互动性。例如，通过以典型案例的形式导入学习内容，将学生的目光集中于课堂知识。通过分组探讨、观点分享、观点评析的方法增强教师与学生之间、学生与学生之间的互动性，让课堂"活"起来、"动"起来，提升学生在整个教学过程中的参与度，以此加强学生对公平正义等核心价值观念的理解。

最后，整个教学环节的设置应当兼具开放性与闭合性，而非相互分离与闭塞。对于课中涉及的思政元素的核心内容，应通过线下多元的方式加以现实化，由此打通课中与课后的衔接性。课中的知识讲授具有一定的局限性，并未充分让学生切实投入具体的现实情景。因此，有必要让学生以多样化的方式将社会主义核心价值观念等思政元素"内化于心，外化于行"。具体途径可体现多元化的特征。例如，可让学校组织宣传《民法典》婚姻家庭编与继承编的相关法律知识；鼓励学生参加尊老爱老等公益活动；组织学生观看体现家庭成员互帮互助等价值理念的主题电影；为学生举办相关主题的线上线下讲座等。通过此类举措使学生情景化地感受到公平正义、诚实守信、互帮互助、尊老爱幼等价值观念的强大生命力。

（二）措施与方法

1. 转变传统教学模式，融入课程育人理念

传统教学模式即以教师讲授为主，学生在整个教学环节几乎不参与课堂内容，这无疑存在巨大的弊端。在课堂思政融入的背景下，传统模式之弊病则尤为突出。思政元素的吸收通常以潜移默化的方式体现出来，但传统教学模式却并未充分体现这一特征，究其根本原因是学生在整个课堂教学过程中的角色功能和意义几乎被忽略，处于附从地位，完全由教师把握整个课堂，这大大降低了学生在整个教学中的参与度，对于思政元素的融入效果也可想而知。故有必要对传统的教学模式加以创新性改造，使之适应思政元素的融入与吸收。在《民法 4（婚姻家庭编+继承编）》的课程教学设计过程中，应将课程教学的环节一一打通，分为"课前""课中""课后"，无论哪一环节都应体现一个共同的理念，即"以学生为中心"。课前教师发挥引导作用，学生则对重点核心问题进行提前的阅读与预习；课中教师要对重难点知识进行讲解，同时引入典型案例并抛出核心问题让学生积极思考并对此进行回答，教师对于学生的回答进行客观的评析，并引导学生树立正确的家庭观念和婚姻观念，继承和发扬尊老爱幼、诚实守信等优秀传统文化；课后则是对课中的重点和难点进行回顾，帮助、鼓励学生积极参与社会公益活动，组织学生开展有关家风建设、婚姻观念等的宣传活动，让学生积极投入具体的思政环节，使思政元素的融入更加具象化。以上教学的三个环节无不体现了一个核心主题，即围绕思政元素来展开，通过这一转变，思政元素以多方位、多渠道方式融入，更能让学生感受到正确价值观的引领及传统优秀文化的魅力。

2. 以"思政融入"为主线，以"学生互动"为核心

在《民法 4（婚姻家庭编+继承编）》课程教学环节一一展开的过程中，应始终坚持一个主线，即"如何将思政元素有机融入婚姻家庭编和继承编的专业课堂"。要做到这一点，就必须从教学的内容入手，仔细研究和分析《民法典》婚姻家庭编和继承编中所体现的思政元素有哪些？具体方法包括，挖掘课程中大量的思政元素，并对此进行分类。例如，就传统优秀文化而言，婚姻家庭编中结婚的实质要件之一即禁止重婚。这一制度可以追溯到我国古代婚姻制度中的主流观点，即一妻一夫制度，这一制度的规定和实施突显了婚姻当事人一方在婚姻中的担当和责任意识。通过具体案例的引入和这一制度的发展源流拓展，让学生对这一制度背后蕴含的责任、担当意识等优秀传

统文化有更深的把握。就现代价值观念的塑造来讲，如婚姻家庭编的男女平等原则、双方当事人就结婚达成合意、夫妻共同财产的范围等无不体现着男女平等的价值观念以及契约精神和保护弱势群体的观点，进而可引申出一系列有关诚信、友爱、公平正义等社会主义核心价值观的深刻内涵。继承编中遗赠扶养协议的意义、无人继承又无人受遗赠的遗产的归属等制度设计体现了对于自由的贯彻以及对于尊老、敬老、爱老、助老等优良传统的传承和对家国情怀的重视。

3. 全方位衔接，多角度塑造

这里所指的全方位则是利用线上和线下两个渠道进行课程元素的挖掘和融入。线上可利用对分易、学习通及中国大学慕课（MOOC）网等让学生提前对重点内容进行预习，并发布材料在线上平台。老师在课前要及时检查和督促学生对于内容的预习进度，只有在完成课前预习的基础上，才能在课中有的放矢，把握重难点，并在此基础上能够熟练运用。但线上平台的运用并不限于课前，课中的教学内容（例如案例的导入）也可借助线上的方式进行播放和演绎，增强课堂的趣味性。当然，课后的巩固也可能体现为线上讲座和宣传片形式，故整个教学环节几乎无不体现线上线下相结合的模式。线下模式则主要体现在课中和课后两个环节，课中主要体现为对课堂重难点的讲授以及通过提问来启发学生主动思考问题，当然还包括对于课堂的答疑。而课后则主要是在线下组织学生进行实践活动或普法宣传，以此加强对学生价值观的塑造和对优秀文化的传承。"多角度塑造"则体现为"教师""学生""第三方"在不同的教学环节为思政元素的融入提供助力。"教师"角色在教学设计中发挥着引领作用，但更应将学生角色置于主动位置，教师仅仅起到助推和答疑作为，以此做到以学生为中心。第三方则主要体现在课后的"实践平台""线上讲座"等形式，加深学生对思政元素的理解。

4. 扎实专业基础，培养法治思维

《民法4（婚姻家庭编+继承编）》作为法学核心专业课程，其对于学生法治思维和法律方法的训练无疑是举足轻重的。在教学设计中，必须强调基础知识的重要性，同时在掌握基础知识的前提下，进一步把握课程的重难点。在重难点把握的同时，有机融入课程思政元素，将专业知识与思政元素紧密结合。即通过先讲解内容，再引入案例，同时以思政的角度来提示学生案例中体现了何种思政元素，引导学生思考：作为当代大学生，应该如何正确理性处理婚姻家庭中的诸多问题，维护自身合法权益，增强学生的权利意识。通过循循善诱的方式将学生逐渐带入思政情境来思考问题，同时培养其主动思考的意识和解决实际问题的能力。

四、教学设计典型案例展示

（一）知识点概况

根据《民法典》的规定，遗嘱有效须具备以下条件：第一，遗嘱人具有遗嘱能力。第二，遗嘱是遗嘱人的真实意思表示。第三，遗嘱的内容合法。第四，遗嘱的形式符合法律规定。

根据《民法典》的规定，遗嘱的无效主要有以下几种情况：无完全民事行为能力人所立的遗嘱无效；受胁迫、受欺诈所立的遗嘱无效、伪造的遗嘱无效；被篡改的遗嘱内容无效；遗嘱中处分不属于遗嘱人自己财产部分的内容无效；遗嘱没有保留必要份额的，对应当保留的必要份额的处分无效。

（二）教学思路

本课程的整个教学过程主要分为课前、课中和课后三个环节。

课前主要借助线上学习平台对分易及学习通等发布典型案例和学习要点，学生需要在课前认真预习课前的重点和难点内容，完成学习任务。就本部分来讲，学生须完成以下几项学习任务："①明确什么是遗嘱？②遗嘱包含了哪些内容？③遗嘱的有效要件包括哪些？④遗嘱的无效要件主要包含哪些情况？⑤在阅读案例和明确遗嘱的有效要件和无效情形的前提下，深入思考其民法典规定每种遗嘱无效情况的立法意图是什么？案例中体现了哪些民法原则？蕴含了哪些核心价值观念？"教师在学习平台也可以及时查看学生的学习情况并加以督促，确保学生做到课前的思考和预习。

课中，将学生分为若干小组，每个小组选一位组长，小组组长对基础知识点进行讲解。讲解完毕后由老师进行点评并加以补充和总结。此种教学模式更有利于学生充分参与到课堂之中，调动学生的学习兴趣和积极性，也能检验学生对于课前知识是否做到了充分预习。课堂内容中的拓展部分和难点部分，如"⑤在阅读案例和明确遗嘱的有效要件和无效的情形的前提下，深入思考其民法典规定每种遗嘱无效情况的立法意图是什么？案例中体现了哪些民法原则？蕴含了哪些核心价值观念？"等问题则需要老师综合考量学生对于此问题是否已经理解和掌握，再有针对性地对疑难点作出解答，如"案例的处理体现了平等原则、意思自治原则、公平原则、诚实信用原则、公序良俗原则等民法的基本原则。蕴含了团结友爱、诚实守信、中华孝道等核心价值观念"。以此引导学生树立正确的人生观和价值观，拥有良好的品德和个人修养。

课后则是主要集中于对学生课堂学习内容掌握程度的跟踪检测以及实训巩固。课后通过发布练习题的形式，巩固上课所学，其次针对实践性较强的知识点，组织学生开展相关的普法宣传活动以及公益活动，同时结合线上讲座和交流会的形式将理论与实践紧密结合。以此让学生切身体验到社会主义核心价值观念的重要性，以及其与我们日常生活的联系十分紧密，从而加深学生对团结友爱、中华孝道的理解与掌握。

（三）课程思政设计

1. 课程引入

案例介绍：高某翔诉高甲、高乙、高丙继承纠纷案[1]

高某启与李某系夫妻，育有4名子女，即高甲、高乙、高戊、高丙。李某于2012年病故，高某启于2014年病故。高戊与高某翔系父子关系。

高某启与李某生前有回迁房一处，位于海城市，面积为56.35平方米，该回迁房系其与高乙交换房产所得，回迁手续中姓名为被告高乙。

2010年8月16日，在程某、许某两名见证人的见证下，由刘某代书，高某启与李某立下代书遗嘱，遗嘱主要内容为：高某启、李某二人身体不好，患有脑血栓、糖尿病、高血压、小脑萎缩，生活不能自理，由其孙子高某翔伺候老人，老人决定将与高乙交换的高乙名下的位于保安××村的回迁楼2号楼一楼西侧房屋送给高某翔。高某启与李某姓名由刘某代签，高某启与李某捺印，程某、许某签名并捺印。

另查明，李某于2009年患小脑萎缩、高某启于2010年患脑血栓半身不遂，高某翔没有工作，专职照顾二人生活直至二人去世。高某启、李某去世后的后事也由高某翔出资处理。李某退休后每月有退休金收入，从1200元涨至1800元。高某启没有收入，在李某去世后其每月有500元遗属补助收入。一审法院判决确认高某启、李某于2010年8月16日所立代书遗嘱合法、有

---

[1] 陈洁蕾主编：《法学课程思政教育教学案例（民商法卷）》，同济大学出版社2022年版，第182页。

效；位于海城市，面积为 56.35 平方米，回迁手续中姓名为高乙的房屋所有权归原告高某翔所有。高甲、高乙、高丙不服一审判决提起上诉。

一审法院认为，该代书遗嘱合法有效，案涉房屋应当由高某翔继承。二审法院认为，本案的代书人属于《民法典》第 1140 条规定的禁止代书人，因此其代书行为不符合代书遗嘱的法定形式要求，应属无效，本案应当按照法定继承进行处理。高某翔对高某启、李某尽到了主要的生养死葬的扶助行为，根据《民法典》第 1133 条的规定，可以将其视为第一顺序继承人并分得适当遗产。高某翔虽没有赡养祖父母的法定义务，但其能专职侍奉生病的祖父母多年直至老人病故，使得高某启、李某得以安享晚年，这正是良好社会道德风尚的具体体现，并足以让社会、家庭给予褒奖。而《民法典》第 1130 条规定的有扶养能力的继承人，不尽扶养义务的，应当不分或少分遗产，是对未尽到扶养义务的继承人的惩戒。故维持一审民事判决的第一项，即案涉房屋由高某翔继承。

2. 思政结合

继承制度体现了自然人的财富传承。继承权是一项重要的民事权利，是继承人依法享有的、能够无偿取得被继承人遗产的权利。[1]同时，继承权也在一定程度上体现了财产在不同主体间的流转关系，但同时又因其具有较强的人身专属性而不同于一般的财产关系的流转和变更。[2]在我国经济快速发展的今天，随着经济的迅猛发展，财产流动关系呈现出日趋多元化、复杂化的趋势。1958 年《继承法》已经不能满足现实生活中日益多元化的遗产继承的现实状况。因此，《民法典》对《继承法》进行修改、完善是大势所趋，从而可以适应现实生活中继承关系的需要。

就本案的具体案情来看，案件的争议焦点实际上主要有两个：其一是遗嘱继承与遗赠的效力问题；其二则是当遗嘱继承或遗赠无效时，如何按照法定继承的方式进行继承。[3]

---

〔1〕 王利明主编：《民法》（第 8 版·下册），中国人民大学出版社 2020 年版，第 459 页。

〔2〕 陈洁蕾主编：《法学课程思政教育教学案例（民商法卷）》，同济大学出版社 2022 年版，第 185 页。

〔3〕 陈洁蕾主编：《法学课程思政教育教学案例（民商法卷）》，同济大学出版社 2022 年版，第 185 页。

其一，本案中的遗嘱继承与遗赠的效力问题。从《民法典》的立法原意出发，遗嘱继承制度的设置主要是意思自治原则的具体体现，是充分尊重被继承人真实意思的体现。《民法典》第 1133 条规定："自然人可以依照本法规定立遗嘱处分个人财产，并可以指定遗嘱执行人。自然人可以立遗嘱将个人财产指定由法定继承人中的一人或者数人继承。自然人可以立遗嘱将个人财产赠与国家、集体或者法定继承人以外的组织、个人。自然人可以依法设立遗嘱信托。"相比于《继承法》的规定，《民法典》的这一规定，在遗嘱继承的范围上进行了适当延伸，具体表现为增加了遗嘱信托，使得法律规范的表述更为适当和灵活。

《民法典》第 1133 条第 1 款对遗嘱自由进行了立法上的肯定，也就是遗嘱人有权通过遗嘱对自己死后的财产进行处分，具体表现为遗嘱自由、撤销遗嘱自由、遗嘱方式自由等。第 2、3 款原则上对"遗嘱继承"与"遗赠"作出了明确的规定。应指出，尽管遗嘱继承与遗赠同为自然人对死后财产进行处理的一种形式，但两者之间却有着明显的差异。遗嘱继承的继承人可以是一名或者几名法定继承人，但是遗产继承的继承人必须是除法定继承人之外的组织或者个人。

根据《民法典》第 1127 条的规定，法定继承人的范围为配偶、子女、父母；兄弟姐妹、祖父母、外祖父母。在本案中，高某翔并非《民法典》第 1127 条所规定的法定继承人，其为被继承人高某启、李某的孙子女，属于法定继承人以外的其他主体。因此，此案并不适用遗嘱继承制度，而是应该适用遗赠的相关制度。

遗嘱继承与遗赠除受继承人和遗嘱继承人的范围不同之外，还须注意的是《民法典》第 1124 条对受继承人和遗嘱继承人接受或放弃继承、遗赠的规定也存在差异："继承开始后，继承人放弃继承的，应当在遗产处理前，以书面形式作出放弃继承的表示；没有表示的，视为接受继承。受遗赠人应当在知道受遗赠后六十日内，作出接受或者放弃受遗赠的表示；到期没有表示的，视为放弃受遗赠。"

本案中，关于代书遗嘱的效力，可基于其实质要件与形式要件作出认定。在实质要件方面，遗嘱成立和有效必须是在遗嘱人具备遗嘱能力的情况下设立，反之，无民事行为能力人或限制民事行为能力人实施的订立遗嘱行为无效（《民法典》第 1143 条）；遗嘱必须是遗嘱人的真实意思表示，在受欺诈、胁迫情形下所立的遗嘱无效（《民法典》第1143条）；遗嘱被篡改的，篡改的内容无效（《民法典》第1143条）；遗嘱所处分的财产需是遗嘱人的个人合法财产（《民法典》第1122条）；遗嘱应当为缺乏劳动能力又没有生活来源的继承人保留必要的遗产份额（《民法典》第1141条）；遗嘱作为法律行为，还应当遵循不违反法律、行政法规的强制性规定，不违背公序良俗的限制（《民法典》第143条第3款）。从形式要件上来说，遗嘱作为一种要式法律行为，其应当采用法律规定的形式，包括自书遗嘱、代书遗嘱、打印遗嘱、录音录像遗嘱、口头遗嘱、公证遗嘱。[1]

本案中，遗嘱人所采用的遗嘱方式为代书遗嘱。《民法典》第1135条规定，代书遗嘱应当有两个以上见证人在场见证，由其中一人代书，并由遗嘱人、代书人和其他见证人签名，注明年、月、日。特别应当注意的是，根据《民法典》第1140条第3款的规定，与继承人、受遗赠人有利害关系的人不能作为遗嘱见证人。本案中，代书人刘某系高某翔之妻，且代书遗嘱时二人处于恋爱状态，故代书人刘某与受遗赠人高某翔应被认定为有利害关系，刘某并不能作为遗嘱见证人。因此，此代书遗嘱应被认定为无效，应依法定继承进行。所以，原审判决确认"代书遗嘱有效"存在适用法律错误。

其二，根据《民法典》第1127条的规定，继承开始后，由第一顺序继承人继承，第二顺序继承人不继承；没有第一顺序继承人继承的，由第二顺序继承人继承。本案中，被继承人存在第一顺序继承人，即高甲、高乙、高丙和高戊四人，按照法定继承顺序，应当由其四人继承被继承人之遗产。根据《民法典》第1131条的规定，对继承人以外的依靠被继承人扶养的人，或者继承人以外的对被继承人扶养较多的人，可以分给适当的遗产。因此，高某翔对被继承人尽到了主要的生养死葬的扶助行为，分得适当遗产符合法律的规定。

但焦点问题是，对"适当"的含义应作何种理解，能否将房子全部过户到高某翔的名下。二审法院认定，"适当分配遗产"并非指"适度分割"，而是指遗产分配应当与不具有赡养义务的继承人所实施的扶养行为相适应，并相对于其他负有赡养责任的继承人承担的赡养义务而言的适当比例。根据

---

[1]　陈洁蕾主编：《法学课程思政教育教学案例（民商法卷）》，同济大学出版社2022年版，第186页。

《民法典》第 1130 条的规定，对被继承人尽了主要扶养义务或者与被继承人共同生活的继承人，分配遗产时，可以多分。有扶养能力和有扶养条件的继承人，不尽扶养义务的，分配遗产时，应当不分或者少分。结合本案的具体案情来看，高某翔确不存在对祖父母的法定赡养义务，但其在高某启患病卧床期间专职照顾和赡养其祖父母，其承担的扶养义务应远大于其他继承人。因此，将全部遗产分配给高某翔才能与其在专心照顾和扶养祖父母的巨大付出相适应。这一规定是关于继承人以外的人酌情分得遗产的制度，反映了继承制度在立法上对积极赡养老人这一传统美德的赞扬和鼓励。但是，在学界，"适当"一词的含义却存在着分歧。有意见认为，请求权人并非法定继承人，其所继承的份额不应超过继承人的应继份。还有一种看法是，请求权人继承的份额可以超过或者低于被继承人的继承份额，但是要根据实际情况来确定数额。参考《最高人民法院关于贯彻执行〈中华人民共和国继承法〉若干问题的意见》第 31 条规定，酌情分得遗产的数量，"按具体情况可多于或少于继承人"。[1]

应该说，继承涉及的不仅仅是各主体之间财产关系的变更，还涉及家庭伦理、社会道德规范。继承人应该本着互谅互让、团结和睦的心态，化解彼此的误解，主动修补亲情，共同弘扬优良的家风。二审法院的判决客观、合理地考虑了高某翔在赡养祖父母方面的巨大付出，秉着弘扬社会道德风尚的价值观念，对主动积极尽到赡养义务的家庭成员应予以适当鼓励和肯定，从而作出高某翔享有第一顺位继承权这一最公正合理的判决，体现了情理与法理的有机融合，弘扬了团结友爱、中华孝道、诚实守信、公平公正等优秀传统美德，是践行社会主义核心价值观的具体体现。

3. 思考讨论

通过阅读案例，请各位同学思考并回答以下问题：

（1）阅读案例，并思考本案的争议焦点有哪些？

（2）本案一审判决结果是否合理？请说说你的观点和理由。

（3）本案二审判决结果是如何体现优秀传统文化和社会主义核心价值的？说说你的看法。

---

〔1〕 最高人民法院民法典贯彻实施工作领导小组主编：《中华人民共和国民法典婚姻家庭编继承编理解与适用》，人民法院出版社 2020 年版，第 548 页。

第十一章
《刑事诉讼法》课程思政教学设计

刘树国[1]

一、课程简介和思政建设目标

（一）课程简介

刑事诉讼法学是以刑事诉讼法作为研究对象的重要学科。《刑事诉讼法》课程是高校法学专业的必修课程，不论是在 1998 年初次确立的法学专业 14 门核心课程体系中还是在随后修正的 16 门核心课程体系中，抑或是现行的"1+10+X"核心课程体系中，均居于重要地位。刑事诉讼法是与宪法联系最密切的基本法律，最直接地反映了国家基本刑事司法制度及其运作程序，平衡着保障人权与遏止犯罪之间的关系；也是宪法保障公民人身权利和自由条款的具体体现，在法学领域素有"小宪法"之称。其对于全面依法治国战略的实现具有不可替代的作用。

《刑事诉讼法》课程的内容特色决定了开展课程思政的地位优势。在法学专业的所有课程中，《刑事诉讼法》的内容在国家权力与公民个人权利的对抗

[1] 刘树国，内蒙古赤峰人，四川民族学院法学院副教授，主要讲授《刑法学》《刑事诉讼法学》。该部分系四川民族学院 2021 年校级"课程思政"示范课程项目——刑事诉讼法（编号：kcszsfkc211）、四川民族学院 2021-2023 年高等教育人才培养质量和教学改革项目—"思政"元素与刑事诉讼法教学融合研究（编号：JG202113）、2020 年四川民族学院"课程思政"示范教学团队（刑事法学教学团队）（Szkcsfjxtd01）、2020 年四川省高校省级"课程思政"示范教学团队（刑事法学教学团队）的阶段性成果。

方面体现得最为明显，也是最体现人权保障特色的法律课程。[1]德国学者认为，刑罚是国家对国民自由的侵害方式中最为严峻的一项，因此被视为最受争议的一项……在法律上所做之利益权衡正象征性地说明了在一般公共事务中考量国家与个人间的关系时，刑事诉讼法就成了国家基本法的"测震器"。[2]习近平总书记曾多次强调"努力让人民群众在每一个司法案件中感受到公平正义"，而刑事司法对公平正义的体现最为直观和强烈，因此无论是从课程本身的属性来看，还是从司法实践来看，刑事诉讼法都具有天然的课程思政优势。

（二）思政建设目标

《刑事诉讼法》"课程思政"的教学目标是在教学过程中，结合刑事诉讼法学的学科特征，既让学生掌握专业知识与实务技能，又引导学生以独立、客观、公正、全面的程序正义观为主线，对诉讼权利予以尊重与保障。根据不同知识点所涵盖的思想道德修养、职业道德素养等思政教育元素，实现思想政治教育与法学专业教育的有机统一。具体而言：

（1）使学生掌握刑事诉讼的基本知识和基本理论，熟悉刑事诉讼的基本原理、基本制度和程序，熟悉刑事诉讼法律条文，领会刑事诉讼的基本精神，树立诉讼公正、民主的现代法律意识，树立公平正义的法律精神。

（2）通过问题导向，引导学生对社会热点案例进行分析思考，使学生具备在今后的司法工作或法律服务工作中分析问题和解决问题的能力。

（3）引导学生关注社会生活、关注伦理道德等，使学生学会正确的价值判断方法，从而逐步形成科学的价值观。

（4）培养学生崇尚法律、法律至上的理念，使其具备良好的职业道德和职业操守。

（5）培养学生的家国天下情怀，践行社会主义核心价值观，坚定"四个自信"，具备对法学前沿理论的洞察能力和对法治建设发展趋势的判断能力，使学生成为政治合格、专业过硬、德法兼修、德才兼备的适应时代需要的合格法治人才。

---

〔1〕 黄豹：《"刑事诉讼法学"开展课程思政的优势》，载《西部素质教育》2022年第8期，第68页。

〔2〕 ［德］克劳思·罗科信：《刑事诉讼法》（第24版），吴丽琪译，法律出版社2003年版，第13页。

二、课程思政元素挖掘与融入

（一）课程思政元素挖掘与分析

1. 将马克思主义法学理论与刑事诉讼法学教学相融合

《刑事诉讼法》课程以"马工程"重点教材为教学用书，将马克思主义法治理论及其在中国的实践与成果作为课程思政内容挖掘的重点，用多种教学手段将其融入授课。如通过讲授马克思、恩格斯的刑事诉讼观使学生理解马克思、恩格斯关于刑事诉讼的基本立场、观点、方法，引导学生树立正确的价值观；客观分析现实法治问题，形成正确的中国特色社会主义法治体系价值认知，坚定中国法律制度自信。

2. 将中国传统文化与刑事诉讼法学教学相融合

法律是一种动态的文化现象。[1]文化不仅具有时代性，更具有民族性，各民族的文化都有自己的长处，也有自己的短处。在从事文化研究的过程中，既不可用自己的长处比别人的短处，也不可用自己的短处比别人的长处，而实际情况往往不是这样。一个先进、强盛因而充满自信的民族更容易看到自己的长处，看不到自己的短处，甚至把短处也看成长处；更容易看到别人的短处，看不到别人的长处，甚至把长处也看成短处。这种"强者政策"要不得。但是，与之相反的"弱者政策"即一个落后的、贫弱的民族更容易看到自己的短处，看不到自己的长处，甚至把长处也看成短处；更容易看到别人的长处，看不到别人的短处，甚至把短处也看成长处更要不得。如果一个本已落后的民族再把自己的文化贬得一无是处，甚至主张用外民族的文化完全取代自己的文化，那就必然会大大挫伤民族的自信心和自尊心，大大损害民族文化在民族认同方面的力量。[2]在国家的制度建设中，没有最好的制度，只有更好的制度。"一般而言，法是人类的理性，因为它治理着地球上的所有民族。各国的政治法和公民法只不过是人类理性在各个具体场合的实际应用而已。这些法律应当量身定做，仅仅适用于特定的国家；倘若一个国家的法律适用于另一个国家，那是罕见的巧合。"[3]所以，要深入理解一个国家的法

---

〔1〕 ［英］马林诺夫斯基：《原始社会的犯罪与习俗》，原江译，法律出版社 2007 年版，第 94 页。
〔2〕 张岱年、程宜山：《中国文化精神》，北京大学出版社 2015 年版，第 9~11 页。
〔3〕 ［法］孟德斯鸠：《论法的精神》，许明龙译，商务印书馆 2012 年版，第 15 页。

律制度，当先了解其文化精髓。

我国刑事诉讼的基本理念、基本制度、基本程序或多或少莫不受到传统文化的影响。如在讲授刑事和解时，要让学生明白，刑事和解制度并非单纯的"舶来品"，我国一直有"和为贵"的"和合"文化传统，这一制度得以广泛推行，更主要的是受到传统文化习俗的影响，刑事和解所蕴含的"和谐"的价值观与我国的传统文化不谋而合。因此，应当深挖中华优秀传统文化，梳理中国法治文化发展脉络，将传统文化中的优秀因子蕴于课程教学之中并发扬光大，发挥思想政治引导和道德教育的作用，从而坚定中国法律文化自信。

3. 将时代主题与刑事诉讼法学教学相融合

在社会主义核心价值观的基本内容中，"富强、民主、文明、和谐"是国家层面的价值目标，"自由、平等、公正、法治"是社会层面的价值取向，"爱国、敬业、诚信、友善"是公民个人层面的价值准则。中共中央办公厅、国务院办公厅于 2016 年 12 月 25 日印发的《关于进一步把社会主义核心价值观融入法治建设的指导意见》明确指出，"用司法公正引领社会公正""司法是维护社会公平正义的最后一道防线，司法公正对社会公正具有重要引领作用。要全面深化司法体制改革，加快建立健全公正高效权威的社会主义司法制度，确保审判机关、检察机关依法独立公正行使审判权、检察权，提供优质高效的司法服务和保障，努力让人民群众在每一个司法案件中都感受到公平正义，推动社会主义核心价值观落地生根"。法律具有指引和教育作用，让社会主义核心价值观落地生根，引领社会公平正义，就需要公正司法。刑事诉讼是司法的首要领域，每一个案件都牵动着社会稳定和公平正义的神经。[1]

刑事诉讼法的性质蕴含着依法治国战略的要求。程序公正是依法治国的基本国策在诉讼法领域的体现，无程序保障的法律不是公正的法律。刑事诉讼法所规定的诉讼原则、诉讼结构、程序制度体现着程序本身的民主、法治、人权精神，也可以反映出我国刑事司法制度的进步、文明程度，是衡量社会公正的一个极为重要的指标。刑事诉讼法中的回避、审判公开、死刑复核等制度无不体现着程序正义。又如，认罪认罚从宽程序是顺应我国现阶段刑事

---

〔1〕 樊崇义：《让刑事诉讼法融入社会主义核心价值观》，载《人民法治》2017 年第 2 期，第84 页。

犯罪结构变化和刑事诉讼制度发展规律的司法制度，是对我国传统刑事诉讼程序的突破与创新，"有利于更好实现司法公正与效率的统一，有力推进了国家治理体系和治理能力现代化，是中国特色社会主义刑事司法制度的重大完善，也丰富了刑事司法与犯罪治理的'中国方案'"。[1]刑事和解程序则蕴含着我国和合文化的传统，也体现了"和谐"这一社会主义核心价值观的基本诉求。对这些思政要素深入挖掘，有利于学生树立制度自信、文化自信。

所以，在课程思政的时代背景之下，应当将专业知识的传授放到中国特色社会主义法治建设的理论体系、法治文化、道德观念和价值观念视角下，从《刑事诉讼法》的立法目的、基本理念、基本原则以及（如辩护、证据、强制措施等）各项具体的制度中发掘思政教育的元素与内涵，发掘和充实社会主义核心价值观、为人处事的基本道理、职业道德以及民族复兴的理想和社会责任感等思政元素。[2]

4. 将法学专业特征及职业要求与刑事诉讼法学教学相融合

"法学乃'正义'之学，法学教育本身就是对意识形态领域的塑造和完善，其背后承载的不仅仅是知识的创新以及专业素养的培育，还应当包括对国家人文精神和主流价值观的号召。"[3]《法学类教学质量国家标准（2021年版）》提出："法学类专业人才培养要坚持立德树人、德法兼修，适应建设中国特色社会主义法治体系、建设社会主义法治国家的实际需要。培养德才兼备，具有扎实的专业理论基础和熟练的职业技能、合理的知识结构，具备依法执政、科学立法、依法行政、公正司法、高效高质量法律服务能力与创新创业能力，坚持中国特色社会主义法治体系的复合型、应用型、创新型法治人才及后备力量。"其要求法学教育中的教学设计、教学方法的选择和应用、教学资源的保障等都要围绕"立德树人，德法兼修，培养大批高素质法治人才"这一教育教学目标展开，要求法学教师做到"一课双责"，既要做专业知识的传授者，更要做爱党、爱国、爱社会主义，弘扬社会主义核心价值观的引导人。基于此，在刑事诉讼法学专业教学中，应注重学生专业理论基础和

〔1〕 张军：《认罪认罚从宽：刑事司法与犯罪治理"中国方案"》，载《人民论坛》2020年第30期，第6页。

〔2〕 陈文彬：《法学课程"课程思政"教学改革探索——以〈刑事诉讼法〉为例》，载《北京政法职业学院学报》2021年第1期，第100~101页。

〔3〕 沃耘：《高校法学"课程思政"教育教学改革路径与对策》，载《天津日报》2019年3月4日。

职业技能的提升，有针对性地挖掘课程所蕴含的公正、平等、诚实信用等育人元素，增强课程育人的针对性和实效性，提升学生职业发展能力。

（二）课程思政融入点

教学内容	专业知识点	思政元素	典型案例
刑事诉讼基本原理	刑事诉讼的目的和任务 刑事诉讼的基本原则 主要有： 1. 侦查权、检察权、审判权由专门机关依法行使 2. 人民法院、人民检察院依法独立行使职权 3. 依靠群众 4. 以事实为根据，以法律为准绳 5. 对于一切公民，在适用法律上一律平等 6. 人民法院、人民检察院公安机关分工负责、互相配合、互相制约、互相监督 7. 人民检察院依法对刑事诉讼实行法律监督 8. 各民族公民有权用本民族语言文字进行诉讼 9. 犯罪嫌疑人、被告人有权获得辩护 10. 未经人民法院依法判决，对任何人都不得确定有罪	1. 爱国 2. 平等 3. 公正 4. 法治 5. 和谐	张某闯等 52 人电信网络诈骗案（检例第 67 号）
刑事诉讼基本制度	1. 管辖制度 2. 回避制度 3. 辩护与代理制度 4. 证据制度 5. 强制措施	1. 公正 2. 民主 3. 法治 4. 敬业 5. 正义	张某、张某平申诉案
刑事诉讼程序制度	1. 侦查程序 2. 起诉程序 3. 审判程序 4. 死刑复核程序 5. 审判监督程序 6. 执行程序 7. 特别程序	1. 文明 2. 和谐 3. 公正 4. 法治 5. 正义	李某诈骗、传授犯罪方法牛某等人诈骗案（检例第 105 号）

三、教学设计基本思路与措施

(一) 教学设计基本思路

《刑事诉讼法》课程思政不是一时思政，也不是某一个具体知识点的思政，而是贯穿于学科始终，因此整体思路是：坚持"三全育人"原则，使学生全员、全过程、全方位地参与课程思政建设，坚持课内课外"两手抓"。具体而言：

第一，宏观定位。将对专业知识的传授放到中国特色社会主义法治建设的理论体系、法治文化、道德观念和价值观念视角下，从刑事诉讼法的立法目的、基本理念、基本原则以及（如辩护、证据、强制措施等）各项具体的制度中发掘思政教育的元素与内涵，发掘和充实社会主义核心价值观、为人处事的基本道理和职业道德，以及民族复兴的理想和社会责任感等思政元素。

第二，微观入手。坚持学生主体性原则。课程思政的目标是实现育人，学生既是教育的对象，也是教育的目标。课程思政效果的好坏，最重要的体现主体是学生，课程思政的教学改革应当围绕学生这一主体进行。在进行课程思政的教学实践时，应充分引导和调动学生的积极性和参与性，学生不再是被说教的对象；学生对于思政教育不能是被迫接受的，否则便无法触动其内心，更无法塑造其外部行为。而没有实践的思政，其效果必然大打折扣。因此，教师应通过课外任务，让学生去发现每一个知识点所蕴含的思政要素和价值，并进行提炼、形成专题，让学生真正体会思政要素之于专业学习的意义。

(二) 措施与方法（专题化教学方法之实施）

1. 基本做法

任课教师在行课之前即应对刑事诉讼法学的学科性质、课程特点、教学目的、人才培养目标进行全方位的分析梳理，将课程思政作为教学内容进行整体设计。设定适合的专题，让学生于课外分组讨论，再将讨论结果进行课堂展示，由教师进行点评，将学生的参与情况纳入平时的成绩考核。在此过程中，要充分调动学生参与的积极性，多数内容在课外完成，课上只进行成果展示和教师点评。

2. 具体流程

课前任务
任课教师先行对本学科的课程思政要素进行挖掘、分析,结合教学目标需要,设定本学科课程思政的专题,于开课之初即布置学生分组讨论,便于学生充分高效完成。

学生分组讨论
要求既要学习相关理论,又要研析相关案例,形成专题讨论稿,制作专题课件,以备向全体同学展示。

课堂展示
每组同学派出代表,将本组讨论成果向任课教师和全体同学分享、展示,接受师生的质询。对课堂展示进行录像,形成雨课堂等线上教学资料。(学期中后段进行)

课程思政考核
根据每组同学的表现、参与度和在专题讨论中所发挥的作用进行打分,将分数融入到学科的期末考核中,通过量化性的考核,进一步提高学生对课程思政的参与度。

教师点评
教师对每组同学的课程思政作业进行点评,肯定成绩,指出不足,引导学生充分理解《刑事诉讼法》课程思政的意义。

3. 基本经验

第一,专题化教学模式更容易实现"以学生为中心"的教学理念。就施教端而言,专题化教学模式的核心在于专题设置的适恰性。就受教端而言,核心在于每个专题的成效性,这就需要学生主动参与,学习党和国家的大政方针、法治理论、历史文化,了解国情社情,关注国计民生,通过专题的讨论学习,促成专业学习从"是什么"向"为什么""怎么做"转变,在潜移默化中提高法律素养、提升道德情操。

第二,专题化教学模式可以有效克服法学课程思政的"孤岛化""两张皮"现象。课程思政不仅是教师的思政,更是学生的思政。刑事诉讼法专题化教学模式将对专业知识的传授放到中国特色社会主义法治建设的理论体系、法治文化、道德观念和价值观念的视角下,从《刑事诉讼法》的立法目的、基本理念、基本原则以及（如辩护、证据、强制措施、诉讼程序等）各项具体的制度中发掘思政教育的元素与内涵，宏观架构、微观入手，以"面"带"点"、"点""面"结合，充分调动学生的主观能动性，让学生在主动学习中感悟为人处世的基本道理，感悟党和国家的大政方针、人文情怀，感悟社会主义法律制度的优越性，坚定"四个自信"，深化民族复兴的伟大理想和社会责任感，从而有效克服法学课程思政的"孤岛化""两张皮"现象。

四、教学设计典型案例展示

（一）知识点概况

刑事诉讼法的任务是保证准确、及时地查明犯罪事实，正确应用法律，惩罚犯罪分子，保障无罪的人不受刑事追究，教育公民自觉遵守法律，积极同犯罪行为作斗争，维护社会主义法制，尊重和保障人权，保护公民的人身权利、财产权利、民主权利和其他权利，保障社会主义建设事业的顺利进行。证据是诉讼的核心与灵魂，是指可以用于证明案件事实的一切材料，证据应当具有合法性、客观性、关联性，在证明案件事实时，应当做到事实清楚、证据确实充分。辩护权是犯罪嫌疑人、被告人应有的权利，在刑事诉讼中，人民法院、人民检察院、公安机关等刑事司法机关应当充分保障犯罪嫌疑人、被告人的辩护权。

（二）教学思路

以专题化教学模式统括各种教学方法。例如，《刑事诉讼法》课程行课之初，任课教师可以在系统梳理《刑事诉讼法》课程思政要素的基础上，针对课程思政内容设定四个专题：专题一，"努力让人民群众在每一个司法案件中感受到公平正义"的刑事诉讼价值分析；专题二，尊重和保障人权之于刑事诉讼的意义；专题三，社会主义核心价值观与刑事诉讼的关系；专题四，如何从我国刑事诉讼制度中理解"四个自信"。专题的设定从宏观入手，专题的完成则需要微观融入。将学生分为四个小组，由学生在讨论展示过程中自行完成。在专题讨论中，可以综合运用案例分析法、故事教学法、比较分析法、专题讨论法等法学教学常用的教学方法，使得抽象的专题具体化。同时，设置科学、合理的考核机制，确保学生参与其中，从而达成课程思政效果。

（三）课程思政设计

1. 课程引入

案例：张某闵等 52 人电信网络诈骗案[1]

2015 年 6 月至 2016 年 4 月间，被告人张某闵等 52 人先后在印度尼西亚共和国和肯尼亚共和国参加对中国大陆居民进行电信网络诈骗的犯罪集团。在实施电信网络诈骗过程中，各被告人分工合作，其中部分被告人负责利用电信网络技术手段对大陆居民的手机和座机电话进行语音群呼，群呼的主要内容为"有快递未签收，经查询还有护照签证即将过期，将被限制出境管制，身份信息可能遭泄露"等。当被害人按照语音内容操作后，电话会自动接通冒充快递公司客服人员的一线话务员。一线话务员会以帮助被害人报案为由，在被害人不挂断电话时，将电话转接至冒充公安局办案人员的二线话务员。二线话务员会向被害人谎称"因泄露的个人信息被用于犯罪活动，需对被害人资金流向进行调查"，欺骗被害人转账、汇款至指定账户。如果被害人对二线话务员的说法仍有怀疑，二线话务员会将电话转给冒充检察官的三线话务员继续实施诈骗。

至案发，张某闵等被告人通过上述诈骗手段骗取了 75 名被害人钱款共计人民币 2300 余万元。

［指控与证明犯罪］

1. 介入侦查引导取证

2016 年 5 月，北京市人民检察院第二分院经指定管辖本案，并应公安机关邀请，介入侦查引导取证。

鉴于肯尼亚在遣返犯罪嫌疑人前已将起获的涉案笔记本电脑、语音网关（指能将语音通信集成到数据网络中实现通信功能的设备）、手机等物证移交我国公安机关，为确保证据的客观性、关联性和合法性，检察机关就案件证据需要达到的证明标准以及涉外电子数据的提取等问题与公安机关沟通，提出提取、恢复涉案的 Skype 聊天记录、Excel 和 Word 文档、网络电话拨打记录清单等电子数据，并对电子数据进行无污损鉴定的意见。在审查电子数据的过程中，检察人员与侦查人员在恢复的 Excel 文档中找到了多份"返乡订票

---

〔1〕 参见检例第 67 号。

记录单"以及早期大量的 Skype 聊天记录。依据此线索，查实部分犯罪嫌疑人在去肯尼亚之前曾在印度尼西亚两度针对中国大陆居民进行诈骗，诈骗数额累计达 2000 余万元人民币。随后，11 名曾在印度尼西亚参与张某闵团伙实施电信诈骗，未赴肯尼亚继续诈骗的犯罪嫌疑人陆续被缉捕到案。至此，张某闵案 52 名犯罪嫌疑人全部到案。

2. 审查起诉

审查起诉期间，在案犯罪嫌疑人均表示认罪，但对其在犯罪集团中的作用和参与犯罪数额各自作出辩解。

经审查，北京市人民检察院第二分院认为，现有证据足以证实张某闵等人利用电信网络实施诈骗，但案件证据还存在以下问题：一是电子数据无污损鉴定意见的鉴定起始基准时间晚于犯罪嫌疑人归案的时间近 11 个小时，不能确定在此期间电子数据是否被增加、删除、修改。二是被害人与诈骗犯罪组织间的关联性证据调取不完整，无法证实部分被害人系本案犯罪组织所骗。三是我国台湾地区警方提供的我国台湾地区犯罪嫌疑人的出入境记录不完整，北京市公安局出入境管理总队出具的出入境记录与犯罪嫌疑人的供述等其他证据不尽一致，现有证据不能证实各犯罪嫌疑人参加诈骗犯罪组织的具体时间。

针对上述问题，北京市人民检察院第二分院于 2016 年 12 月 17 日、2017 年 3 月 7 日两次将案件退回公安机关补充侦查，并提出以下补充侦查意见：一是通过中国驻肯尼亚大使馆确认抓获犯罪嫌疑人和外方起获物证的具体时间，将此时间作为电子数据无污损鉴定的起始基准时间，对电子数据重新进行无污损鉴定，以确保电子数据的客观性。二是补充调取犯罪嫌疑人使用网络电话与被害人通话的记录、被害人向犯罪嫌疑人指定银行账户转账汇款的记录、犯罪嫌疑人的收款账户交易明细等证据，以准确认定本案被害人。三是调取各犯罪嫌疑人护照，由北京市公安局出入境管理总队结合护照，出具完整的出入境记录，补充讯问负责管理护照的犯罪嫌疑人，核实部分犯罪嫌疑人是否中途离开过诈骗窝点，以准确认定各犯罪嫌疑人参加犯罪组织的具体时间。补充侦查期间，检察机关就补侦事项及时与公安机关加强当面沟通，落实补证要求。与此同时，检察人员会同侦查人员共赴国家信息中心电子数据司法鉴定中心，就电子数据提取和无污损鉴定等问题向行业专家咨询，解决了无污损鉴定的具体要求以及提取、固定电子数据的范围、程序等问题。

检察机关还对公安机关以《司法鉴定书》记录电子数据勘验过程的做法提出意见，要求将《司法鉴定书》转化为勘验笔录。通过上述工作，全案证据得到进一步完善，最终形成了补充侦查卷21册，为案件的审查和提起公诉奠定了坚实基础。

3. 出庭指控犯罪

2017年4月1日，北京市人民检察院第二分院根据犯罪情节，对该诈骗犯罪集团中的52名犯罪嫌疑人作出不同处理决定。对张某闵等50人以诈骗罪分两案向北京市第二中级人民法院提起公诉，对另2名情节较轻的犯罪嫌疑人作出不起诉决定。7月18日、7月19日，北京市第二中级人民法院公开开庭审理了本案。

庭审中，50名被告人对指控的罪名均未提出异议，部分被告人及其辩护人主要提出以下辩解及辩护意见：一是认定犯罪集团缺乏法律依据，应以被告人实际参与诈骗成功的数额认定其犯罪数额。二是被告人系犯罪组织雇佣的话务员，在本案中起次要和辅助作用，应认定为从犯。三是检察机关指控的犯罪金额证据不足，没有形成完整的证据链条，不能证明被害人是被告人所骗。

针对上述辩护意见，公诉人答辩如下：

第一，该犯罪组织以共同实施电信网络诈骗犯罪为目的而组建，首要分子虽然没有到案，但在案证据充分证明该犯罪组织在首要分子的领导指挥下，有固定人员负责窝点的组建管理、人员的召集培训，分工担任一线、二线、三线话务员，该诈骗犯罪组织符合刑法关于犯罪集团的规定，应当被认定为犯罪集团。

第二，在案证据能够证实二线、三线话务员不仅实施了冒充警察、检察官接听拨打电话的行为，还在犯罪集团中承担组织管理工作，在共同犯罪中起主要作用，应被认定为主犯。对从事一线接听拨打诈骗电话的被告人，已作区别对待。该犯罪集团在印度尼西亚和肯尼亚先后设立3个窝点，参加过2个以上窝点犯罪的一线人员属于积极参加犯罪，在犯罪中起主要作用，应被认定为主犯；仅参加其中一个窝点犯罪的一线人员，参与时间相对较短，实际获利较少，可被认定为从犯。

第三，本案认定诈骗犯罪集团与被害人之间关联性的证据主要有：犯罪集团使用网络电话与被害人电话联系的通话记录；犯罪集团的Skype聊天记录提到了被害人姓名、居民身份号码等个人信息；被害人向被告人指定银行账户转账汇款的记录。起诉书认定的 75 名被害人至少包含上述一种关联方式，实施诈骗与被骗的证据能够形成印证关系，足以认定 75 名被害人被本案诈骗犯罪组织所骗。

[处理结果]

2017 年 12 月 21 日，北京市第二中级人民法院作出一审判决，认定被告人张某闵等 50 人以非法占有为目的，参加诈骗犯罪集团，利用电信网络技术手段，分工合作，冒充国家机关工作人员或其他单位工作人员，诈骗被害人钱财，各被告人的行为均已构成诈骗罪。其中，28 人系主犯、22 人系从犯。法院根据犯罪事实、情节并结合各被告人的认罪态度、悔罪表现，对张某闵等 50 人判处 15 年至 1 年 9 个月不等的有期徒刑，并处剥夺政治权利及罚金。张某闵等部分被告人以量刑过重为由提出上诉。2018 年 3 月，北京市高级人民法院二审裁定驳回上诉，维持原判。

2. 思政结合

电信网络诈骗犯罪，大都涉案人员众多、组织严密、层级分明、各环节分工明确，取证困难，危害面广。在本案的证据审查过程中，检察院着重审查了证据的合法性和客观性。

在合法性上：一是审查是否符合我国刑事诉讼法的相关规定。二是对基于有关条约、司法互助协定、两岸司法互助协议或通过国际组织委托调取的证据，审查相关办理程序、手续是否完备，取证程序和条件是否符合有关法律文件的规定。三是对委托取得的境外证据，在移交过程中审查过程是否连续、手续是否齐全、交接物品是否完整、双方的交接清单记载的物品信息是否一致、交接清单与交接物品是否一一对应。四是对当事人及其辩护人、诉讼代理人提供的来自境外的证据材料，审查其是否按照条约等相关规定办理了公证和认证，并经我国驻该国使、领馆认证。

在客观性上：一是审查了电子数据存储介质的真实性。通过审查存储介质的扣押、移交等法律手续及清单，核实电子数据存储介质在收集、保管、鉴定、检查等环节是否保持了原始性和同一性。二是审查电子数据本身是否客观、真实、完整。通过审查电子数据的来源和收集过程，核实电子数据是否系从原始存储介质中提取，收集的程序和方法是否符合法律和相关技术规范。对从境外起获的存储介质中提取、恢复的电子数据应当进行无污损鉴定，将起获设备的时间作为鉴定的起始基准时间，以保证电子数据的客观、真实、完整。三是审查电子数据内容的真实性。通过审查在案言词证据能否与电子数据相互印证、不同的电子数据间能否相互印证等，核实电子数据包含的案件信息能否与在案的其他证据相互印证。

本案的取证和证据审查工作量极大，公安司法机关依然做到了事实清楚、证据确实充分，彰显了国家惩罚犯罪保护人民的决心和意志。对于人民群众人身权利、财产权利的保护是最大的人权保护，也是人民群众最需要的公平正义。本案的审判过程公开、公平、公正，充分保证了犯罪嫌疑人、被告人的辩护权。在实体处理上，主从犯区分合理、宽严相济，做到了以事实为根据，以法律为准绳。

通过本案的讲解，使学生明白，作为司法工作人员，需要具备扎实的专业技能、坚定的理想信念和深厚的家国情怀，方能让国家放心、让群众满意。

3. 思考讨论

结合刑事司法案例谈一谈社会主义核心价值观与刑事诉讼的关系。

第十二章
《民事诉讼法》课程思政教学设计

给让道吉[1]

一、课程简介和思政建设目标

（一）课程简介

《民事诉讼法》是法学专业的基础核心课程，面向大三本科生开设。本课程的授课内容以马克思主义世界观和方法论、中国特色社会主义核心价值观、习近平法治思想等为价值引领，巧用案例引导，践行"以学生为中心"的教学范式，推进"线上-线下"混合式教学方法，促进对学生学习能力和实践能力的培养。课程从掌握民事诉讼程序原理入手，以提升法律实践能力为重点、以塑造马克思主义正确价值观为主线，将知识传授与价值引领相结合，从而培养具有科学的民事程序观、公正严明的法律道德操守、扎实掌握民事诉讼系统知识、能够解决实际问题的高素质法学人才队伍。

（二）思政建设目标

1. 帮助学生牢固树立马克思主义的科学世界观和方法论

《民事诉讼法》课程可以使学生认识到我国民事诉讼法学以马克思主义哲学为世界观和方法论，让学生能够运用辩证唯物主义和历史唯物主义来分析民事诉讼现象、揭示民事诉讼规律、解决民事诉讼问题、评价民事诉讼程序制度、塑造民事诉讼文化。

---

〔1〕 给让道吉，甘肃迭部人，四川民族学院法学院助教，主要讲授《法律逻辑学》《民事诉讼法学》。

2. 使学生始终坚持马克思主义的基本立场

马克思主义的基本立场是我国民事诉讼法学的根本立足点和出发点。马克思主义的基本立场是始终站在无产阶级和人民大众的立场上，一切为了人民、一切依靠人民，全心全意为人民谋利益。这一基本立场是我国民事诉讼法学的根本立足点和出发点。因此，本课程注重引导学生在分析民事诉讼现象、认识民事诉讼规律、解决民事诉讼问题、评价民事诉讼程序制度方面，始终坚持最大限度地满足人民群众对于社会公平正义的期待和要求，确保民事诉讼的结果符合"努力让人民群众在每一个司法案件中感受到公平正义"的基本立场。

3. 引导学生在实践中塑造中国精神和社会主义法治理念

坚持实事求是、群众路线和独立自主的立场、观点与方法，帮助学生树立司法为民、司法便民的程序意识，使学生在具体案件中重证据、重调查研究、不轻信口供；在邓小平理论的指引下，使学生树立"以事实为根据、以法律为准绳"的实践观念；在科学发展观的指引下，帮助学生树立"以人为本"的程序精神；在习近平法治思想的指引下，使学生将"努力让人民群众在每一个司法案件中感受到公平正义"烙印在思想深处。通过坚持上述实践指引，以实现培养有理想、有道德、有担当、有职业伦理、专业素质过硬的优秀法律人才的课程目标。

二、课程思政元素挖掘与融入

（一）课程思政元素挖掘与分析

1. 将马克思主义世界观与方法论嵌入课程思政元素

《民事诉讼法》课程以"马工程"重点教材为教学用书，将马克思主义法治理论及其在中国的实践与成果作为课程思政内容挖掘的重点，用多种教学手段将其融入授课。

在辩证唯物主义和历史唯物主义相统一世界观的指引下，根据"一切从实际出发、实事求是"的基本原理，使学生对中国民事诉讼法学中公正与效率的关系、实体公正与程序公正关系等问题，基于中国国情形成对中国特色民事诉讼理论体系的深刻理解。

马克思主义哲学为我国民事诉讼法学提供了科学的方法论。在授课过程中，教师应引导学生在辩证唯物主义和历史唯物主义方法论的指引下，在民事诉讼法与民事实体法的关系问题上，从辩证唯物主义普遍联系、对立统一等观点出发，既反对程序工具论的程序虚无主义立场，又反对过于强调程序功能的唯程序论，坚持程序和实体相辅相成、相得益彰的均衡程序价值观。

2. 将中华传统诉讼观念与司法经验融入课程思政元素

中华传统文化中"以和为贵"的社会观念使我国民事诉讼法形成了"重视调解，调判结合"的特色，形成了新时代"枫桥经验"的特色制度模型。其在《民事诉讼法》课程中有充分的体现，丰富了本课程思政元素的内涵。如本课程"第九章、法院调解与诉讼和解"就充分体现了重视更有益于弥合分歧、恢复人情关系的调解的优秀传统文化因素。在民事诉讼具体课程中应当进一步挖掘中华优秀传统文化，梳理中华法治文化发展脉络，将传统文化中的优秀因子蕴于课程教学之中并发扬光大，发挥思想政治引导和道德教育的作用。

3. 课程思政元素与新时代主题相结合

在党的二十大会议上，习近平主席提出，加快建设公正高效权威的社会主义司法制度，努力让人民群众在每一个司法案件中感受到公平正义，弘扬社会主义法治精神，传承中华优秀传统法律文化，引导全体人民做社会主义法治的忠实崇尚者、自觉遵守者、坚定捍卫者。本课程通过分析典型案例，深挖专业理论知识与思政元素，践行法学教育提倡的理论与实践结合，培养学生对中国传统司法元素、中国司法现状与政策背景的正确认识。如在学习调解制度时，让学生探索、归纳、整理法院调解、人民调解、民间调解各自遵循的原则和程序，了解新时代"枫桥经验"、大调解机制、诉源治理等调解政策方向，以及其背后的中国司法传统与图景。

4. 课程思政元素与庭审观摩相结合

利用与地方法院的合作关系，带领学生参与线下真实的庭审现场，倾听法官对法院工作原则、过程、方法的讲解，使学生对民事诉讼基础理论的把握"从实践中来，到实践中去"，在真实的法庭环境中，对中国司法的程序与方法特色有更具深度的认识与价值认同。

5. 课程思政元素与法学人才职业精神塑造要求相结合

依据本校法学专业人才培养目标，《民事诉讼法》课程在教学中注重学生专业理论基础与职业技能的提升。有针对性地挖掘课程所蕴含的程序正义、司法为民等育人元素，增强课程育人的针对性和实效性，提升学生职业发展能力。

（二）课程思政融入点

序号	章节	专业知识点	思政元素	典型案例
1	第一章第三节	民事诉讼法的任务	公平正义、权利保护	金某诉某养老机构损害赔偿案
2	第二章第四节	民事诉讼价值	唯物辩证法、程序公正	村民私自上树摘果坠亡索赔案——李某某等人诉某村委会违反安全保障义务责任纠纷案
3	第二章第五节	民事诉讼模式	中国司法传统与特色	为取不义之财，打场"假官司"——熊某与熊某某、某实业公司建设工程分包合同纠纷案
4	第三章第二节	当事人平等原则	公平正义	某某公司与某某公司建设工程施工合同纠纷案
5	第三章第五节	诚信原则	诚信	吃"霸王餐"逃跑摔伤反向餐馆索赔案——马某诉佘某某、李某侵权责任纠纷案
6	第三章第六节	自愿合法调解原则	本土司法经验	重庆市万某建筑工程公司与曾某华买卖合同纠纷案
7	第三章第七、八节	民事检察监督原则、支持起诉原则	中国特色法治原则	符某东与北海某东物业开发有限责任公司所有权确认纠纷案
8	第四章第五节	公开审判制度	公平、公正、公开是司法公正的保障	杭州某某贸易有限公司与高某、杭州某某科技有限公司侵害商业秘密纠纷
9	第五章第一节	当事人概述	以人为本	阿卜杜勒·瓦某德诉中国某某航空股份有限公司航空旅客运输合同纠纷案
10	第六章第一节	管辖	人民司法	何某、郑某发、刘某莘与罗某铺、陈某昌、陈某莉、陈某春民间借贷纠纷案

序号	章节	专业知识点	思政元素	典型案例
11	第七章 第一节	证据的客观性	世界的物质性、物质决定意识	曹某方诉杨某奇、高某中等民间借贷纠纷案
12	第八章 第四节	证明标准	程序正义理念、科学立法	刘某诉陈某龙民间借贷纠纷案
13	第九章 第一节	法院调解的原则	制度自信、文化自信	来某某与李某某离婚纠纷调解案
14	第十章 第一节	期间与期日	司法权威、程序公正	陈某龙与陈某云、陈某清、赵某英承包地征收补偿费用分配纠纷案
15	第十一章 第二节	起诉与受理（立案登记制改革）	司法为民	范某军诉中国某某财产保险股份有限公司滁州市第一支公司保险合同纠纷案
16	第十二章 第一节	简易程序的特点	司法为民、司法便民	陈某妮诉金陵市梦某度假村人身损害赔偿案
17	第十三章 第一节	公益诉讼	革命英烈保护	董存瑞、黄继光英雄烈士名誉权纠纷公益诉讼案——杭州市西湖区人民检察院诉瞿某某侵害烈士名誉权公益诉讼案
18	第十四章 第一节	第二审程序	司法公正	成都市新都区顺源钢结构材料有限公司诉四川中成煤炭建设（集团）有限责任公司、刘某非买卖合同纠纷案
19	第十五章 第一节	再审程序	公平正义	六盘水某某矿业诉张某、黄某红股权纠纷案
20	第十九章 第一节	执行和解	以人民为中心	安徽省滁州市某某安装工程有限公司与湖北某某电气股份有限公司执行复议案

三、教学设计基本思路与措施

（一）教学设计基本思路

本课程在教学整体设计上，为解决学生先修课程专业知识量有限与民事诉讼法适用广泛性的矛盾，在课程整体教学设计上采用"混合式教学"方式，以学生为中心，以"学习通"为线上平台，围绕激发学生学习主动性，通过"课前线上预习自测""课中线下讲授研讨""课后线上巩固拓展"，形成"混合式+"的立体教学模式，在提升课堂教学效率的同时也为思政理念充分融入课堂教学赢得时间基础。在课程思政建设上，民事诉讼法作为程序法，研究以制度化的程序设计保障司法裁判中公平正义的实现。民事诉讼程序中每一个程序环节的设计均蕴含着民事诉讼基础理论与司法制约监督、社会公平正义法治保障制度的内在联系，是法学专业课程思政建设的重要基地。

（二）措施与方法

1. 创新案例教学方法，挖掘思政元素

案例教学法是法学专业课程中最常用的教学方法，不论是实体法课程还是程序法课程都非常重视案例在教学中的运用。也正因其在法学教育中的重要地位，在《民事诉讼法》课程中如何突破传统案例教学模式，实现教、学互长，是课程设计的关键。在法学课程中，传统案例教学往往以精简的形态出现，鉴于课程学时不足等客观原因，任课教师也往往愿意用"短小精干"、直指教学知识点的典型案例作为授课辅助。此种案例教学模式能令学生直接、快速地理解知识点，但也存在一定程度的与实践脱节问题。《民事诉讼法》课程作为最重要的理论性与实践性相结合的课程之一，在采取"混合式+"模式后可以在一定程度上节省课程直接讲授时间，为案例教学和深度研讨提供基础。在具体实施上，课程以真实的案件资料或真实裁判文书为教学案例。在内容上，梳理深挖思政结合点，在传授知识的同时潜移默化地实现对价值观的塑造，理解并内化本课程蕴含的习近平新时代中国特色社会主义思想以及社会主义核心价值观等思政因素。通过课前学生线上预习（课前完成初读、问题导入）、课中小组讨论（精读及研讨）、课后类案扩展（类案裁判文书研读）的方式，提升案例教学的实效。

2. 在民事诉讼课程全环节中融入思政教学要点

民事诉讼是涉及面最广的程序法，它关系到每个个体私人权益的实现，是最能让人民群众切身感受到公平正义的法律。公平正义是人民的向往、幸福的尺度；维护社会公平正义，需要法律职业共同体的不断努力。《民事诉讼法》课程应通过课程思政建设引导学生树立公平正义的理念、信仰，培养德法兼修的法律人才。在《民事诉讼法》课程中，教师应当将思政教学要点融入课程全环节。比如，以《民事诉讼法》课程中的"证据与证明"一节的讲解为例，我国民事诉讼法学以马克思主义辩证唯物主义和历史唯物主义相统一的世界观为思想基础，用物质与意识的关系去深入阐释民事诉讼证据制度的构建机理。在"证据论"课程中，在证据客观性、真实性和合法性上强调实事求是的思想态度；在对"证明"一节的讲授中，灌输"以司法公正保护人民利益"的理念。阐述民事诉讼证据与证明在具体个案的裁判中如何通过制度规制实现程序正义和实体正义，将专业课程知识点与课程思政相链接，使学生更能体会民事诉讼法的实践意义。

3. 创设"线上+线下"师生互动式课程思政教学环境

从专业知识点的历史、传统中梳理课程思政结合点，从历史实证角度阐述思政教学要点，真正做到知识点的"入脑入心"。在"混合式+"教学模式的运行上，更多地利用"学习通"教学平台，开发可以适用于课堂教学的线上教学活动，充分利用线上平台提升课堂互动效果，真正实现课上课下、线上线下的混合教学。在教学案例资源库的建设上，多从诉讼实践中发掘案例，尤其是注重体现公平正义理念的案例选择，通过增加案例领读栏目等方式，将具体案件中诉讼制度规则的运用与思政教学要点的关联深入浅出地展现出来。提升课堂案例讨论的精细度，做到基础知识点切实掌握，课后线上研讨加强深度与广度，启发学生进行探究式学习，促进课程学习效果的提升。此外，授课教师也应当加强自身的思想政治理论学习，加深对思想政治理论的理解，并积极从诉讼实践中发现思政教学与民事诉讼法教学的连接点，充实课程思政内容。

四、教学设计典型案例展示

（一）知识点概况

检察环境公益诉讼制度是指人民检察院以公益诉讼起诉人身份，对破坏生态环境和资源保护等损害社会公共利益的行为，依法向人民法院提起的诉讼制度。其法律依据主要包括《民事诉讼法》，以及相关的环境保护法律法规。在检察环境公益诉讼中，人民检察院是诉讼主体。人民检察院作为国家的法律监督机关，承担着维护国家利益和社会公共利益的重要职责。检察环境公益诉讼的诉讼程序一般包括以下几个步骤：

立案调查阶段：人民检察院在履行职责过程中发现破坏生态环境和资源保护等损害社会公共利益的行为时，应当进行立案调查，收集相关证据材料。

发出检察建议阶段：在调查核实后，人民检察院可以向相关行政机关发出检察建议，督促其依法履行职责，纠正违法行为。

提起诉讼阶段：如果行政机关不依法履行职责或者未纠正违法行为，人民检察院可以向人民法院提起诉讼，请求法院依法追究相关责任人的法律责任。

审判与执行阶段：人民法院在受理案件后，将依法进行审判。如果判决支持人民检察院的诉讼请求，相关责任人将承担相应的法律责任。同时，人民法院还可以依法采取执行措施，确保判决得到执行。

检察环境公益诉讼制度是学生应当掌握的基本知识点。

（二）教学思路

采用三步教学法，完善"检察环境公益诉讼制度"课程思政教学。

首先，通过展示一段关于环境污染或生态破坏的新闻视频或图片，引发学生的关注和思考，引出检察环境公益诉讼制度的话题。提问学生"面对这样的环境问题，我们应该如何维护公共利益和保护环境？"引导学生思考法律手段在环境保护中的作用。其次，讲授新知。简要介绍检察环境公益诉讼制度的定义和产生背景，强调其在环境保护中的重要意义。详细讲解该制度的法律依据，包括相关法律法规的条款和司法解释。明确诉讼主体（人民检察院）和诉讼客体（破坏生态环境和资源保护等损害社会公共利益的行为）的具体内容。分步讲解检察环境公益诉讼的立案调查、发出检察建议、提起诉讼、审判与执行等程序。最后，进行案例分析。选取具有代表性的检察环境公益诉讼案例，如某企业非法排污导致环境污染的案例，结合案例加深学生对上述知识点的理解。引导学生分析案例中的违法行为、诉讼过程、判决结果等，讨论检察机关在诉讼中的作用和效果，并寻找出案例中的思政启发点。针对同学讨论情况，由教师进行点评，深化学生对本节知识的掌握并进行价值观引领，感悟社会主义核心价值观及青年人应具有的奋斗精神和责任感。课后要求同学围绕本节课所涉及的知识点，整理思政启发点，形成文字报告，上传到学习通 APP，作为平时成绩的考核标准之一。

（三）课程思政设计

1. 案例引入

案例：　广东省广州市人民检察院诉卫某垃圾厂、
李某污染环境民事公益诉讼案[1]

个人独资企业广州市花都区卫某垃圾综合处理厂（以下简称"卫某垃圾处理厂"）设立于2005年10月。于2007年1月起，李某强担任该厂实际投资人、管理者。在经营过程中，李某组织工人将未经处理的原生垃圾及筛下物非法倾倒、填埋于厂区山体。垃圾倾倒、堆砌到一定高度之后，再在上面堆一层浮土，用机器压平，然后再堆上垃圾，近十年时间，形成了一座"垃圾山"，直至2016年8月被花都区环保局责令停业，倾倒区域植被受到严重破坏，土壤、地下水污染短期内难以自然恢复。

2017年2月，广州市花都区人民检察院（以下简称"花都区院"）在审查刑事案件时发现本案线索，因案卷显示案情复杂、涉案环境损失较大，遂向广州市人民检察院（以下简称"广州市院"）报告。2017年9月，广州市院成立两级院办案组，启动民事公益诉讼案件办理程序，于2017年9月29日发出诉前公告。在调阅刑事证据材料的基础上，办案组采取现场走访、专家咨询、实地丈量和无人机航测等措施开展调查，初步判断垃圾数量、污染程度、造成损失远超违法行为人供述。经充分研讨后，花都区院委托广东省地质测绘院对涉案场地垃圾数量进行测算，委托广东省地质物探工程勘察院对垃圾方量的内容、数量、比例等指标作进一步区分和细化，委托生态环境部华南环境科学研究所对涉案生态环境损害进行鉴定。经测算勘察和鉴定评估，受污染场地面积约为3.88万平方米，垃圾倾倒量约为39.3万立方米，重量为24.78万吨，将涉案场地恢复至基线状态需生态环境修复费用8425.5万元，服务功能损失费用1714.35万元。

为防止被告转移财产，确保生态环境修复，2018年7月16日，广州市院依法建议对卫某垃圾厂、李某强采取诉前财产保全措施，查封李某强名下全部财产超过1000万元。2018年7月27日，向广州市中级人民法院提起民事公

---

[1]　本案例源于最高人民检察院发布的《最高检发布检察公益诉讼起诉典型案例》（2021年9月15日）。

益诉讼。2017年9月12日，花都区院向当地环境保护主管部门等五个单位分别制发诉前检察建议，督促其在各自职责范围内查处涉案违法行为。各行政机关全部采纳建议内容，及时启动垃圾清理和环境整治工作。历时3年，共清运固废及固废污染土壤170多万吨，清理渗滤液26 000多立方米。基于当地政府已委托第三方开展环境修复，广州市中级人民法院采纳了广州市院的《先予执行意见书》，于2020年8月21日作出裁定，裁定先予执行两被告名下财产，用于支付修复费用。

基于生态环境实际修复费用已由政府采购合同所确认，广州市院于2020年7月7日变更诉讼请求为卫某垃圾处理厂承担生态环境修复费、服务功能损失费、鉴定评估费及其他合理费用共计1.31亿余元，李某强在企业对上述费用不能清偿时承担赔偿责任，并赔礼道歉。庭审中，李某强提交书面忏悔书，表示愿意采取一切补救措施，配合做好环境修复工作。2020年9月11日，广州市中级人民法院一审宣判，支持检察机关全部诉讼请求。判决生效后，查封财产已全部划扣、拍卖用于支付修复费用，两被告在《广州日报》刊登道歉声明，向社会公开道歉。目前，涉案场地垃圾已清除完毕，基本实现复绿。

2. 思政结合

检察环境公益诉讼是中国特色社会主义制度探索与建设中的创举。习近平总书记在青海视察工作时提出了"四个扎扎实实""三个最大"重要指示，提出要紧紧围绕"创新、协调、绿色、开放、共享"新发展理念，而检察环境公益诉讼则是其重要制度屏障。自2014年最高人民法院成立环境资源审判庭以来，全国法院已设立环境资源审判专门机构或组织2426个，成为世界上唯一具有覆盖全国的完整"绿色审判"机构的国家。环境公益诉讼实践充分体现出了在法治统一前提下回应国家战略需要和民生关切的司法能动性。近些年来，环境公益诉讼制度在人民法院积极践行习近平法治思想和习近平生态文明思想、认真探索生态环境保护司法规律、充分发挥司法能动性过程中不断发展，将"人与自然和谐共生"理念落到实处，努力实现办理一个案件、恢复一片绿水青山，为维护国家生态安全、社会公共利益和人民群众生命健康发挥了不可替代的作用。

在本案中，检察机关在诉前采取措施冻结被告千万资产，确保判决"不打白条"；通过督促当地政府先行委托专业机构对涉案场地进行整治，探索在民事公益诉讼中适用先予执行程序，保障环境修复执行落实到位。依托两级检察院一体办案，民事公益诉讼与刑事案件同步审查、证据互通转化，刑事侦查搜集的证据为民事公益诉讼提供了坚实基础，民事公益诉讼中的生态环境损失证据对准确认定犯罪行为也起到了支撑作用，推进受损环境及时修复、警示震慑潜在污染者。这些探索和措施体现了我党"司法为民"的工作原则和"实事求是"的务实工作态度。检察环境公益诉讼制度的发展深深体现了以人民为中心的核心原则。

3. 思考讨论

结合中国特色检察制度原理，谈谈检察机关加强公益诉讼检察职能与刑事检察职能如何衔接？

第十三章
《行政法与行政诉讼法》课程思政教学设计

张　雷[1]

一、课程简介和思政建设目标

（一）课程简介

《行政法与行政诉讼法学》课程是一门公法课程，言其为公法，旨在表明它所规范的是公民、法人或者其他组织作为行政管理对象与公共行政组织之间发生的一系列关系。本门课程的教学设计推行"行政法与行政诉讼法学+思政"同向同行的教学理念，要在教学大纲中明确将思政内容融入具体教学章节，系统设计德育教学路径，围绕政治认同、国家意识、文化自信、公民人格等核心元素设计教学大纲，体现行政法与行政诉讼法学的重心是控制和规范行政权，保护行政相对人的合法权益。

法律具有开放性，为了防止法律人对法律开放性的不当利用，就必须为其附加职业道德上的普遍压力，通过提升法律人职业伦理观念与职业荣誉感及认同感，促使其在法律工作实践中更好地表现法律人的价值和依法履行法律人的职责。《行政法与行政诉讼法学》课程人才培育方案应落实立德树人根本任务，以培养"德法兼修"高素质法治人才为目标，努力培养、造就更多具有坚定理想信念、深厚家国情怀、扎实法学根底、宽广国际视野的高素质法治人才。

---

〔1〕 张雷，甘肃天水人，四川民族学院法学院讲师，主要讲授《宪法学》《行政法与行政诉讼法学》。

（二）思政建设目标

1. 探索"行政法与行政诉讼法学知识传授与价值引领相结合"的有效路径，解决培养什么样的人的问题

重构德法兼修的行政法与行政诉讼法治人才培养模式，将社会主义法价值引领渗透进行政法与行政诉讼法学专业课程。2021 年是《法治政府建设实施纲要（2021—2025 年）》的启航之年，为新发展阶段持续深入推进依法行政，目前法治政府建设推进机制已基本形成，依法行政制度体系日益健全，重大行政决策程序制度初步建立，行政决策公信力持续提升，行政执法体制机制改革大力推进。习近平总书记曾多次强调，全面推进依法治国需要培养大批"德法兼修"的高素质法治人才，作为高等院校法学专业核心课程，行政法与行政诉讼法学研究以习近平法治思想为指导，紧紧围绕党中央、国务院关于法治政府建设的一系列重大决策部署展开，其学科内容始终贯穿着依法行政、诚信政府、民生民权、公共利益等思想，蕴含着丰富的思政教育元素，探索"行政法与行政诉讼法学知识传授与价值引领相结合"的有效路径，让学生在原有的法学专业知识基础上加深对我国行政立法执法理念的理解，构建全景式、融合式、渐进式的"德法兼修"法治人才培养模式，有助于最大化地发挥课堂主渠道功能，扭转法学专业课程教学重智、轻德的现象。法学专业课程思政教学改革是高校贯彻立德树人的切入点、着力点，重点解决为谁培养人、怎样培养人和培养什么人的问题。

2. 打造"行政法与行政诉讼法案例教学＋思政"特色教学设计思路，落实新时代课程思政改革创新

教育最重要的不是记住多少知识，而是培养一个"会思考的大脑"。应将思政承载于知识专题中，顺应社会实践的指引，通过教师与学生的默契配合，实现德法兼修的人才培养目标，帮助青年学生树立正确的世界观、人生观和价值观。因此，应推动"行政法与行政诉讼法案例教学＋思政"特色教学设计，在教学案例分析中融入思政元素，融入"法治兴则国兴，法治强则国强"法治思想。

3. 构建"行政法与行政诉讼法学＋思政"协同效应，培养学生富有时代精神、实践导向和法理智慧的法治思维、政治思维

推动思政元素融于《行政法与行政诉讼法》课程，培养学生富有时代精神、实践导向和法理智慧的政治思维、法治思维，有助于引导学生深入理解全面依法治国重大战略，自觉抵制各种错误观点和错误思潮，增强科学思维能力，提

高分析复杂现象、处理复杂问题的本领，保护公民、法人和其他组织的合法权益。

4. 增强行政法与行政诉讼法学课程思政的思想性、理论性、亲和力、针对性

《行政法与行政诉讼法》课程还可以通过课堂外的各种教学活动（如模拟法庭、专题辩论、案件旁听等）来丰富思政教育形式，从而加深知识理解，增强教育效果。除了专业教学中学生与教师的交流，政企单位、社会组织、专业人士等社会要素的融入能使学生走出学校，踏入社会课堂，接受更加鲜活、更具冲击力和感染力的思政教育，自觉树立正确的世界观，亦是行之有效的课程思政。《行政法与行政诉讼法》课程思政的思想性、理论性、亲和力、针对性，构建全景式、融合式、渐进式的"德法兼修"法治人才培养模式。

二、课程思政元素挖掘与融入

（一）课程思政元素挖掘与分析

新时代贯彻党的教育方针要落实立德树人的根本任务，《行政法与行政诉讼法学》课程通过每个教学环节、每次教育引导"润物细无声"地渗透课程思政理念。对应本课程，思政元素包含了社会主义核心价值观、依法行政、诚信政府、权责统一、公正公开、社会主义法律制度优越性等思政内容，要将其提炼出来、发掘出来，使学生在学习知识的同时对其形成鲜明、深刻的印象。例如，在构建课程结构体系时，可对行政组织法律制度、行政行为法律制度、行政监督救济法律制度予以分别列举，对中国特色社会主义法治目标、现状进行梳理、评价，提升学生的制度自信及社会主义优越感，实现思政教育目标。

1. 以"习近平法治思想"作为课程思政元素挖掘的思想引领

习近平法治思想是扎根中国大地的具有时代性、科学性、原创性的法治理论体系，为新时代法学学科体系建设提供了宝贵的思想理论资源。习近平法治思想通过总结中外法治理论成果和实践经验，创造性地提出了包括法治道路、法治体系、依宪治国、依宪执政、依规治党、法治经济、法治社会、涉外法治等在内的范畴体系，为构建法学学科体系奠定了坚实的概念框架。加强了法学学科体系建设的新理念、新思路，科学提出了一系列具有原创性意义的新范畴、新命题、新理论，对新时代法学学科体系建设具有立根塑魂、立柱架梁的作用，为新时代法学学科体系建设自主性、原创性、标识性、继承性、包容性的新思路。因此，确立以"习近平法治思想"作为《行政法与

行政诉讼法学》课程思政元素挖掘的思想引领势在必行。

2. 教师授课在过程中引导学生发现思政问题、思考思政问题、解决思政问题，在讲授过程中将思政元素内化

提高课程思政的质量，关键在教师，亲其师才能信其道，尊其师才能奉其教，提升教师思政素养，要求教师具备政治强、人格正、思维新、自律严的思想品质。在教师与学生的交流中，使学生在掌握行政法学知识的同时主动关注其中蕴含的思政元素，主动在发现思政问题、思考思政问题、解决思政问题的过程中将思政元素内化，突出其在思政教育中的主体地位，实现提高认识、增强自信的教育目标。例如，具体行政行为部分涉及《行政强制法》的制定过程，具体的时间进程、遇到的困难等内容主要由教师讲授和引导，而这部法律的制定过程如此漫长而艰辛的原因则必须由学生自主思考、得出结论，这样才能使依法限权的观念真正给学生留下深刻而鲜明的印象。

3. 注重将"德法兼修"专业思政建设目标贯穿到人才培养的全过程，引领学生树立道路自信、制度自信

在授课过程中培养学生勇于担当社会责任，培养诚信服务的职业素养，进一步引领同学德法兼修。例如，在课程中讲授《行政许可法》，根据我国国情对许可的范围作出原则性规定，有别于世界上通常采用的"一事一议"的个案解决方案，展现了走中国特色社会主义法治道路的坚定态度。不仅可以引导学生关注现实问题，还可以引领学生树立道路自信、制度自信，水到渠成。

（二）课程思政融入点

《教育部关于深化本科教育教学改革全面提高人才培养质量的意见》明确提出，把课程思政建设作为落实立德树人根本任务的关键环节。高校行政法与行政诉讼法专业课教师，应遵从教育部要求，进一步探索如何基于本学科的特色，充分利用本课程的思政资源，在教学内容、教学方式、课程管理等方面不断实践、创新，以期达到理想的立德树人效果。

1. 提炼和运用行政法与行政诉讼法课程中蕴含的价值范式，进行理想信念层面的价值引领

行政法与行政诉讼法学作为一门研究行政法的产生、发展的规律和行政法的形式、内容和本质的法学分支学科，其内容始终围绕着依法行政、保障人权、维护公共利益、打造服务政府、诚信政府、责任政府等思想，思政元素的挖掘、提炼顺理成章。课程中帮助学生了解行政法与行政诉讼法涉及

的国家战略、法律法规和相关政策，引导学生深入社会实践、关注现实问题，培育学生经世济民、诚信服务、德法兼修的职业素养。比如，我国行政法的发展历程与我国的社会主义建设、改革的实践进程的一致性，极其鲜明地反映了中国法治建设的成就，可以引领学生树立法治文化自信，学习构建中国特色法学学科体系、话语体系；行政法的基本原则中的依法行政、信赖保护、高效便民等内容以及《行政处罚法》《行政强制法》《行政许可法》等法律、法规对于这些行政原则的贯彻实施，彰显了我国贯彻"立党为公、执政为民"的理念，坚持全面依法治国，打造诚信政府、服务政府，可以引导同学坚定法治理想信念，自觉增强经世济民的家国情怀。

2. 从行政裁量权入手，提炼法律职业人素养，融入理想信念层面的价值元素

行政机关享有广泛的行政裁量权，是各国公共行政领域一个无法避免的事实。为了防范裁量权的"恣意妄为"，就必须对其采取行之有效的治理措施。除了外在地通过立法、行政、司法控制技术对行政裁量权加以控制之外，还有必要从内在上提高"行政人"的素质，营造健康的行政文化，形成不敢恣意、不能恣意也不想恣意的有效机制。引导学生树立"执法为民"的理想信念，引领学生德法兼修、明法笃行。

综上所述，在《行政法与行政诉讼法》课程上，开展课程思政，融入理想信念层面的价值元素，塑造和完善学生的意识形态领域，彰显社会主义法价值。

（二）课程思政融入点

序号	章节	专业知识点	思政元素	典型案例
1	第一章 行政法概述 第一节 行政法与行政法学 第三节 行政法律关系	行政法的概念、特征与作用，行政法的历史发展，行政法学的研究对象与我国行政法学的历史发展，行政关系与行政法律关系，行政法律关系的分类，行政法律关系的主体、内容、客体、特征与变动	《中共中央关于全面推进依法治国若干重大问题的决定》：坚持走中国特色社会主义法治道路，建设中国特色社会主义法治体系；《法治政府建设实施纲要（2021—2025）》：深入学习贯彻习近平法治思想，努力实现法治政府建设全面突破；"二十大报告"：扎实推进依法行政。	区国樑诉广东省财贸管理干部学院案。

序号	章节	专业知识点	思政元素	典型案例
2	第二章行政法的基本原则	依法行政原则，行政合理性原则，程序正当原则，诚信原则，高效便民原则，监督与救济原则。	习近平法治思想：坚持以人民为中心；社会主义核心价值观：平等，公正，诚信；《中共中央关于全面推进依法治国若干重大问题的决定》：建立权责统一、权威高效的依法行政体制，加快建设职能科学、权责法定、执法严明、公开公正、廉洁高效、守法诚信的法治政府。	田永诉北京科技大学拒绝颁发毕业证、学位证案。
3	第三章行政组织法	行政组织法，行政组织法律制度，行政主体。	《中共中央关于全面推进依法治国若干重大问题的决定》：依法全面履行政府职能；《法治政府建设实施纲要（2021—2025）》：健全政府机构职能体系，推动更好发挥政府作用；"二十大报告"：转变政府职能，优化政府职责体系和组织结构，推进机构、职能、权限、程序、责任法定化，提高行政效率和公信力。	衡阳华强玻璃制品有限公司诉湖南省衡阳市经济和信息化委员会及湖南省衡阳市电力行政执法支队行政强制及行政赔偿案。
4	第四章公务员法	公务员的条件、义务与权利，职务、职级与级别，公务员的录用与考核，职务、职级的任免和升降，公务员的奖励、监督、惩戒与培训，交流与回避，辞职、辞退与退休，申诉与控告，职位聘任。	习近平法治思想：坚持建设德才兼备的高素质法治工作队伍，坚持抓住领导干部这个关键少数；"二十大报告"：发挥领导干部示范带头作用。	四川省平昌县12名公职人员"挂证"兼职处分案。
5	第五章行政行为概述	行政行为的概念与分类，行政行为的合法要件，行政行为的效力，	《中共中央关于全面推进依法治国若干重大问题的决定》：行政机关要坚持法定职责必须为、法无授权不可为，勇于负	北京乡土青铁锅焖面面馆诉北京市延庆区市场监督管理

序号	章节	专业知识点	思政元素	典型案例
		行政立法。	责、敢于担当，坚决纠正不作为、乱作为，坚决克服懒政、怠政，坚决惩处失职、渎职；《法治政府建设实施纲要（2021—2025）》：健全依法行政制度体系，加快推进政府治理规范化程序化法治化；"二十大报告"：全面推进严格规范公正文明执法。	局行政处罚案。
6	第六章行政立法	行政立法的概念与分类，行政立法的程序，行政立法的效力，行政规范性文件。	结合习近平法治思想：行政立法要坚持以人民为中心，坚持全面推进科学立法、严格执法、公正司法、全民守法；《法治中国建设规划（2020—2025年）》：注重发挥政府在立法工作中的重要作用。	华源医药股份有限公司诉国家工商总局商标局等商标行政纠纷案。
7	第七章授益行政行为	行政给付，行政许可	《法治政府建设实施纲要（2021—2025）》：健全行政执法工作体系，全面推进严格规范公正文明执法；《行政许可法》第一条：保护公民、法人和其他组织的合法权益，维护公共利益和社会秩序。	吴某等诉某市规划和自然资源委员会建设工程规划行政许可案。
8	第八章负担行政行为	行政处罚，行政征收与征用，行政强制。	《中共中央关于全面推进依法治国若干重大问题的决定》：行政机关不得法外设定权力，没有法律法规依据不得作出减损公民、法人和其他组织合法权益或者增加其义务的决定；《行政处罚法》和《行政强制法》的立法宗旨中的"维护公共利益和社会秩序，保护公民、法人和其他组织的合法权益"之要求。	濮阳县爱家乐超市诉濮阳县市场监督管理局行政处罚案。

续表

序号	章节	专业知识点	思政元素	典型案例
9	第十一章 行政应急	行政应急的概念、特征与功能，行政应急的构成要素，行政应急性原则，行政应急的实施，我国行政应急法制的完善。	《法治政府建设实施纲要（2021—2025）》：健全突发事件应对体系，依法预防处置重大突发事件。	"疫情防控"期间疫情管理相关案例。
10	第十章 行政司法 第二节 行政司法的主要形式	行政裁决，行政仲裁，行政调解。	《法治政府建设实施纲要（2021—2025）》：健全社会矛盾纠纷行政预防调处化解体系，不断促进社会公平正义。	曾某某诉国务院行政裁决案。
11	第十二章 行政程序	行政程序的概念、特征与类型，行政程序的功能、原则，行政程序制度，政府信息公开。	《中共中央关于全面推进依法治国若干重大问题的决定》："完善行政组织和行政程序法律制度"，"全面推进政务公开"；《法治中国建设规划（2020—2025年）》："严格落实重大行政决策程序制度"，"全面推行行政执法公示制度、执法全过程记录制度、重大执法决定法制审核制度"。程序正义。	张成银诉徐州市人民政府房屋登记行政复议决定案。
12	第十三章 监督行政	监督行政的概念与特征，监督行政的类型，行政机关的一般监督，行政机关专门监督。	《中共中央关于全面推进依法治国若干重大问题的决定》：强化对行政权力的制约和监督；《法治政府建设实施纲要（2021—2025）》：健全行政权力制约和监督体系，促进行政权力规范透明运行。	崔永超诉山东省济南市人民政府不履行法定职责案。
13	第十四章 行政复议	行政复议的概念、特征、功能、原则及参加人，行政复议的范围，行政复议的申请与受理，	《中共中央关于全面推进依法治国若干重大问题的决定》：健全社会矛盾纠纷预防化解机制；《法治中国建设规划（2020—2025年）》：强化行政复议监	李甲诉聊城市公安局某区分局、聊城市某区人民政府行政处罚及行政

续表

序号	章节	专业知识点	思政元素	典型案例
		行政复议的审理与决定。	督功能，加大对违法和不当行政行为的纠错力度；《法治政府建设实施纲要（2021—2025）》：发挥行政复议化解行政争议主渠道作用。	复议案。
14	第十五章 国家赔偿与补偿	国家赔偿的含义与国家赔偿法，国家赔偿责任，行政赔偿，司法赔偿，国家赔偿的方式、标准与费用，国家补偿。	习近平法治思想：坚持以人民为中心；《宪法》第33条：国家尊重和保障人权；《宪法》第41条：由于国家机关和国家工作人员侵犯公民权利而受到损失的人，有依照法律规定取得赔偿的权利。	郭鸿昌诉宁波市鄞州区人民政府房屋行政征收案。
15	第十六章 行政诉讼	行政诉讼的概念与特征，行政诉讼与其他诉讼的关系，行政诉讼的历史发展，行政诉讼的目的与功能，行政诉讼的原则。	习近平法治思想之"坚持全面推进""公正司法"之要求；《中共中央关于全面推进依法治国若干重大问题的决定》："强化对行政权力的制约和监督"，"保证公正司法，提高司法公信力"，"公正是法治的生命线。司法公正对社会公正具有重要引领作用，司法不公对社会公正具有致命破坏作用"，"努力让人民群众在每一个司法案件中感受到公平正义"，"坚持人民司法为人民，依靠人民推进公正司法，通过公正司法维护人民权益"。	王明德诉乐山市人力资源和社会保障局工伤认定案。
16	第十七章 行政诉讼受案范围与管辖 第一节 行政诉讼受案范围	行政诉讼受案范围的概念，确定行政诉讼受案范围的依据与标准，行政诉讼受案范围的设定方式，行政诉讼受案范围的内容。		张月仙诉太原市人民政府不履行法定职责案。
17	第十八章 行政诉讼参加人 第三节 行政公益诉讼起诉人	行政公益诉讼制度的建立背景，行政公益诉讼起诉人的概念与特征，行政公益诉讼起诉人与一般行政诉讼原告的区别。	《法治中国建设规划（2020—2025年）》：建设高效的法治实施体系，深入推进严格执法、公正司法、全民守法；《法治政府建设实施纲要（2021—2025）》："健全社会矛盾纠纷行政预防调处化解体系，不断促进社会公平正义"，"支持检察院开展	湖南省花垣县人民检察院诉龙山县自然资源局不履行收缴土地出让违约金职责公益诉讼案。

续表

序号	章节	专业知识点	思政元素	典型案例
18	第十九章 行政诉讼证据 第二节 行政诉讼举证责任	行政诉讼举证责任的概念与分类，举证与证明责任，举证时限，法院收集证据的权力与义务。	行政诉讼监督工作和行政公益诉讼，积极主动履行职责或者纠正违法行为"。行政诉讼的功能。	王运强诉南宁市兴宁区三塘镇人民政府行政强制及行政赔偿案。

三、教学设计基本思路与措施

（一）教学设计基本思路

1. 落实习近平新时代中国特色社会主义思想，从《行政法与行政诉讼法学》课程政治性角度体现我国当前人文精神和主流价值观的民主、人权、平等、法治等思想

行政法的政治性关联着国家的人文精神和主流价值观行政法的政治性是由其与宪法的特殊关系决定的。考察各国的行政法历程，不难看出，行政法的产生确需相应的宪法基础，行政法的发展不可能离开宪法的指引。应充分认识到习近平新时代中国特色社会主义思想对当今宪法的时代指导意义，深刻理解体现着我国当前人文精神和主流价值观的民主、人权、平等、法治等宪法规范，正确认识行政法律制度，进一步在行政法实践中贯彻立法目的，实现立法意图。

2. 通过案例教学中融入思政元素的教学模式，全面增强学生政治凝聚力、信念凝聚力，最终达到对学生意识形态的塑造和完善

《行政法与行政诉讼法》课程思政案例教学，指法学教师优选具有思政元素的法学案例来开展课堂教学。《行政法与行政诉讼法》课程本身具备多层次的思政元素，教师授课时运用课程思政案例教学，不仅可以提升学生运用法律专业知识分析问题、解决问题的能力、逻辑思维能力和语言表达能力，还能令学生在具有思政元素的鲜活的案例面前，引发对人生和价值的思考，引导学生树立正确的人生观、价值观。例如，在讲授《政府信息公开条例》时，教师可以引用近期相关案例为同学们讲解政府信息公开的意义、范围。引导同学们领会我国政府信息公开的立法初衷，领会疫情期间行政公开原则、比

例原则的行政执法原则。例如，数字技术、数字经济、数字平台的发展给数字法治政府建设提出了新要求。如何规范数字政府的流程、权力运行与模式再造，将它们纳入法治的框架，需要我们通过案例的方式，生动形象地进行讲授，最终形成学生的规则意识、权责意识、批判意识、法治意识，从而达到明辨是非的育人效果。

通过"润物无声"的案例教学，体现行政权力被制约和监督，违法行政行为能够被及时纠正查处，社会矛盾纠纷依法及时有效化解，体验行政争议预防化解机制。使价值观培育和塑造"基因式"融入课堂教学主渠道，将思政教育理念贯穿于教育教学全过程，促使"法律知识传授"与"法价值引领"无缝对接，达到《行政法与行政诉讼法》课程思政教学之目标。

（二）措施与方法

1. 通过确立《行政法与行政诉讼法》课程思政目标，确立行政法与行政诉讼法教学体系改革的方向和目标

当前，我国已经开启全面建设社会主义现代化国家、向第二个百年奋斗目标进军的新征程，统筹中华民族伟大复兴战略全局和世界百年未有之大变局，推进国家治理体系和治理能力现代化，适应人民日益增长的美好生活需要，都对法治政府建设提出了新的更高要求，必须立足全局、着眼长远、补齐短板、开拓进取，推动新时代法治政府建设再上新台阶。这是行政法与行政诉讼法教学体系改革的方向和目标。行政法与行政诉讼法学专业课程与思政教育因势利导，对行政法与行政诉讼法课程进行整体教学设计和规划，以国情、党情和世情为抓手，以"习近平法治思想"为中心，在专业学科知识体系中寻找与思政教育的"融合点"，学生在完善法律知识技能的同时提升思想品德，使二者的提升达到相辅相成、相互促进，最终完成《行政法与行政诉讼法》专业课程思政教学，培养合格的学生。

2. 厘清行政法与行政诉讼法学课程思政内涵，构建全景式、融合式、渐进式的"德法兼修"法治人才培养模式

学生在学习行政法与行政诉讼法时，除了不断学习专业知识之外，更主要的是培养自身逻辑推理、价值判断和责任分配的思维能力，只有形成独特的法治思维，才能在纷繁复杂的法治实践中解决法律纠纷。行政法与行政诉讼法学教育与思政教育完美结合后，可以更好地培养学生的证据思维、规范思维、权利思维、程序思维、利益思维等，既达到法学教育的目标，又达到

课程思政育人的目标。《行政法与行政诉讼法》课程思政建设要达到的最终目标是培养的学生都可以为我国治国理政服务，成为担当民族复兴大任的时代新人。

3. 思政内容沉浸于实践教学环节和课程考核评价体系中

习近平总书记在全国高校思想政治工作座谈会上指出：各门课程都要守好一段渠、种好责任田，使各类课程与思想政治理论课同向同行，形成协同效应。《行政法与行政诉讼法》课程应把思政内容沉浸于多个教学环节，尤其是在教学实践中，科学选取浸润思政内容的教学素材，丰富实践教学内容，提高实践教学课堂教学效率，还能增强学生的代入感，在积极的情绪体验中受到专业知识和思想教育的熏陶，实现"情"与"思"的完美结合。

构建激励与约束并重的课程考核评价体系。课程考核评价体系作为课程教学的"指挥棒"，本身就是一个社会主义核心价值观具体化的有效教学载体，是实施课程思政的应有之义。因此，需要基于课程思政重新构建课程考核评价体系。融入课程思政的《行政法与行政诉讼法》课程考核评价体系，应当坚持激励与约束并重的考核导向，采取多维度、过程性的考评方式。具体而言，除了专业知识外，增加思政表现的考核维度，将学生课程教学过程中的生活表现纳入考核评价体系。

4. 创建"三位一体"的行政法与行政诉讼法学专业课程思政体系

培育校院两级"课程思政"示范教师和教学团队，在所有的课程中嵌入"思政"理念为核心，以人才培养方案的制定、教学大纲设计融入"思政"理念为中心，以教学方法丰富多元为重心，创建示范教师、教学团队、教学方法"三位一体"的《行政法与行政诉讼法》专业课程思政体系。

四、教学设计典型案例展示

（一）知识点概况

政府信息公开是将行政主体掌握的信息公之于众的活动。它是行政公开原则的基本要求，也是行政程序公开制度的重要内容。根据《政府信息公开条例》第2条之规定，"政府信息"是指"行政机关在履行行政管理职能过程中制作或者获取的，以一定形式记录、保存的信息"。政府信息公开部分的教学内容涉及政府信息公开的概念、类型、原则、主体、范围及相关具体制度等知识点。

（二）教学思路

第一步要求同学们在课前研读《政府信息公开条例》。在课堂上，老师结合《政府信息公开条例》的具体要求来讲授何为政府信息、何为政府信息公开、政府信息公开的原则、组织领导、主体和范围、主动公开和依申请公开的内容与方式等知识点，做到法条与教材相结合。

第二步结合《中共中央关于全面推进依法治国若干重大问题的决定》以及《法治政府建设实施纲要（2021—2025年）》等文件中关于"政务公开"的论述，引导同学们理解行政公开原则所要求的行政过程公开和政府信息公开之于限制行政权力恣意、保障人民合法权益以及建设法治政府的重要意义，做到思政元素与专业知识相结合。

第三步结合政府信息公开典型案例与同学们共同探讨涉案问题，通过案例教学法引导同学们运用所学知识来分析具体案例，锻炼同学们的法条阐释能力、语言表达能力、专业知识应用能力，在具体案例的研讨中体会政府信息公开制度的重要价值，做到知识学习与知识运用相结合。

（三）课程思政设计

1. 课程引入

案例： 严某于2020年7月9日通过特快专递向木石镇政府邮寄了信息公开申请书，申请公开其与丈夫李某位于滕州市木石镇木石三村×号宅基地及地上附属物所涉及的征收、拆迁主体，征收政策、补偿标准、补偿款明细、征收补偿协议的签订、补偿款的支付、领取的实际情况及原始凭证等相关信息，并说明了申请信息公开的理由及要求信息回复的邮寄方式和代收人等。木石镇政府于2020年7月12日收到严某的信息公开申请书，但未在收到申请之日起20个工作日内予以答复，仅在其提供的枣庄市12345政务服务热线承办单上显示8月27日已进行电话答复。严某于2020年10月19日向法院提起行政诉讼。诉讼过程中，木石镇政府称严某申请公开的信息因涉及严某之女李某梅的个人隐私，属于不予公开的范围，并提供了李某梅的书面材料，对此严某不予认可。木石镇政府亦无合法有效证据证明其在法定期限内已对严某履行了不予公开的理由和说明的义务。

一原审法院认为，《政府信息公开条例》第33条规定："行政机关收到政府信息公开申请，能够当场答复的，应当当场予以答复。行政机关不能当场答复的，应当自收到申请之日起20个工作日内予以答复；需要延长答复期限的，应当经政府信息公开工作机构负责人同意并告知申请人，延长的期限最长不得超过20个工作日。行政机关征求第三方和其他机关意见所需时间不计算在前款规定的期限内。"该条例第40条规定："行政机关依申请公开政府信息，应当根据申请人的要求及行政机关保存政府信息的实际情况，确定提供政府信息的具体形式；按照申请人要求的形式提供政府信息，可能危及政府信息载体安全或者公开成本过高的，可以通过电子数据以及其他适当形式提供，或者安排申请人查阅、抄录相关政府信息。"本案中，木石镇政府在收到严某的申请后20日内无正当理由逾期不予答复，且未依法履行法定告知或说明理由义务，其逾期后作出答复的行为程序违法。依照《行政诉讼法》第72条、《最高人民法院关于审理政府信息公开行政案件若干问题的规定》第5条第1款之规定。判决：①确认木石镇政府对严某要求公开政府信息的申请逾期作出答复的行为程序违法；②责令木石镇政府于判决生效之日起20日内按照严某的申请事项作出书面答复。

木石镇政府对判决不服，向枣庄市中级人民法院提出上诉。二审法院经审理判决驳回上诉，维持原判。

2. 思政结合

如同阳光是最好的防腐剂，行政过程公开透明也是预防行政主体恣意、滥权和腐败的有效手段。行政公开可以实现公民的知情权，满足公民对信息的需要，亦有利于公民对行政事务的参与，增强公民对行政机关的信赖，还有利于防止行政腐败。[1]

《中共中央关于全面推进依法治国若干重大问题的决定》对行政机关"全面推进政务公开"作了较为详尽的阐述。具体包括：①"坚持以公开为常态、不公开为例外原则，推进决策公开、执行公开、管理公开、服务公开、结果公开。"②公开应是全面公开。"各级政府及其工作部门依据权力清单，向社会全面公开政府职能、法律依据、实施主体、职责权限、管理流程、监督方式等事项。"③强调重点领域的公开。"重点推进财政预算、公共资源配置、重大建设项目批准和实施、社会公益事业建设等领域的政府信息公开。"④规

----

〔1〕　参见《行政法与行政诉讼法》编写组：《行政法与行政诉讼法》（第2版），高等教育出版社2018年版，第33~34页。

范性文件应公布。"涉及公民、法人或其他组织权利和义务的规范性文件，按照政府信息公开要求和程序予以公布。"⑤推行行政执法公示制度。⑥推进政务公开信息化，加强互联网政务信息数据服务平台和便民服务平台建设。

《法治政府建设实施纲要（2021—2025年）》中的第八部分"健全行政权力制约和监督体系，促进行政权力规范透明运行"强调要"全面主动落实政务公开"，要"坚持以公开为常态、不公开为例外"的原则，目的是"用政府更加公开透明赢得人民群众更多理解、信任和支持"。在具体措施上，要"大力推进决策、执行、管理、服务和结果公开，做到法定主动公开内容全部公开到位。加强公开制度化、标准化、信息化建设，提高政务公开能力和水平。全面提升政府信息公开申请办理工作质量，依法保障人民群众合理信息需求"。此外，还应"鼓励开展政府开放日、网络问政等主题活动，增进与公众的互动交流。加快构建具有中国特色的公共事业单位信息公开制度"。

为了保障公民、法人和其他组织依法获取政府信息，提高政府工作的透明度，建设法治政府，充分发挥政府信息对人民群众生产、生活和经济社会活动的服务作用，国务院制定了《政府信息公开条例》。该条例自2007年制定以来至2019年进行了修订。其规定了政府信息的含义、政府信息公开的组织领导、原则以及公开的主体和范围、主动公开的内容和方式、依申请公开的具体方式，还规定了政府信息公开的监督和保障。

政府信息公开是行政公开制度的重要组成部分，在行政法治中具有十分重要的地位和作用，我国的《政府信息公开条例》于《保守国家秘密法》《档案法》等法律相协调，基本实现了我国政府信息公开制度体系化。

3. 思考讨论

2019年《政府信息公开条例》修改的时代背景是什么？修改后的《政府信息公开条例》其亮点和特色是什么？

第十四章
《国际法》课程思政教学设计

吕彩霞[1]

一、课程简介和思政建设目标

（一）课程简介

《国际法》作为《法学类教学质量国家标准（2021 年版）》所明确指定的专业核心课程之一，在法学应用型人才培养的课程体系中发挥着不可或缺的作用。本课程通常面向法学本科班级开设在第四、五学期，总课时为 36 课时。

《国际法》课程的内容一般包括国际法的基本理论（如国际法的性质与发展、国际法的渊源、国际法与国内法的关系、国际法基本原则）、国际法主体（国家、国际组织、个人）、国家领土法、国际海洋法、空间法、国际环境法、条约法、外交与领事关系法、国际责任法、国际争端解决法、国际刑法、国际人道法等，涉及内容庞杂、课程体量较大。但大部分内容均离我们的日常生活较远，因此学生在学习国际法的过程中通常会感觉学习难度较大、学习兴趣较弱。又因《国际法》相关内容在国家法律职业资格考试中所占比例较小，学生更是缺少学习国际法的外部动力。在此种情况下，如何合理调动学生的学习积极性、充分发挥该课程应有的育人功能，是一个极其考验任课教师授课能力的问题。

---

[1] 吕彩霞，湖南邵东人，四川民族学院法学院副教授，主要讲授《国际法学》。

（二）思政建设目标

1. 增强学生的国家认同感和民族自豪感

通过课程内容的讲解和思政元素的融入，增强学生的国家认同感和民族自豪感。通过讲解国际法中涉及中国立场和观点的内容，使学生了解国家在国际事务中的立场和贡献，增强其国家认同感和民族自豪感，达到爱国主义教育目的。例如，可以通过讲解中国在国际法中的重要案例，如中国在南海争端中的立场和主张，增强学生的国家认同感和民族自豪感。

2. 培养学生的法治信仰和法治精神

通过强调国际法在维护国际和平与安全中的重要作用，培养学生的法治信仰和法治精神，使其认识到法律在构建和谐社会中的重要性。例如，可以通过分析国际法在维护国际和平与安全中的重要案例，如联合国的和平行动和国际刑事法院的判决，培养学生的法治信仰和法治精神。

3. 培养学生的全球视野和国际合作意识，增强其社会责任感

通过分析国际热点问题，培养学生的全球视野和国际合作意识，增强其社会责任感。例如，可以通过分析气候变化问题的国际合作案例，如《巴黎协定》的签署和实施，培养学生的全球视野和国际合作意识。

通过讲解习近平总书记关于构建人类命运共同体的理念，激发学生为国际和平与发展贡献力量的使命感，使其认识到每个人都是世界的一部分，应该为共同的未来努力。例如，可以通过讲解习近平总书记关于构建人类命运共同体的讲话和案例，激发学生为国际和平与发展贡献力量的使命感。

4. 培养学生的法律职业道德和社会责任感

通过国际法实践中的职业伦理案例，培养学生的法律职业道德和社会责任感。法律职业道德通过对具体案例的分析，使学生认识到法律职业不仅需要专业知识，还需要高度的职业道德和社会责任感。例如，可以通过分析国际刑事法院的职业伦理案例，如法官和检察官在审理国际刑事案件中的职业伦理和行为规范，培养学生的法律职业道德和社会责任感。

二、课程思政元素挖掘与融入

（一）课程思政元素挖掘与分析

1. 课程思政与时政新闻相结合

国际法与国际政治总是密切相关，在课堂中引入国际时政新闻，如气候

变化谈判、国际法在应对全球疫情中的角色、俄乌冲突等，不仅能有效提升课堂趣味性，激发学生的学习兴趣，还能考查学生对国际法的知识应用能力，并培养学生树立人类命运共同体意识，理解国际公法在维护全球和平与安全中的重要作用，培养他们的社会责任感和使命感。

2. 课程思政与国家大政方针讲解相结合

我国领导人提出的"一带一路"、构建人类命运共同体等倡议是中国在全球化背景下提出的重要战略构想，旨在通过促进经济合作、文化交流和共同发展，推动世界各国共同应对全球性挑战，实现和平、繁荣、可持续的发展。是中国积极参与和引导全球治理体系改革和建设，为解决全球性问题贡献中国智慧和中国方案。因而，在讲解国际公法的过程中，应结合国家"一带一路"、构建人类命运共同体的重大政策和战略，分析这些政策和战略背后的国际法依据和国际合作机制。这样有助于培养学生的政治素质、国家认同感和全球视野，使他们成为具备国家情怀和国际视野的优秀人才。

3. 课程思政与法学职业道德相结合

国际法院、世界贸易组织、国际海洋法庭等国际争端解决机构都有来自世界各国的专业法官或仲裁员。可选取国际法领域中的经典案例，结合具体情境分析法官和仲裁员在处理这些案件时的职业道德问题。例如，分析纽伦堡审判、南非真相与和解委员会等案例，探讨法律从业人员在这些案件中的伦理决策和职业道德，不仅能够教授学生专业知识，还能够培养他们的职业道德和思想政治素质，使他们成为具备高尚职业道德和全球视野的优秀法律人才。

（二）课程思政融入点

序号	章节	专业知识点	思政元素	典型案例
1	第四章 第一节	国际法基本原则	中国对国际法的贡献	和平共处五项原则的形成与运用
2	第四章 第二节	不干涉内政原则	爱国、辩证思维	美国干涉香港事务事件
3	第六章 第一节	国家的要素	爱国、民族荣誉感	日本炮制伪"满洲国"事件

续表

序号	章节	专业知识点	思政元素	典型案例
4	第六章 第二节	国家的类型	民族自豪感、人类命运共同体意识	中、美新冠疫情期间防疫措施与效果对比
5	第七章 第六节	中国与区域性国际组织	民族自豪感、人类命运共同体意识	亚投行的成立及成绩
6	第八章 第二节	外交保护	爱国、民族自豪感	孟晚舟与中国从印尼等国撤侨事件
7	第十章 第四节	边界和边境制度	爱国情怀，强国志向	6·15中印加勒万河谷边境冲突事件
8	第十一章	国际海洋法	爱国情怀，强国志向	中国菲律宾黄岩岛仲裁案
9	第十二章	空间法	民族自豪感、国际合作意识	中国空间中建成与紧急避碰事件
10	第十四章	外交关系与领事关系法	爱国情怀，强国志向	美国轰炸中国住南联盟大使馆与关闭休斯顿总领馆事件

三、教学设计基本思路与措施

(一) 教学设计基本思路

2018年6月21日，教育部部长陈宝生在新时代全国高等学校本科教育工作会议上发表了题为《坚持以本为本 推进四个回归 建设中国特色、世界水平的一流本科教育》的主题讲话。讲话中提出的"四个回归"的第一个回归即回归常识，就是要学生刻苦读书学习。但这个读书不仅是读经典、读教材，还要引导学生读"国情"书、"基层"书、"群众"书，让学生更好地认识世界、了解国情民情。2020年5月28日《高等学校课程思政建设指导纲要》指出，课程思政建设内容要以爱党、爱国为主线，围绕政治认同、家国情怀等重点优化课程思政内容供给。专业教育要根据不同学科专业的特色和优势，从课程所涉国家、国际等角度，提升引领性、时代性和开放性。尤其是对于法学类专业课程而言，要在课程教学中帮助学生了解相关专业和行业领域的国家战略和相关政策，引导学生关注现实问题。因此，不管是引导学生回归学习的常识要求，还是课程思政建设的目标要求，在法学课程教学过程中都应当结合具体课程特色，引导学生关注国情、世情，并了解相关国家政策和战略，从而养成政治认同、家国情怀。因而，本课程遵循着调整课程教学目标，重新构建教学内容，在教学模式、教学方法、课程考核多方面优化的思路进行设计。

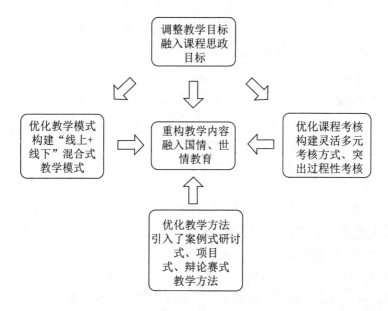

（二）措施与方法

1. 精准定位课程思政教学目标

除让学生掌握国际法基本知识、培育其中国特色社会主义法治理念外，还增加了课程的思政目标，通过时政新闻案例的引入和对比，如"孟晚舟案"与"皮耶鲁齐案"的对比等，引导学生增强对国家的重要外交战略、外交立场及构建全球命运共同体的战略高度的正确认识和认同感、引领对国家主流价值观的认同、塑造爱国主义精神、在全球化的时代背景之下引领学生坚持正确的政治方向，形成正确的世界观。塑造学生的法律人格、法律思维和法治观念。

2. 构建"线上+线下"混合式教学模式方面

逐步引入线上教学资源，构建"线上+线下"混合式教学模式。以中国大学慕课（MOOC）网吉林大学何志鹏老师主讲的国际法课程为线上课程，要求学生课前自学。自学完成后获得的认证证书可被作为平时成绩认定的依据之一。课堂教学内容重点从专业基础知识的讲解逐渐转变为知识的应用及高阶拓展内容的讲解。构建"线上+线下"混合式教学模式,有效拓展教学的时间和空间限制,可以有效提升学生的自主学习能力,有效提升课程的高阶性。

3. 引入灵活的多元教学方法

(1) 引入"对分易""雨课堂"等教学辅助工具,有效减轻教师课堂管理负累,通过信息化工具建立起每个学生的课堂学习档案,也可以让平时的成绩评定有一个更加客观的依据,增加教学资源的积累。

(2) 课堂从教师主导逐渐转变为以学生为主体,引入时事新闻报告分析专题活动。每次课用 10 分钟~20 分钟让学生报告国际时政新闻,并用国际法知识对其进行法学分析。引导学生关注国家、国际时事新闻,让学生对国情、世情有更加深入的了解,从而能将"课程思政"目标的融入拓展到课堂外。培养学生搜集、整理资料的能力,培养学生自觉运用法学思维分析事物的能力。

(3) 引入了案例式、研讨式、项目式、辩论赛式教学方法。改变传统课堂"大水漫灌"式的教学方法,有效提升课堂的趣味性、高阶性及挑战度。比如,在采用案例教学时,尤其突出案例的对比分析。如在讲授外交保护相关内容时,可以将"孟晚舟案"与"皮耶鲁齐案"进行对比讲解。从两个案件的发生所具有相似背景、案涉主人公被采取高度雷同强制措施,但截然相反的结局入手进行对比讲解。在讲解过程中,不仅要说明外交保护相关基本知识点,如外交保护的概念、实践中外交保护的主要情形、外交保护的具体方式、采取外交保护的条件等,更是要通过对比引导学生了解外交保护是国际法规定的所属国对其国民所享有的一种权力。但在国际实践中,一国是否有能力去行使外交保护在很大程度上仍取决于一国保护其国民的决心和对比国力。孟晚舟之所以能顺利回国,而不是像皮耶鲁齐那般被美国监禁 5 年之久,离不开中国日渐上升的综合国力,也离不开中国政府保护中国公民的强大决心。由此引领学生透过孟晚舟事件更加清晰地认识到,越是接近民族复兴越不会一帆风顺,而是越充满风险挑战乃至惊涛骇浪。引导学生认识到面对世界百年未有之大变局,我们必须坚定不移走自己的路、百折不挠办好自己的事,实现高水平科技自立自强,把伟大祖国建设得更加强大。如辩论赛式教学法可以针对一些社会舆论有较大分歧的国际法相关新闻事件,通过组织辩论赛的形式,要求学生以国际法相关规定为依据展开辩论。如在中日钓鱼岛争端白热化期间，部分情绪激动的游行群众向日本驻华使领馆投掷石块，在此情况下，对于中国政府是否应当派警察保护日本驻华使领馆，舆论不一。又如，对于 2016 年菲律宾当局提起的所谓南海仲裁案，国内媒体报道大部分标题采用了中国外交部的表态即"不接受、不承认"。然而，很多不了解详情、对国际法一知半解的同学却会认为中国政府"不接受、不承认国际仲裁"似乎存在理亏之处。因而，应通过辩论赛的方式引导学生深入思考和研究上述国际法问题，有助于帮助学生更好地理解中国勇于承担国际义务的负责任大国形象，也能辩证看待在对待领土问题上，中国有理有节、寸土不让的国际强国形象。

4. 不断深化和拓展教学内容

以教材为基本，融入学术前沿，不断拓展内容的深度和广度。如《民法典》生效后，删除了原来《民法通则》中将国际民事商事规则纳入国内法的规定。因此，如何重新看待国内法和国际法的衔接问题可以通过组织专题学术前沿论文阅读报告会的形式来学习。

5. 构建灵活多元的课程考核方式

改变以往评价方式单一、评价标准不具体、评价过程不客观、评价方法不够灵活等问题，更加注重严格的过程性评价、注重评价指标的多元化和灵活性。过程性考核指标重点关注学生参加学术活动情况、参与课外讨论情况、团队合作情况等，评价指标更加多元。此外，评价方式更加灵活，通过平时成绩考核标准事先公示，列出考核指标清单，并包含若干选择性考核指标供学生根据自身情况和特长、兴趣选择性参加，考核方式更加灵活。

四、教学设计典型案例展示

（一）知识点概况

《联合国宪章》明确规定了国际法的基本原则之一即禁止以武力相威胁或使用武力原则。1970 年《国际法原则宣言》不仅重申了这一原则，而且还将这一原则融入各原则之首。一个国家只有在根据《联合国宪章》第 51 条之规定进行自卫或者由联合国安理会根据《联合国宪章》第 53 条授权采取行动时，才能合法使用武力。针对他国的武力侵犯，一国可以行使自卫权进行反击。

（二）教学思路

课程采用线上线下混合式教学，积极充分地利用现有国家级精品慕课（MOOC）课程资源，将线上资源与线下课堂教学融合，课程设计主要包括课前、课中、课后三个阶段。

1. 课前阶段

提前一周利用对分易平台发布课前任务，主要有：

（1）自主学习。课前的自主学习包括线上和线下两个部分。线下部分主要是让学生提前熟悉教材内容，线上部分主要为要求同时通过中国大学慕课（MOOC）网对指定课程的指定章节进行学习，对教材内容进行进一步消化理解。

（2）专题汇报 PPT 及教案准备。首先根据学生报名情况确定本次课程要进行时政新闻报告的学生，并提前检查其 PPT 及教案，然后由学生根据老师的反馈意见修改后重新提交，以此保证上课专题报告质量。

（3）提前在对分易讨论区平台发布与本节课内容相关的思考题、案例或讨论专题，方便学生提前查阅资料，开展思考，进行意见交流和专题讨论。

2. 课中阶段

课中具体可以分为学习检验、学生分享、深度讲解、思维拓展四个环节，分别是：

（1）学习检验。通过雨课堂的发布习题功能对学生课前自主学习的具体情况进行检测，有利于精准判断每个学生是否按照要求对基本知识进行了预习，以及对教材上基础知识点的掌握情况，从而为接下来的课堂深度讲解的具体开展提供判断依据、为讲解奠定基础。

（2）学生进行时政新闻报告，并运用国际法知识对该新闻事件进行分析，学生分享完毕后由老师进行补充和点评。此环节主要锻炼学生对基础知识运用能力的掌握。

（3）深度讲解。结合本课程的知识目标及学生自主学习情况，就本课程的重点和难点，结合案例、时政新闻、学术前沿进行深度细化讲解。

（4）思维拓展。要求学生在掌握教材基本知识的基础上，进行课程思政的主体升华，通过叙利亚驻联合国代表沙巴尔·贾法里的一张照片引导大家思考：如何看待一些西方国家不遵守国际法？我们为什么要坚守国际法？明白即便国际法是各国应当普遍遵循的国家交往规则，但弱国无外交的道理，从而让学生树立承担民族复兴重任的主人翁意识。

3. 课后阶段

课后的工作主要有两个：其一，学生按照要求通过对分易提交作业，老师进行批改反馈，学生按照意见不断进行修改和完善。其二，对学生学习情况的总结和分析，课后总结分析主要是通过雨课堂的课堂分析报告进行。雨课堂一方面能提供学生参与课堂互动答题的具体数据，如每题的答题正确率；另一方面，学生对于理解不到位的 PPT 可以通过收藏功能反馈给教师。这些教辅工具在极大程度上方便了教师随时掌握学生对每个知识点的消化情况，建立起学生的个性学习档案。

（三）课程思政设计

1. 课程引入

2018 年，叙利亚内战期间，英美法等国毫无证据地指责叙利亚政府军使用了化学武器。4 月 9 日，安理会召开叙利亚化学武器问题紧急会议，与会的各理事国展开激烈争辩。当时，这位叙利亚驻联合国代表巴沙尔·贾法里在会上怒斥美国以谎言为由发动侵略战争，劣迹斑斑。然而，就在贾法里大使发言一开始，美英代表就已经离席。所以，贾法里大使的辩论根本没有能阻止美英法联军对叙利亚发动空袭。4 月 14 日恰好是贾法里大使 60 岁的生日，这一天美英法三国以发动化学武器袭击为借口对叙利亚政府军的三处目标发动了空袭行动，共发射了 100 多枚导弹。对于自己无力阻止英法美对自己国家发动空袭，这位外交官无比落寞和垂头丧气。

2. 思政结合

实实在在的例子告诉我们，虽然国际社会已经制定了一系列规制国际交往、限制战争的国际法，但在国际社会，从根本上来讲，依然存在丛林法则，弱国无外交。从而引导学生树立爱国、强国的责任感，并在更深层次领悟我国所倡导的人类命运共同体的深刻意义。

3. 思考讨论

国际法所规定的合法动用武力的情形有哪些？英法美多个国家对叙利亚发动的空袭是否违反了国际法？叙利亚可否行使自卫权？

第十五章
《法律职业伦理》课程思政教学设计

郭　丽[1]

一、课程简介和思政建设目标

（一）课程简介

《法律职业伦理》是高等教育法学本科专业的核心课程之一。《法律职业伦理》主要研究法律职业者行为的职业法规体系，课程重在引导学生掌握法律工作者应履行的义务及责任，以及具有强制力的行为规范。法律职业伦理既包括有关法律职业共同体的基本伦理规则，约束所有的法律职业者，也涵盖不同法律职业者的责任以及各自特定的职业角色，分为法官、检察官、律师、公证员、仲裁员、行政执法人员等不同法律职业群体的伦理规范。课程内容包括：以职业行为规则、伦理规则、司法伦理为基本理论体系，以法官、检察官、律师等司法实务技能为实践知识体系。

（二）思政建设目标

（1）使学生掌握法律职业伦理规范，明晰从业行为边界，学会评估并防范特定情形下的职业伦理风险，树立正确的伦理观和正义观，积极投身法律实践，勇于承担法律职业共同体的公共主义使命。

---

[1] 郭丽，四川九龙人，四川民族学院法学院讲师，主要讲授《法律职业伦理》《劳动与社会保障法》。该部分为四川省第三批省级课程思政示范课程项目《民法总论》成果；四川民族学院2020年度校级课程思政示范课程项目《民法总论》（基金号：Szkcsfc202001）成果；四川民族学院2021—2022年校级一流本科课程《民法分论》成果。

（2）塑造学生的价值观，培养强烈的社会正义感和牢固的公正信仰，树立法律职业道德情操，提升学生的政治认知和法律职业道德素养，形成对法律职业根植于心灵深处的神圣感、敬畏感和责任感。

（3）培养学生的法律思维和辩证思维，运用职业伦理规则处理各种复杂的法律问题，以法律视角客观、理性地透析社会现象，学会运用正确的法律立场、观点和方法处理法律职业实践中的问题，能够准确评价法律职业的组织形式及其履行义务时的效果、合理判断各种职业角色和情境中的法律人的义务与责任。

二、课程思政元素挖掘与融入

（一）课程思政元素挖掘与分析

1. 以马克思主义法学理论指导课程思政教学，培养法科生具备崇高的法律信仰

《法律职业伦理》课程以马克思列宁主义、毛泽东思想、邓小平理论、"三个代表"重要思想、科学发展观，尤其是习近平新时代中国特色社会主义思想为指导。通过学习先进事迹、案例讨论等形式培养学生具备崇高的法律职业信仰，依法办事、正确履行职责、恪守职业道德、遵守职业纪律，成为德法兼修的法治人才。

2. 将优秀的中华传统文化融入课程思政教学，促进良好社会道德风尚的形成

法律职业活动是一项重要的社会活动，法律职业伦理通过影响法律职业人员的职业行为，对公众及社会整体道德风尚产生影响。如法律至上、注重平等、追求公正、从业廉洁、工作高效等这些法律职业伦理的基本准则必然会对法律职业人员的职业活动和职业行为产生影响，而受到上述要求的职业行为则会向社会传递一种善的行为风范。这些行为风范将有助于促进良好社会道德风尚的形成。

3. 坚持以立德树人为中心，紧跟时代主题，实现课程思政与法学课程有机融合

习近平总书记在全国高校思想政治工作会议上强调，高校的立身之本在于立德树人，要坚持把立德树人作为中心环节，《法律职业伦理》课程作为法律职业教育的重要课程，是实现"思政课程"与"法学课程"同向同行的关键，承载着培育法律职业人才政治素质、理想信念和职业规范的重要教学

使命。

4. 将课程思政元素与学生学习、成长环境相结合，注重法科生职业道德
素养的培养

自 2004 年至今，一系列"律师参与腐败案""刘涌案""黄松有案""郭京毅案""李庄案""彭宇案""许霆案"等间接或直接地触发了社会各界对于法律职业伦理的讨论和反思，成了我国社会公共生活的重要话题。我国法治建设和司法改革能否走上可持续发展道路，其中一个关键点是法律职业人员的职业道德素养培养。因此，未来作为法律职业人的法科生应在学习专业知识的同时，树立正确的职业道德。

5. 通过形式多样的教学方法，深化法科生对职业伦理的认识，养成良好
的职业行为习惯

通过法学教育、岗前培训、教育讲座、荣誉鼓励等，在不同的法律职业群体开展相应的职业伦理教育，深化法律职业人员对法律职业伦理的认识，使法律职业人员树立正确的义务观、荣辱观、是非观，养成良好的职业行为习惯，提高其道德实践的自觉性，增强其工作的责任感。对违规者实施纪律制裁，约束和促使法律职业人员认真履行职责，忠诚于正义、事实和法律。

（二）课程思政融入点

序号	章节	专业知识点	思政元素	典型案例
1	第四章第二节	忠诚司法事业	爱岗敬业	法治"燃灯者"——邹碧华
2	第四章第二节	避免干扰其他法官审理案件	公正	拒为"闺蜜"请托遇害，周春梅被追授"全国模范法官"称号
3	第四章第二节	确保司法廉洁	廉洁	海南省第一中级人民法院一审宣判海南省高级人民法院原副院长张家慧受贿、行政枉法裁判、诈骗案；武汉中院"腐败窝案"
4	第四章第二节	保障司法公正	公正	许霆案
5	第四章第二节	尊重诉讼参与人	尊重、理解、友善	四川省某法官斥律师"你等于放屁"案

续表

序号	章节	专业知识点	思政元素	典型案例
6	第五章第二节	强化公正理念	公正	陆某妨害信用卡管理罪、销售假药罪案不起诉案；湖南一检察官参与制造冤假错案，半年后竟被评为"优秀公诉人"案
7	第五章第二节	保持廉洁操守	廉洁	原某区检察院公诉科科长张某某违反"三个规定"案
8	第五章第二节	忠诚于宪法和法律	公平、正义	昆山砍人案
9	第六章第二节	禁止不当宣传	公正	劳荣枝代理律师吴丹红被"立案调查"案
10	第六章第二节	维护当事人的合法权益	敬业	律师尽职调查失职致客户被骗1亿，被判赔800万案
11	第六章第三节	保密义务	保密	李某某案违规律师涉嫌泄露隐私泄密案；"快乐湖"案
12	第六章第四节	利益冲突	诚信与道德、法治精神	上海一律师遇利益冲突继续代理被罚，状告司法局案

三、教学设计基本思路与措施

（一）教学设计基本思路

本课程思政教学的总体思路在于构建贯通性、递进式的法律职业伦理教学体系，实现多元化、层层递进的课程体系，力求实现"学训一体、协同育人"的思政教学效果。课程内容方面，构建"理论教学-实践教学"协同育人的法律职业伦理教学体系，通过多元化的课程设计，形成"理论教学—案例教学—情景模拟—社会实践"的融贯式、标准化、递进式的课程体系，以法律职业行为规则、伦理规则等基本理论课程体系，以法官、检察官、律师等司法实务技能与实践技术为基础的案例教学体系，以模拟职业情境及模拟法庭为载体的能力培养体系，以法律诊所为平台的诊所式实训操作体系。

（二）措施与方法

1. 教师应充分认识到课程思政的重要性，树立"以学生为中心"的教学理念，贯彻立德树人的根本目的

《法律职业伦理》课程的教学不能仅仅强调理论知识的"灌输"及法律实践技能的提升，核心价值在于引导学生通过该课程获得对法律职业的感悟和理解，认同并践行法律职业的行为规范，提高法律职业的道德修养，需以学生需求为中心重塑课堂教学。教师应充分认识到思政教育在《法律职业伦理》课程中的贯穿性和重要性，结合理论知识和案例在课前、课中、课后全程融入思政内容，最终实现立德树人的根本目的。

2. 运用"五个结合"的多维度混合式教学法，将思政元素融入日常教学过程中以课程思政为切入点推进教学方法转型

尝试运用"五个结合"的多维度混合式教学方法，即线上与线下相结合、校内教师与校外实务教师相结合、课前讨论课中学习与课后复习相结合、理论学习与案例分析相结合、个体情境体验与团队探究相结合，将职业伦理规范及道德素养的培养提升融合于案例分析、情境体验与互动交流之中，通过思政教学塑造学生自我体验、自我反思及自我构建、自我解决问题的能力，实现育人目的。在课程设计方面，"以案例为中心""以学生为主体"，案例选择方面采取学生自行选择与报送、教师指定相结合的方式，发挥学生的主观能动性，案例分析综合采取学生课前预习与小组讨论、课堂角色扮演与分组辩论、教师综合分析与总结等体验式方法，教师作为引导者和监督者，学生作为体验者和参与者，实现体验式教学亲历性、自主性、开放性的优势，从而提升法律职业伦理素养。

3. 构建"实境-训诫"协同育人的法律职业伦理教学体系

运用丰富的教学手段，改变传统的课堂讲授教学结构，以具体案例为载体，塑造"实境"环境，将师生放置于一个高度仿真、贴合实情的案件图景中感受法律职业的实际运行情况。比如，采取角色模拟的方式，由学生分别扮演案件中的法官、检察官、律师等职业人员，在课堂上实景重现案例过程，通过角色扮演获得更为深刻的内心体验和自我反思，增强学生对法律职业伦理的理解和认同。"训诫"之意并非指向教师对学生的教导提醒、诫勉督导、责令纠错等，而是教师引导和监督学生在"实境"中的体验和参与，师生进行开放性、互动式的对话，突显法律职业伦理教育塑造道德素养的课程特点，

促进德育环节学生"自训"与教师"他诚"的结合。

4. 改进课程成绩评价体系，提升学生综合能力

思政教学具体包括四个环节：一是课前学生预习课程知识，分小组开展案例讨论；二是教师结合思政内容课堂讲授基础知识；三是学生角色扮演不同法律职业，演绎案例情境，实境感受案例中的职业伦理规范，并分组展示课前案例讨论的观点；四是教师总结评价学生案例演绎与案例分析。四个环节环环相扣，理论学习、案例分析、情境体验相辅相成，促使思政内容入脑入心。在考核评价课程考核方式方面，贯彻将课程思政融入教学的理念，对标知识、能力、素质三个方面的教学目标，综合运用课前交流、课堂参与、课后讨论与课后作业、社会实践、日常考勤和期末考试等多角度考核模式。加大过程考核比重，动员更多的学生积极参与，由以往主要以期末考试成绩作为检验课程学习成果的单一考核模式，转变为多角度考核模式。课堂参与包括学生回答问题、参与讨论、参与模拟情境的角色扮演等；课后作业包括个人作业和小组作业，采取案例分析的形式，考查学生的实践能力；期末考试的题型设置包括客观题和主观题，客观题重在考察法律职业伦理基础知识，主观题侧重考察学生对于法律职业伦理规则在具体案例中的运用和解决实际问题的能力、对于法律职业伦理的理性认知和课堂思政的效果。

四、教学设计典型案例展示

（一）知识点概况

法官职业伦理，是指员额法官在审判执行活动、履行司法职能相关活动及法官个人生活中，逐步形成的各种行为规范、道德理念与司法习惯等的总和。法官职业伦理是法官应当遵守的职业操守，是法官各方面的行为准则，同时也是评价法官职业行为好坏的尺度与标准，对于法官这一特殊的群体具有普遍的约束力。法官职业伦理包括：忠诚司法、司法公正、司法为民、勤奋敬业、敢于担当、清正廉洁、严格自律。

（二）教学思路

通过线上平台分享新闻，让学生初步了解邹碧华法官的先进事迹，在课堂上播放视频，加深学生对邹碧华法官的认识，然后组织学生开展探讨：可以从邹碧华法官身上学习到哪些宝贵的职业伦理呢？结合邹碧华法官的先进事迹，逐一发言，教师根据学生的讨论情况，及时引导，确保讨论有序进行，

提炼出体现的法官职业伦理要点，将邹碧华法官的事迹与法官职业伦理的具体要求有机结合。

（三）课程思政设计

1. 课程引入

案例：法治"燃灯者" ——邹碧华[1]

邹碧华，汉族，江西奉新人，1967年1月出生，中共党员，1988年7月参加法院工作，上海市高级人民法院原党组成员、副院长。2014年12月10日，邹碧华法官在工作中突发疾病，经抢救无效因公殉职，年仅47岁。他生前曾获"改革先锋""全国优秀共产党员""时代楷模""全国模范法官"等荣誉。

邹碧华始终秉持"做一名有良知的法官"的职业理念，依法公正审理了上海社保基金追索案、我国首例涉及英国皇家建筑协会JCT文本的建筑工程案、北方证券破产案、艾滋病群体诉讼案等一大批在全国具有重大影响的案件。他规范设立了上海法院系统12368便民服务热线，受到群众欢迎。

作为上海市高级人民法院司法改革领导小组成员、司法改革领导小组办公室主任，邹碧华以其前瞻性的改革视野、精深的法学素养、丰富的实践经验成为全国司法改革探路先锋。面对社会对司法改革的误解，面对需要协调的各方利益，他说："改革怎么可能不触及利益，怎么可能没有争议。"邹碧华明确提出，司法改革的推进既要吃透中央精神、抓好工作落实，又要反对改革简单搞"一刀切"，最大限度地凝聚改革共识，形成改革力量。为制定科学考核标准，他带领同事将上海4家试点法院所有法官5年来的人均办案量全部梳理一遍，研究提出案件权重系数理论并设计多项审判管理评估指标，为法院人员综合考评管理体系建设奠定坚实基础。为确保改革效果，他提出了司法改革项目化管理理念，组织研究制定上海法院司法体制改革任务分解表，推动建立改革效果评估制度，通过动态跟踪、效果评估和信息反馈，实时研究解决司法改革进程中的问题。他创造性地将信息化手段、大数据、统

---

[1] 参见《邹碧华：司法改革道路上的"燃灯者"》，载中华人民共和国最高人民检察院官网：https://www.spp.gov.cn/spp/zhuanlan/202209/t20220920_578210.shtml，访问日期：2022年9月20日。

计学理论等前沿技术引入司法改革，参与最高人民法院"审判权力运行机制改革试点""司法公开三大平台建设改革试点"建设，为上海法院司法改革试点乃至全国司法体制改革作出突出贡献，被誉为司法改革道路上的"燃灯者"。

2. 思政结合

引导学生对邹碧华法官事迹中反映出的法律职业伦理作思考和讨论，归纳起来，主要包括这样几个方面：

第一，培养学生公正为民、忠诚司法的法律精神。邹碧华的一生生动诠释了一个司法工作者对司法事业的忠诚。他的短短 47 载人生，践行了一个朴实无华、默默奉献的干部风骨，践行了一个公平正义、惩恶扬善的审判者角色。26 年间，他历经了数次职位的转变，但他始终是充满热情、甘于奉献、怀揣人间大义的邹碧华。他坚持每周一次接待群众来访，亲自登门开导上访户，真正将群众利益放在心上，深知"老百姓打官司不容易"，努力让人民群众在每一起司法案件中不仅感受到公平正义，更重要的是感受到人性的关怀。对孩子因输血感染艾滋病去世的当事人，邹碧华大年三十带着多名法官前去慰问。对当事人说："你孩子没有了，我们法官就是你的亲人。""法安天下，德润人心"，由追求公平正义带来的自我价值满足感和幸福感，成了邹碧华心中的长明灯，也成了他行动的光源。

第二，培养学生勤奋敬业、敢于担当的法律精神。邹碧华生前主管法院的信息化工作。这是一项既没有先例可循，又必须履新适时、知难创新的开拓性工作，将直接影响到法院系统的司法改革、审判执行、法院管理，以及司法为民、司法公开等方方面面。为此，他以身作则，亲自带领大家苦干实干，"5+2，白加黑，24 小时工作制"成为常态。经过呕心沥血的努力，终于结出了累累硕果，"司法改革科学化""审判执行过程可视化""司法为民便捷化""司法公开常态化""法官办案智能化""审判管理精细化"这 6 项工作成果被大家一致认可，成为全国法院系统的首创成果。

第三，培养学生清正廉洁、严格自律的法律精神。修身齐家治国平天下，邹碧华法官是这句古语的最佳诠释者。他以一身正气、洁廉如水的品行，为我们树立了极好的榜样。邹碧华曾长期担任领导职务，他以同样的态度对待自己每一个领导职位，率先垂范，坚守清正廉洁底线。邹碧华常说："对法官来说，积累是一个过程，而多看书才能培育理论素养。"他是如是说的，更是如此做的。他时刻不忘充实自己的知识、涵养自己的人格，不断丰富的工作经验支撑他走得更远，而不断拓宽的知识面则让他走得更宽，不仅修知识，更修修为、修品行、修人格，始终守着自己内心的一片净土，守着司法正义，守着清正廉洁，不为任何利益所动。

从邹碧华法官身上，我们看到了一位优秀的人民法官应当何为。看见他人、照见自己，作为即将踏入法律职业共同体的一员，引导每一位同学都要以邹碧华法官为榜样，用自己的聪明才智为中国特色社会主义法治事业建设贡献出我们的光与热。

本案例通过对邹碧华法官事迹的介绍、视频和同名电影的推荐观看等方式，让学生们深切感受到我国司法体制改革进程中一心为民的优秀法官所具有的巨大感染力和影响力，体会到职业尊荣感，从而确立起了积极投身法律职业共同体的宏伟志愿。

3. 思考讨论

搜集 2 个~3 个法官违反职业伦理案例，讨论法官职业伦理的"雷区"有哪些？如果法官违反了法官职业伦理的要求有何惩戒？

第二编　法学专业基础课程

第十六章
《经济法》课程思政教学设计

安 静[1]

深入学习贯彻习近平新时代中国特色社会主义思想，落实立德树人根本任务，围绕"时代新人铸魂工程"，推进《经济法学》课程思政建设，充分发挥课程育人功能，整合育人要素，完善育人体系，优化课程评价机制。

一、课程简介和思政建设目标

《经济法学》课程以帮助学生了解相关专业和行业领域的国家战略、法律法规和相关政策，引导学生深入社会实践、关注现实问题，培育学生经世济民、诚信服务、德法兼修的职业素养为教学目标。

（一）课程简介

《经济法学》课程是面向法学专业开设的一门专业必修课，它利用法学的基本原理和方法，研究我国在经济管理和经济协调发展过程中所发生的经济法律关系。涵盖了经济法的概念、调整对象、特征、基本原则以及经济法的地位和作用；经济法律关系的概念与特征、构成要素和经济法律关系的产生、变更和消灭；经济法主体、市场规制法、宏观调控法和涉外经济法的基本知识；当下经济法领域的前沿和热点问题。经济法产生于政府和企业、市场互动的复杂背景之下，具体制度涉及国民经济的方方面面，主要内容包括：经

〔1〕 安静，内蒙古包头人，四川民族学院法学教授，研究方向：经济法学、民族法学。基金项目："五位一体，德法兼修"习近平法治思想融入法学专业课程建设探索与实践（编号：JGZD202304）阶段性成果；以"习近平法治思想"为中心的法学专业课程思政教学设计研究项目阶段性成果。

济法基础理论、公司法、反不正当竞争法、产品质量法、消费者权益保护法、反垄断法。课程注重理论与实践相结合，通过课堂讲授、案例教学及适当的法律实践活动等教学方式，要求学生正确认识经济法在国民经济和社会发展中的地位和作用；激发学生对法律的兴趣，增强其法律意识，强化其法律知识，并初步具有运用所学到的法律知识，去观察分析和解决处理实际工作生活中遇到的有关经济法律问题的能力。

（二）思政建设目标

为了推动《经济法》课程思政建设，系统梳理和深入挖掘《经济法》课程所蕴含的思想政治教育元素，形成体系化教学经验，推动习近平新时代中国特色社会主义思想进课堂、进头脑。

1. 习近平法治思想进课程

习近平法治思想是扎根中国大地的，具有时代性、科学性、原创性的法治理论体系，为新时代法学学科体系建设提供了宝贵思想理论资源。在基本范畴上，习近平法治思想通过总结中外法治理论成果和实践经验，创造性地提出了包括法治道路、法治体系、依宪治国、依宪执政、依规治党、法治经济、法治社会、涉外法治等在内的范畴体系，为构建法学学科体系奠定了坚实的概念框架。在重要命题上，习近平法治思想坚持以追求真理的精神把握法的普遍规律、洞察法的时代精神、总结法的科学认识，提出了一大批具有说服力、感染力的新判断、新命题，为构建法学学科体系提供了丰硕的思想观点。在基础理论上，习近平法治思想从辩证唯物主义和历史唯物主义出发，科学回答了一系列法治理论和实践问题，形成了由法治地位、法治结构、法治运行、法治关系、法治方法等众多理论板块构成的理论体系，为构建法学学科体系提供了强大的理论支撑。

2. 指引大学生牢固树立起正确的人生观、世界观、价值观

全面推进依法治国是一项长期而重大的历史任务，要坚持中国特色社会主义法治道路，坚持以马克思主义法学思想和中国特色社会主义法治理论为指导。马克思主义法学研究了社会经济基础与上层建筑的关系，揭示了法的本质和法律现象产生和发展的基本规律。经济法学的本质属性是调整现代国家进行宏观调控和市场规制过程中发生的社会关系的法律规范的总称。经济法基本原则的核心内涵便是：注重维护社会经济总体效益，兼顾社会各方经济利益公平。这一经济法基本原则也可以更简要地表述为：社会总体经济效

益优先，兼顾社会各方利益公平。从以上分析我们可以得出：经济法学的核心理念与马克思主义法学思想和中国特色社会主义法治理论不谋而合。因此，在进行经济法讲授过程中，加入思政元素，加强经济法学课程思政教学设计，实现从培养法律人才向培养高素质法治人才的历史性转变，其创新的重点在于"渗透性"，在无形中指引大学生牢固树立起正确的人生观、世界观、价值观。

3. 引导学生践行全面依法治国重大战略，自觉抵制各种错误观点和错误思潮，提升学生思辨能力

经济法是一个重要的法的部门，它所具有的重大作用主要表现在以下几个方面：①坚持以公有制为主体、多种所有制经济共同发展；②引导、推进和保障社会主义市场经济体制的建立和完善；③扩大对外经济技术交流和合作；④保证国民经济持续、快速、健康发展。从经济法在社会学上的重要作用中我们可以看出，经济法学教育与思政教育存在着天然而紧密的联系。法学乃正义之学，法学教育本身就是对意识形态领域的塑造和完善，经济法学基础理论和基本制度直接涉及意识形态因素。经济法学教育基于中国国情、中国经济问题探索，因此，我们应完善《经济法》课程思政教学设计内涵建设，推动思政元素融于经济法学课程，形成"经济法学+思政"协同效应，引导学生厘清全面依法治国重大战略，自觉抵制各种错误观点和错误思潮，增强科学思维能力。

4. 培养学生治国理政法律服务能力，成为担当民族复兴大任的时代新人

法科生在学习经济法时，除了不断学习专业知识之外，更主要的是培养逻辑推理、价值判断和责任分配的思维方式，形成独特的法治思维，才能在纷繁复杂的法治实践中解决法律纠纷。经济法学教育与思政教育完美结合后，可以更好地培养法科生的证据思维、规范思维、权利思维、程序思维、利益思维等，既达到法学教育的目标，又达到课程思政育人的目标。《经济法》课程思政建设要达到的最终目标是培养的法科生都可以为我国治国理政服务，成为担当民族复兴大任的时代新人。

二、课程思政元素挖掘与融入

习近平总书记强调，要加强法治理论研究和宣传，加强中国特色法学学科体系、学术体系、话语体系建设，在法学学科体系建设上要有底气、有自信。要以我为主、兼收并蓄、突出特色。这些重要论述，明确了新时代法学学科体系建设自主性、原创性、标识性、继承性、包容性的新思路。

（一）课程思政元素挖掘与分析

1. 引导学生了解经济法专业和经济学领域的国家战略和相关政策，提升
课程内容高阶性

课程聚焦法治化营商环境建设，引入学术前沿，教学内容紧密结合当前
的经济形势和政策，将时事新闻、热点话题与经济法理论相联系。例如在宏
观调控法中，引入了国家对房地产市场的调控政策，让学生了解政策背后的
法律逻辑和操作方式；在市场秩序规制法中，引入了互联网平台的反垄断法
案例，让学生了解反垄断法在实际操作中的难点和重点。

2. 充分利用校外资源协同育人，让学生通过参加学术交流和社会实践活
动，开阔学生研究视野，不断培育学生经世济民、诚信服务、德法兼
修的法律职业素养

通过开展与企业、与政府的深度合作，力争实现优势互补，实现协同育
人。例如，让学生参与"社会热点话题"交流会，通过交流社会热点话题，
提升学生的科研思维和创新意识。同时，还可以通过参与人民法院的民事疑
难案件研讨会，让学生围绕案件事实，法律规制等进行深度探讨和剖析，提
升学生创新意识和解决复杂问题能力，同时提升学生的经世济民、诚信服务、
德法兼修的法律职业素养。

（二）课程思政融入点

序号	章节	专业知识点	思政元素	典型案例
1	经济法总论	经济法的地位与作用，经济法的调整对象，违反经济法的法律责任	尊重事实和证据，有实证意识和严谨的求知态度	阿里巴巴投资有限公司被国家市场监督管理总局行政处罚案
2	公司法	公司章程、公司的合并、分立与组织变更、公司资本、股东出资股权概述、股权转让、公司的终止与清算	社会责任：能明辨是非，规则意识与法治意识	上海览冥信息技术有限公司诉上海医本医疗器械有限公司、柴某某股东资格确认纠纷案——缺乏书面代持协议情形下股权代持的认定

续表

序号	章节	专业知识点	思政元素	典型案例
3	消费者权益保护法	经营者义务，消费者权利，产品"三包"责任、产品侵权责任、惩罚性赔偿责任。消费者权利救济途径	人民至上、以人为本	石某诉庐山市某某旅游开发有限公司等旅游合同纠纷案——旅游合同附加消费前提条款的责任负担规则
4	产品质量法	经营者义务、生产者的产品质量义务、销售者的产品质量义务、消费者的权利、缺陷产品召回制度	公民的合法权益应受法律的保护；可能危及人体健康、财产安全的工业产品，必须符合保障人体健康和人身、财产安全的国家标准、行业标准	卢某某诉临海市某某特某某车辆制造有限公司等产品质量纠纷案
5	反不正当竞争法	市场混淆行为、商业贿赂行为、不当商业宣传行为、侵犯商业秘密行为、不当有奖销售行为、商业诋毁行为、网络不正当竞争行为。不正当竞争行为法律责任	价值追求；诚信原则及商业道德	北京某某商业发展有限公司与北京某某贸易有限公司等低价倾销不正当竞争纠纷上诉案
6	反垄断法	市场支配地位的认定、滥用市场支配地位的行为类型。横向垄断协议行为。控制经营者集中行为	社会公平正义	"幼儿园"横向垄断协议纠纷案——横向垄断协议实施者违约赔偿请求权的认定

三、教学设计基本思路与措施

确立经济法学课程思政目标，加强《经济法》课程思政教学设计，坚持以马克思主义法学思想和中国特色社会主义法治理论为指导，实现从培养法律人才向培养高素质法治人才的历史性转变。

（一）教学设计基本思路

1. 宏观层面：通过确立经济法学课程思政目标，确立经济法教学体系改革的方向和目标

经济法就是以社会为本位，通过国家、社会团体和市场将有限经济利益和稀缺经济资源合理地分配，以营造一个平衡和谐的社会经济环境，最终实现社会整体经济可持续发展的独立部门法律体系。经济法是社会本位法、利益和资源分配法与经济发展法。因此，从经济法的本质特点我们可以得出，《经济法》课程思政案例教学设计思路应从宏观上建立以立德树人为总目标，以国情、党情和世情为抓手，以"习近平法治思想"为中心设计法学专业思政教学，培养合格的法科生。

2. 微观层面：在案例教学中融入思政元素，重新设计经济法学课程教学，将经济法学课程串联成为"经济法案例教学+思政"特色教学

将中国法治化进程中发生的相关热点事件和时政案例融入课程教学，增强思政育人感染力，最终达到法科生意识形态的塑造和完善。通过解读经济法基本特点，我们得出以下结论：经济法是国家干预经济的法、经济法是社会责任本位法。经济法的产生是国家干预经济的必然结果，它把调整的重点始终放在引导各类经济主体依法进行经济活动，保证经济关系的正确确立和有序地进行上，以形成本国经济可持续发展的经济环境和经济秩序。经济法始终调整经济关系，调整的目的就是使社会的整体经济能持续、稳定发展，提高社会生产力水平。同时，经济法以社会利益为基点，无论是国家机关，还是社会组织或个人，都必须对社会负责，在此基础上处理和协调相互之间的关系。经济法学课程对于构建社会主义法治国家、提高国家治理体系和治理能力的现代化具有重要意义。

在微观层面，从经济法基本特点出发，将中国法治化进程中发生的相关热点事件和时政案例融入课程教学，增强思政育人感染力，最终达到法科生意识形态的塑造和完善。摆脱过去仅靠大量硬性灌输的方式，在案例教学中通过融入思政元素，将输入的内容消化吸收，确立法科生的规则意识、权责意识、批判意识、法治意识，从而达到明辨是非并指导行为的育人效果。

（二）措施与方法

1. 修订课程教学大纲

本课程组明确教学目标：帮助学生了解相关专业和行业领域的国家战略、法律法规和相关政策，引导学生深入社会实践、关注现实问题，培育学生经世济民、诚信服务、德法兼修的职业素养为教学目标。《经济法学》课程的教学大纲分为三部分，经济法学基础理论部分要求学生掌握经济法专业知识。"经济法（前沿）"部分聚焦当下经济法领域的前沿和热点问题，以对引起社会关注的热点问题做出规范分析为设计理念。"经济法学（涉外）"部分以培养通晓国际经济法律规则、善于处理涉外经济法律事务的法治人才为设计理念。

2. 数字化资源建设情况

一方面，本课程充分利用现有的优质线上教学资源，如中国大学慕课（MOOC）网、中国庭审公开网、最高人民法院微信公众号、互联网法院诉讼平台等实务信息化资源，发展"互联网+法学教育"，推进现代信息技术在《经济法学》课程教学中的应用。

另一方面，本课程依托超星学习通建立经济法课程资源库，涵盖了课件、专题讲解、社会热点推荐、题库、作业库、试卷库等。

3. 围绕着培育学生经世济民、诚信服务、德法兼修的职业素养的教学目标，本课程从教学模式、教学方法、教学内容进行了全方位的改革探索

（1）采用线上+线下的混合式教学模式。本课程除守好线下课堂这一方"质量田"外，一方面引入中国大学慕课（MOOC）网优质教学资源，另一方面通过超星学习通自建在线教学资源库。第二课堂教学平台中，纳入"学习强国"APP、"人民日报评论"公众号、"半月谈"公众号等思政平台。充分融合线上、线下两个课堂，拓展教学的时间和空间。

（2）在教学方法上，采用大比例多形式的实践教学，提高学生实践创新能力，培养学生高阶思维。本课程改变了传统讲授的教学方法，采用了读书报告会、辩论赛、实践交流报告、大学生科研项目、创新创业训练等多种实践教学方法，有效激发学生学习的主动性和参与性，引导学生深入社会实践、关注现实问题。

（3）在教学内容上，引入学术前沿、最新科研成果案例，培养学生高阶

思维，提升课程思政教学设计标准，促进课程育人成效。教学内容上能围绕专业核心课程教学和人才培养目标，加快课程教学内容迭代，体现先进教育教学理念、专业核心知识、前沿学术成果、最新科研成果和行业产业先进技术。今后工作重点是开展课程教学改革，引入学术前沿、最新科研成果案例，培养学生高阶思维，提高实践创新能力，提升课程学习效果前沿问题课程思政教学设计标准，促进课程育人成效。

最新科研成果案例引入。以四个热点案例为代表进行剖析：

第一，宏观调控法。解决政府采购公平竞争问题，引用案例：大连某科技发展有限公司诉深圳市财政委员会招投标投诉处理纠纷案。

第二，市场秩序规制法。解决反垄断行为处罚问题，引用案例："无励磁开关专利侵权和解协议"横向垄断协议纠纷案——滥用知识产权行为的反垄断审查。

第三，市场监管法。解决地方金融监管权问题，引用案例：某科技公司与童某融资租赁合同纠纷案、某银行蜀都支行与王某信用卡纠纷案。

第四，涉外案件处理。解决国际跨境监管问题，引用案例：从某咖啡案中分析中美跨境证券监管合作、"一带一路"跨境贸易的监管合作。

4. 采用科学评价方式，过程性考核和终结性考核中加入思政考核内容

在过程性考核和终结性考核中，评价标准既涉及国家发展、社会服务、个人理想等思政目标又涉及经济法学知识的掌握程度。通过考核的评价指标设置，对学生产生激励，督促运用法治思维，领悟法治精神。

5. 建立导师制培养机制，聚焦营商环境法治化建设，兼顾学生政治思想素养和个性化专业素养培养

根据学校《专业人才培养目标合理性评价办法（试行）》《专业毕业要求合理性评价办法（试行）》建立导师制培养机制，引导学生政治思想素养建设，引导学生专业个性化技能发展，实现立德树人、德法兼修的根本任务。

6. 构建"协同育人+平台育人"一体化育人体系，全面提升学生实践能力和创新能力

注重科教融汇、产教融合，不断优化人才培养方案。充分发挥"第一课堂"主渠道作用，统筹"第二课堂""第三课堂"的育人功能，努力构建"知识传授、能力培养、素质提升、人格塑造"四位一体的人才培养体系。

四、教学设计典型案例展示

(一)知识点概况

了解反垄断法滥用市场支配地位。滥用市场支配地位,又被称为滥用市场优势地位,是企业获得一定的市场优势地位后滥用这种地位,对市场中的其他主体进行不公平的交易或排斥竞争对手的行为。企业已取得市场支配(或优势)地位,这是企业实施支配地位滥用行为的前提条件,也是支配地位滥用行为的主体要件。

(二)教学思路

第一步是讲授"反垄断法滥用市场支配地位"基础知识,采用"1+N"模式进行教学。一方面,注重传统课堂的教学,属于教学设计思路中的"1",另一方面讲课中加入"市场监管总局对阿里巴巴二选一垄断行为作出行政处罚"思政典型案例。首先,借助信息技术、移动互联网络,超星学习通软件等发布案例,其次进行案例分析,案例分析之后进行小组讨论和情景教学,最后进行课堂辩论,力争多渠道焕发课堂生机活力,提升学生的动手能力和实践能力。

第二步以习近平法治思想、社会主义核心价值观等思政理念为引领,分析、讲解、辨析"市场监管总局对阿里巴巴二选一垄断行为作出行政处罚"典型案例。

第三步通过案例教学促进学生提升知识应用能力,例如促进学生证据思维、利益思维、程序思维等能力的达成,促进学生思政素质的提升。

(三)课程思政设计

1. 课程引入

市场监管总局对阿里巴巴"二选一"垄断行为作出行政处罚。2020 年 12 月,市场监管总局依据反垄断法对阿里巴巴集团控股有限公司(以下简称"阿里巴巴集团")在中国境内网络零售平台服务市场滥用市场支配地位行为立案调查。

市场监管总局成立专案组,在扎实开展前期工作的基础上,对阿里巴巴集团进行现场检查,调查询问相关人员,查阅复制有关文件资料,获取大量证据材料;对其他竞争性平台和平台内商家广泛开展调查取证;对本案证据材料进行深入核查和大数据分析;组织专家反复深入开展案件分析论证;多次听取阿里巴巴集团陈述意见，保障其合法权利。本案事实清楚、证据确凿、定性准确、处理恰当、手续完备、程序合法。

经查，阿里巴巴集团在中国境内网络零售平台服务市场具有支配地位。自 2015 年以来，阿里巴巴集团滥用该市场支配地位，对平台内商家提出"二选一"要求，禁止平台内商家在其他竞争性平台开店或参加促销活动，并借助市场力量、平台规则和数据、算法等技术手段，采取多种奖惩措施保障"二选一"要求执行，维持、增强自身市场力量，获取不正当竞争优势。

调查表明：阿里巴巴集团实施"二选一"行为排除、限制了中国境内网络零售平台服务市场的竞争，妨碍了商品服务和资源要素自由流通，影响了平台经济创新发展，侵害了平台内商家的合法权益，损害了消费者利益，构成《反垄断法》第 17 条第 1 款第 4 项禁止"没有正当理由，限定交易相对人只能与其进行交易"的滥用市场支配地位行为。

根据《反垄断法》第 47 条、第 49 条规定，综合考虑阿里巴巴集团违法行为的性质、程度和持续时间等因素，2021 年 4 月 10 日，市场监管总局依法作出行政处罚决定，责令阿里巴巴集团停止违法行为，并处以其 2019 年中国境内销售额 4557.12 亿元 4%的罚款，计 182.28 亿元。同时，按照行政处罚法坚持处罚与教育相结合的原则，向阿里巴巴集团发出《行政指导书》，要求其围绕严格落实平台企业主体责任、加强内控合规管理、维护公平竞争、保护平台内商家和消费者合法权益等方面进行全面整改，并连续 3 年向市场监管总局提交自查合规报告。

2. 思政结合

从以下三个方面阐述本案例思政元素与经济法课程的结合：

（1）国家应落实平台企业主体责任、加强内控合规管理、维护公平竞争、保护平台内商家和消费者合法权益等。具有支配地位的企业必须实施了滥用支配地位的行为。这是支配地位滥用行为的客观方面。如果以合法竞争的方式或以国家或政府授权的方式取得市场支配地位，并在法律允许的范围内生产、销售其产品或提供其服务的行为，不仅不为法律所禁止，而且还为法律所保护。只有当具有市场支配地位的企业所实施的市场行为限制了有效的、自由的竞争，损害了其他竞争者和消费者利益时，反垄断法才对之予以禁止和规制。

（2）具有市场支配地位的企业实施的市场行为破坏了自由的竞争秩序，

损害了其他竞争者与消费者的利益。具有市场支配地位的企业实施的市场行为破坏了自由的竞争秩序，损害了其他竞争者与消费者的利益，则该市场行为即被认定为支配地位滥用行为，这是支配地位滥用行为的客体要件。由此可知，支配地位滥用行为的客体（对象）为自由的竞争秩序、其他竞争者以及广大消费者的利益。如果该类企业实施的市场行为没有对以上客体造成任何损害后果，那么该类企业的市场行为就不能被认定为支配地位滥用行为而为反垄断法所禁止和规制。

（3）企业经营应以诚信为本，维护消费者利益和社会公共利益，促进社会主义市场经济健康发展。具有市场支配地位的企业利用其支配地位的优势，在与交易相对人为市场交易行为时，出于限制、阻止、遏制竞争之目的，故意采取低价倾销、搭售以及附加不合理条件、诋毁竞争对手等手段以造成将竞争者排挤出该相关市场的结果，从而实现其攫取高额利润的愿望。

3. 思考讨论

支配地位滥用行为排除、妨碍、限制了竞争，其他经营者被拒于相关市场之门外，不能正常地、公平地参与竞争，其利益受到了损害。从居于支配地位企业的角度来看，反垄断法对其滥用行为的规制好像是对其不利而仅仅对其竞争对手有利。从短期来看，居支配地位企业的滥用行为如牟取暴利的行为可使其在短期内获得高额利润。但是从长远来看，由于在相关市场领域内长期缺乏实质性的竞争，该类企业容易安于现状，不思进取，从而失去竞争活力。至此，该类企业不再注意经营管理水平，在技术上停滞不前，对新进入该相关市场生产可替代产品的其他行业或国外的经营者失去抵抗力，从而最终毁灭了"自己"。引发我们的思考：国家如何控制企业市场支配力？

第十七章
《劳动与社会保障法》课程思政教学设计

杨 婷[1]

一、课程简介和思政建设目标

（一）课程简介

劳动与社会保障法学是法学专业基础课程，面向大三本科生开设。在专注社会民生的《劳动与社会保障法》课程中加入思政元素特别有助于三年级学生从学生身份向法律人身份的转变。本课程的授课内容分为上下两编，分别围绕《劳动法》《劳动合同法》《社会保险法》展开，涵盖了劳动法学的基本理论和知识体系，系统探讨了社会保障法的基本原理、体系架构和运行机制。课程引入真实案例，践行"三全育人"的教学理念，实现翻转课堂教学，达成"知识传授、能力培养、价值塑造"三位一体育人目标。通过对劳动与社会保障法学的学习，学生将深入理解劳动法律法规在维护劳动者合法权益、构建和谐稳定劳动关系、促进经济社会发展方面的重要作用，了解社会保障相关政策、维护自身及弱势群体权益。《劳动法与社会保障法》的显著特征，即维护劳动者合法权益，所涉及的主体是多方面的，包括国家、社会及个人。课程内容以构建良性、有序、和谐的劳动关系为基本目标，这些内容的学习有利于培养学生爱国情怀，增强"四个自信"，树立社会主义核心价值观，培养学生社会参与和服务意识，尤其是把二十大的精神融入课程。

---

〔1〕 杨婷，四川达州人，四川民族学院法学院助理实验师，主要教授《教育法学》。

（二）思政建设目标

1. 引导增强学生的社会责任感

通过《劳动与社会保障法学》课程学习，使学生了解在劳动关系中，用人单位和劳动者都应承担相应的社会责任，共同构建和谐稳定的劳动环境，促进社会的可持续发展。使学生理解社会保障体系的建设和完善需要全社会的共同努力，激发学生为构建更完善的社会保障体系贡献力量的决心。从劳动者的弱势地位、劳动权益难保障、特困人群需救济等知识点的学习中，培养学生的同情心和正义感、勇于承担社会义务的责任意识。

2. 提升学生的国情认知和爱国情怀

结合我国劳动法律制度发展的历程和取得的成就，让学生了解我国在保障劳动者权益方面的努力和进步，增强对国家制度和发展道路的自信。结合我国社会保障制度的发展历程和成就，增强学生对国家的认同感和自豪感。

3. 强化学生的诚信意识，加深理解社会主义核心价值观

将社会主义核心价值观穿插在知识点学习过程中，在劳动合同订立过程中，秉持诚信原则；在社会保障的实施过程中，坚守诚信原则，反对欺诈和滥用保障资源的行为，牢固树立诚信友善的社会主义核心价值观。

4. 培养学生的创新思维和问题解决能力

通过价值引导，鼓励学生关注劳动领域的新问题、新挑战，思考如何运用法律手段和创新思维推动劳动法律制度的完善和发展。鼓励学生思考在社会发展变化中如何创新社会保障制度，以应对新的挑战和需求。

二、课程思政元素挖掘与融入

（一）课程思政元素挖掘与分析

1. 课程思政元素与马克思主义法学理论相结合

《劳动与社会保障法学》课程以"马工程"重点教材为教学用书，将马克思主义法治理论及其在中国的实践与成果作为课程思政内容挖掘的重点，用多种教学手段将其融入授课中。运用辩证唯物主义和历史唯物主义的观点看待我国的用工制度变化及发展，同时引导学生树立正确的择业观。例如，正确看待非全日制用工制度这类灵活就业形式的出现。从用人单位与劳动者的关系、工作时间与休息时间的关系、最低工资与工资总额的关系等方面挖掘思政元素，培养学生的辩证思维。

2. 课程思政元素与中华传统文化相结合

中华传统文化博大精深，其中蕴含的诚实信用、公平合理、团结友爱等中华优秀传统文化和思想观念，在劳动与社会保障法学课程中有充分体现，丰富了本课程思政元素内涵。如法定节假日休息制度就充分体现了对中国传统节日的重视，对中国传统文化的尊重。挖掘中华优秀传统文化，梳理中华法治文化发展脉络，将传统文化中的优秀因子蕴于课程教学之中并发扬光大，发挥思想政治引导和道德教育的作用。从我国用工制度改革史、世界劳动者权益保障史、我国社会保险制度发展史等方面挖掘思政元素，培养学生以发展的眼光看待问题，应看到历史制度的时代性和局限性，增强学生的历史代入感和传承意识。

3. 课程思政元素与时代精神相结合

实现中华民族伟大复兴的中国梦，必须弘扬中国精神，这就是以爱国主义为核心的民族精神和以改革创新为核心的时代精神。通过现实案例引入，介绍我国劳动领域所遇到的新问题、新挑战，引导学生客观看待我国以社会保险为核心构建的社会保障制度。完善我国的劳动制度、创新我国的社会保障制度需要同学们发扬以改革创新为核心的时代精神。

4. 课程思政元素与社会主义制度相结合

我国劳动法律制度和社会保障制度的发展都离不开我国优越的社会主义制度。从中西劳动法制对比、中国劳动法制演进、中国社会保障改革中挖掘思政元素，展示我党以"人民为中心"的理念，坚定学生坚持中国共产党领导的信念。伴随着市场经济的出现，我国的用工形式逐渐多元化，需保护各类用工形式下劳动者及用人单位的合法权益，才能推动我国劳动法律制度不断完善。针对我国老龄化趋势日渐显著、生育率持续下降的现状，我国提出各项养老保险、生育保险等新的社会保障措施。

5. 课程思政元素与职业道德相结合

依据法学专业人才培养目标，劳动与社会保障法在课程教学中注重学生职业技能的运用掌握。由于学生毕业后都面临就业问题，会提前关注劳动市场有关制度规范。本课程有针对性地挖掘课程所蕴含的公正、平等、诚实信用等育人元素，增强课程育人的针对性和实效性，有益于帮助学生制定合理的职业发展规划。教育引导学生深刻理解并自觉实践各行业的职业精神和职业规范，增强职业责任感，培养遵纪守法、爱岗敬业、无私奉献、诚实守信、公道办事、开拓创新的职业品格和行为习惯。

（二）课程思政融入点

序号	章节	专业知识点	思政元素	典型案例
1	第一章 第一节	劳动法私法与公法相兼容的特点	我国政治制度优越性	刘某与某生物公司劳动合同纠纷上诉案
2	第二章 第二节	反就业歧视	公平就业、文明用工	闫某某诉某公司平等就业权纠纷案
3	第三章 第二节	劳动合同的主要条款	诚信	王某某与某钢铁加工有限公司竞业限制纠纷案
4	第三章 第四节	用人单位违法解除劳动合同	公平、职场友善	李某与某电子商务公司劳动争议案
5	第三章 第五节	非全日制用工	发展的眼光看待事物	云南某某保洁有限公司与周某淞非全日制用工纠纷案
6	第五章 第二节	工时制度	劳动精神	黄某与某管业公司劳动合同纠纷案
7	第五章 第三节	休息时间制度	重视中国传统节日	某建筑装饰工程有限公司要求员工签订不平等承诺书案
8	第六章 第二节	劳动争议仲裁	和谐劳动关系	福建王某兴等人劳动仲裁执行虚假诉讼监督案
9	第八章 第二节	职工养老保险	代际公平	冯某某诉某机械有限责任公司养老保险待遇纠纷案
10	第九章 第一节	医疗保险	社会互助共济	许某某诉某橡塑有限公司医疗保险待遇纠纷案
11	第十章 第二节	工伤认定	人文关怀	孙某某诉某劳动人事局工伤认定案
12	第十一章 第二节	失业保险待遇	生存保障	某通信有限公司与金某失业保险待遇纠纷案
13	第十三章 第二节	最低生活保障	促进社会和谐	李小某、李某诉某最低生活保障工作局社会保障行政救助案

续表

序号	章节	专业知识点	思政元素	典型案例
14	第十四章第二节	社会优待	弘扬爱国主义	李某某诉某镇人民政府不依法履行优待金给付义务案

三、教学设计基本思路与措施

(一) 教学设计基本思路

本课程立足于法学专业人才培养，在"三全育人"视角下，以培养应用型人才为目标，坚持价值引领，创新教学方法，运用多元教学媒介，实现翻转课堂教学。秉承"知识框架搭建—核心能力培养—整体素养提升"层层递进的教学理念，对教学环节进行设计。贯彻知识传授、能力培养、素养提升"三位一体"的育人理念，培养德法兼修的社会主义高素质法治人才。

在三级设计理念中，每个层级都各有侧重，第一层级侧重"知识框架"，意在于学生头脑中建立知识体系，而非零散易忘的知识点；第二层级侧重"核心能力"，重在培养学生作为法律人才最必要的能力；第三层级侧重"整体素养"，意在促成学生价值观、思维方式、社会情怀各方面的全面提升，实现立德树人的目的。

知识框架搭建设定为：外部知识框架搭建、内部知识体系建构、知识点要素构成。该设计的高阶性在于：从体系脉络上把握知识，更有利于知识的存储和应用。创新性在于：知识点从宏观到微观，各级目标自成体系，知识体系与知识点紧密嵌构，有利于学生形成体系化的思维和学习方法。挑战性在于：需破除学生只见树木不见森林的思维方式，强化体系化思维。

核心能力培养设定为：法律诠释能力、法律推理能力、法律论证能力。三种能力是法律人才的专属能力和核心能力。法律诠释能力是法律推理和论证的基础，法律推理是法律思维从已知到未知的进阶，法律论证是对自方观点的坚持和对他方观点的驳斥。三者结合最能体现学生运用知识的能力。

整体素养提升设定为：政治素养、历史素养、哲学素养、责任素养。它的价值引领性在于：通过培养学生的历史和哲学素养，使他们形成坚定不移地坚持中国共产党领导的政治信念，并最终成为关切社会、勇于担当的法律人才。

上述三个教育环节体现了步步为营的教育思路，使教育目标可以有效实现。

（二）措施与方法

1. 明确教学目标，凸显思政元素

《劳动与社会保障法学》课程的教学目标是：通过《劳动与社会保障法学》课程的学习，帮助学生熟悉有关劳动法、社会保险法的有关规定；掌握建立良好劳动关系的基本方法和维护自身权益的实际操作技能；培养学生分析、解决有关劳动争议及社会保障待遇争议的正确思路和较强能力；使学生具备良好的专业素养，为在实际工作中较好地从事各类工作打下坚实的基础。

该课程在多个维度上教学目标如下：

（1）知识目标。通过教学过程中的知识列举，帮助学生掌握劳动法、劳动合同法、社会保险法基本知识、基本概念及相关法律规定。

（2）应用目标。要求学生掌握劳动合同订立、履行、变更解除和终止全过程，以及劳动争议处理程序、社会保障义务履行方面的法律规定和实际操作技能。

（3）整合目标。教育引导学生深刻理解并自觉实践各行业的职业精神和职业规范，增强职业责任感，培养遵纪守法、爱岗敬业、无私奉献、诚实守信、公道办事、开拓创新的职业品格和行为习惯。

（4）情感目标。培养学生热爱自己的劳动岗位，弘扬劳动精神，将"读万卷书"和"行万里路"相结合，在艰苦奋斗中锤炼意志品质。

（5）价值目标。帮助学生在就业过程中遵守职业规范、法律法规，培养学生良好的职业品德、职业纪律及职业责任心，知法、守法、懂法、用法，积极践行社会主义核心价值观。

（6）学习目标。养成课前课后利用各种线上线下资源自主学习的习惯和意识；培养学生自主学习、持续学习和终身学习的习惯和能力，并在实践中学以致用。

2. 创新教学方法，嵌入课程思政

《劳动与社会保障法学》是一门实践性较强的课程，本课程主要针对大三学生开设，该年级阶段即将步入社会求职，对劳动市场知识有较高关注度。因此，针对本专业学生的特点，教学方法要结合学生的实际，将德育有效融合。要让课堂成为思政教育的有效载体，教学方法必须切实遵循教书育人的规律，注重提升课堂话语权传播的有效性，在视频教学法、案例法教学法、互动讨论教学法及情景模拟教学法等方法中，促进学生通过参与和思考，实现认知、态度、情感和行为认同，以行之有效的"课程思政"教育方式，在潜移默化中培育社会主义核心价值观。

（1）视频教学法。在高等教育的教学方式中，视频教学法是不可或缺的一种教学手段。高等教育更多的是需要锻炼大学生的自学能力，课前通过中国大学慕课（MOOC）网等平台中的优质课程资源让学生以自己主动的方式进行学习。同时，视频教学法还指，应当在课件资源中嵌入具有正能量的相关视频，将社会主义劳动者的优良价值观传播给学员。例如，在讲述劳动合同法的主体时，可以精选每年五一劳动节评选的十大劳模先进事迹，对同学们进行劳动价值观教育。在看完视频后，请学生踊跃发言、各抒己见，对劳模职业道德精神进行讨论，寓教于先进事迹。

（2）案例教学法。案例教学是劳动与社会保障法教学环节的重要部分。教材中每一章都精选典型案例作为导学，进行启发式教学，给同学们思考的空间。通过案例将德育贯穿于教学过程中，使正确的人生观、价值观、社会责任感和职业道德教育渗透到学生日常行为中，逐渐成为学生的自觉需求，最终达到培育中国特色社会主义和谐劳动关系的劳动者这一目标。

（3）互动讨论教学法。劳动合同法调整的是劳动关系，但仅仅通过教材无法涵盖日常生活中出现的和劳动有关的法律问题。因此，与学生通过互动平台，让其提出生活中经常遇到的与劳动法相关的问题能够建立起一座很好的沟通桥梁。这种教学法不仅能解决学生在实践中遇到的问题，为其答疑解惑，增加实用性，更能增进师生感情，容易引导学生树立正确的价值观。例如，在疫情刚发生的期间，就有学生家中亲人被企业辞退，学生会疑惑企业是否可以辞退员工，是否予以赔偿的问题。又例如，学生利用假期打临时工，但老板以未签劳动合同为由拒不支付劳动报酬的问题。

（4）情景教学法。通过设定一个虚拟大学生求职之路，赋予具体的故事情境，从其求职、工作、休息休假、辞职、跳槽及维权等经历串联劳动合同法中各章节的知识点，帮助学生顺利掌握课程的知识点。在社会保险法这一部分的学习之中，可以让来自国有企业家庭背景的学生追忆小时候的福利待遇，关注目前的养老金水平，让来自东南沿海地区的学生讲述家乡的人口年龄结构状况与社会保险待遇水平，对比得出社会保险的地区性筹资差异水平在不同时代的负担情况，进而理解社会保险制度的法理基础和特殊国情造成的养老金全国统筹制度。这种教学法能让学生身临其境，学习时更有亲切感。以期通过将"社会主义核心价值观"融入虚拟人物各项工作、生活经历，将"诚信"融入学生的求职过程，将"工匠精神""敬业"融入学生的工作履行。

（5）实践教学法。鉴于学院与多家律师事务所、企业等实务机构签署了实践实训合作协议，有着密切的合作关系，对于社会保障法中的灵活就业人员参保缴费方式、社会保险与商业保险的法律关系、劳动关系与社会保险关系的"松绑"法律制度等知识点的传授，可邀请来自这些机构的实务工作者现身说法，以亲身工作经验给学生带来最直观的感受。亦可在日常课程中带领学生前往就近法院旁听劳动争议纠纷案件、社会保障履行纠纷案件，感受真实案件的审理过程。

3. 实施翻转课堂教学，融合思政因子

（1）课外教学环节。课前线上发布自主学习任务，学生通过视频教学线上自学传统教学中由教师讲授的新课程基础知识点，主动完成知识点理解并记忆，达成低阶学习目标。课后完善学生作业评价机制，更加注重过程性考核，积极反馈学生思考提问，适应社会人才市场需求，加强实践教学，注重培养学生的应用能力。

（2）课内教学环节。加强学生深度参与课堂教学，第一步以思政案例导入课程，激发学生学习兴趣，引导学生回顾课前自学知识点，结合案例进行测试；第二步结合测试结果巩固知识点记忆，进行纠错、评价，深化理解，在此基础上通过小组讨论、情景模拟等多种形式开展课堂活动，促使同学们完成沟通合作、评价创造、应用分析等高阶情感、价值目标；第三步进行课堂总结，提炼学习重点，布置课后任务（思考与练习、课程小论文等）及下节课的课前学习任务，开启新一轮课堂翻转循环。

4. 变革学习考核评价，回应教学目标达成

"全过程学业评价"要求教师在教学过程中，采用不同方式考核学生学习情况，《劳动法与社会保障法》课程通过总结与摸索，建立多元化学习评价机制，了解学生的真实学习感受，对学习成效作出综合评价。学生的总评成绩包括三个单元：平时考核、单元测试、期末考试。推行"非标准答案"考核

方式，注重提升学生运用知识解决法律问题的实践能力和价值观引导与提升。其中，过程性考核（平时考核）多元化，包括以下方面：

（1）课前的导入：完成课前学习通里的任务点和背景资料及时事热点，根据完成进度给予成绩。对应学生提升自主学习积极性的能力目标。

（2）小组作业及分组讨论：对劳动争议案件开展模拟法庭，给每组布置与课程紧密相关的主题进行讨论，最后以讲课的形式反馈，根据讨论的结果给予成绩。对应学生沟通协作、问题解决能力目标。

（3）课堂互动及随堂测试：抢答、辩论，完成学习通里的练习题，根据回答正确度给予成绩。对应学生语言表达自信、逻辑思考能力目标。

（4）课程小论文：每个学生课后查资料完成，根据论文质量给予成绩。对应学生批判性思维、思考能力目标。

（5）课后拓展思政小课堂：课后布置与课程紧密相关的主题进行讨论，最后以讲课的形式反馈，根据讲课的内容给予成绩。对应学生是否理解职业规范、社会主义核心价值观等情感、价值观目标。

四、教学设计典型案例展示

（一）知识点概况

用人单位解除劳动合同的行为，如果违反了法律法规关于劳动合同解除的强制性规定，或者违反了集体合同和劳动合同依法约定的解除劳动合同的规则，则属于用人单位违法解除。

（二）教学思路

课前通过学习通发布学习任务，学生通过中国大学慕课（MOOC）网平台自学"劳动合同解除制度"的基础知识点，完成知识点理解并记忆。第一步以"李某与某电子商务公司劳动争议案"导入课程，激发学生学习兴趣，引导学生回顾课前自学的劳动合同解除条件，结合案例完成学习通上发布的练习题测试；第二步结合测试结果巩固记忆劳动合同解除条件，对选择题选项情况进行分析，纠错以达到深化理解，在此基础上对用人单位违法解除劳动合同的后果进行小组讨论，促使同学们完成沟通合作、评价创造、应用分析；第三步总结当堂课学习了劳动合同解除条件以及用人单位违法解除劳动合同的后果，强调重点需要学会如何运用本节课所学知识让劳动者进行合法维权。通过学习通发布作业：①搜集近 3 年来用人单位违法解除劳动合同的一则案例，形成案例分析报告；②完成下节课"劳动合同特殊制度"的课前自学任务。及时对案例分析报告进行评价分析，在下一节课中提出评价结果，引导学生参与实践教学。

（三）课程思政设计

1. 课程引入

案例：李某与某电子商务公司劳动争议案[1]

李某于2021年2月26日入职某电子商务公司，签订了劳动合同，岗位为工程师。2022年1月21日，李某父亲患癌症晚期，李某通过微信向直属领导张某请假，又通过邮件向领导请假称，"因父亲病重需紧急返乡，特提出请假申请"，请假时间为2022年1月24日至1月30日。当日，李某回家照顾重病父亲。期间，公司要求李某提供有效请假材料，李某亦通过微信提交了父亲病历照片。1月28日，李某父亲病重去世。当日，公司却以李某请假未批不到岗，构成旷工为由解除了劳动合同。李某不服解除决定，申请劳动仲裁，仲裁委认定公司解除劳动合同违法。该公司不认可裁决结果，起诉至人民法院，请求不支付违法解除劳动合同赔偿金。

法院经审理认为，劳动者有自觉维护用人单位劳动秩序、遵守用人单位规章制度的义务；用人单位用工管理权的行使方式亦应善意、宽容、合理。李某因父亲病重需要陪护，向公司申请事假，既是处理突发家庭事务，亦属尽人子孝道。李某父亲患重病病危，在事发紧急的情况下，李某已经向公司请假，在照顾患病父亲期间也将其父患病的相关资料传给了公司。公司在明知其父亲重病的情况下，仍以请假材料不全，未经审批为由，要求李某到岗，未体现出以人为本的发展理念，与社会主义核心价值观中友善的要求不符，亦有悖于中华民族的传统孝文化，既不合情也不合理。综上，李某不构成旷工，公司属于违法解除劳动合同，故判决某电子商务公司支付李某违法解除劳动合同赔偿金113 520元。

---

[1]　参见《第三批人民法院大力弘扬社会主义核心价值观典型民事案例》，载中华人民共和国最高人民法院网：https://www.court.gov.cn/zixun/xiangqing/390531.html，访问日期：2023年3月1日。

2. 思政结合

习近平总书记指出，要把弘扬孝亲敬老纳入社会主义核心价值观宣传教育，建设具有民族特色、时代特征的孝亲敬老文化。企业作为社会成员，也应合理承担孝亲敬老的社会责任，对职工照顾父母的孝亲行为予以适当包容和鼓励。本案中，职工为了照顾病危父亲请事假，既是履行赡养老人义务，也是一种孝亲敬老的行为。百善孝为先，企业也应以同理心加以对待，给予职工请假便利，而不是机械管理、消极应对。本案对于树立孝亲敬老的社会风尚、构建和谐劳动关系具有积极意义，有利于弘扬友善、和谐、文明、法治的社会主义核心价值观。

3. 思考讨论

请同学们思考，劳动合同解除制度是如何体现社会主义核心价值观的？可结合具体案例阐释。

第十八章
《知识产权法》课程思政教学设计

安　静[1]

　　《知识产权法学》课程思政教学坚持与党和人民事业同向同行、与马克思主义中国化进程同频共振、与法治中国建设同步共进，在理论创新、范式转换、体系变革中砥砺前行，初步构建了一个门类较齐全、分工较细致的学科体系。在新时代新征程上，面对世界之变、时代之变、历史之变，中国法学研究者必须坚持以习近平法治思想为指导，加快法学学科推陈出新、迭代更新、交叉创新的步伐，构建起中国特色、世界一流的法学学科体系。人才培育方案中应落实立德树人根本任务，以培养"德法兼修"高素质法治人才为目标，积极推动法学专业思政建设，努力培养造就更多具有坚定理想信念、深厚家国情怀、扎实法学根底、宽广国际视野的高素质法治人才。

一、课程简介和思政建设目标

（一）课程简介

　　《知识产权法学》课程是面向法学专业开设的一门专业必修课，开设知识产权法课程的目的是要求学生掌握商标法、专利法、著作权法的主要概念和基本原理，熟悉我国现行知识产权法的基本制度，了解我国承认和加入的保

　　[1]　安静，内蒙古包头人，四川民族学院法学教授，研究方向：知识产权法学、民族法学。基金项目：校级一流课程《知识产权法》阶段性成果；"五位一体，德法兼修"习近平法治思想融入法学专业课程建设探索与实践（编号：JGZD202304）阶段性成果；以"习近平法治思想"为中心的法学专业课程思政教学设计研究项目阶段性成果。

护知识产权的国际条约、协定等。通过本课程的学习，让学生掌握知识产权法的理论知识并能灵活地运用于实践。2021 年国家颁布《知识产权强国建设纲要（2021—2035 年）》之后，知识产权战略成了国家发展总体战略的组成部分，各地纷纷将知识产权战略与经贸政策相结合，知识产权保护的新问题、新案件不断出现，极大地丰富了知识产权法学研究的内容，对知识产权法课程建设既是机遇也是挑战。

课程注重理论与实践相结合，通过课堂讲授、案例教学及适当的法律实践活动等教学方式，要求学生正确认识知识产权法在国民经济和社会发展中的地位和作用；激发学生对法律的兴趣，增强其法律意识，强化其法律知识并初步具有运用所学到的法律知识，去观察分析和处理实际工作生活中遇到的有关知识产权法律问题的能力。

（二）思政建设目标

1. 加强知识产权法学课程思政教学设计，坚持以马克思主义法学思想和中国特色社会主义法治理论为指导，实现从培养法律人才向培养高素质法治人才的历史性转变

习近平总书记在考察中国政法大学时强调：全面推进依法治国是一项长期而重大的历史任务，要坚持中国特色社会主义法治道路，坚持以马克思主义法学思想和中国特色社会主义法治理论为指导，马克思主义法学揭示了法的本质和法律现象产生和发展的基本规律。

2. 调整创新知识产权法学课程思政设计，系统化设计法学课程思政，以此为基础建立操作性强、资源配置合理及制度化保障的课程思政行动体系

从分析教学对象、慎思教学目的、精选教学内容、优化教学方法、优化教学评价等五个方面改进教学设计，尤其是知识产权法思政案例教学。众所周知，习近平法治思想是根源于实践、运用于实践、在实践中经受检验、在实践中创新发展的法治理论，因此，《知识产权法》课程思政案例教学是理论和实践相结合的教学模式。

3. 全面推动"知识产权法案例教学+思政"特色教学进课堂，落实新时代课程思政改革创新

法学是利益平衡的艺术，无论是立法、执法还是司法，需要平衡各方利益，法学问题往往没有标准答案，需要授课教师融会贯通，生动讲解。因此，

推动"知识产权法案例教学+思政"特色教学进课堂，在教学案例分析中融入思政元素，融入"法治兴则国兴，法治强则国强""厉行法治、法安天下"的社会主义法治思想，在此基础上培养学生的价值认同和制度自信，从而落实新时代课程思政改革创新。

4. 坚持守正和创新相统一，不断增强知识产权法学课程思政的思想性、理论性、亲和力、针对性

贯彻知识产权法学与思政同向同行，确立"立德树人"概念。其中，"立"指政治方向，"树"指政治道路，最终达成全面依法治国、建设社会主义法治体系目标。

2021年中共中央、国务院印发了《知识产权强国建设纲要（2021—2035年）》。该纲要提出，到2035年，中国特色、世界水平的知识产权强国基本建成，知识产权综合竞争力跻身世界前列。随着知识产权越来越成为提升市场核心竞争力的手段，知识产权制度已成为基础性制度和社会政策的重要组成部分。因此，知识产权法学课程思政应该构建全景式、融合式、渐进式的"德法兼修"法治人才培养模式，与国家知识产权战略相匹配，这对实现国家总体目标具有重大意义。

二、课程思政元素挖掘与融入

（一）课程思政元素挖掘与分析

1. 注重将"德法兼修"专业思政建设目标贯穿到人才培养的全过程，不断优化人才培养的顶层设计

发挥《知识产权法学》课程建设的"主战场"、课堂教学"主渠道"作用，明确本课程的课程思政元素，并通过课程目标设计、教学大纲修订予以落实。通过校院两级课程思政示范课建设，努力实现本课程思政示范课全覆盖。

高校法学专业是培养社会主义法治建设人才的摇篮，法科学生未来的就业方向主要是从事政治、法律工作，如法官、检察官、律师以及其他党政机关政法类公务员，显然这类职业对思想政治品德的要求比其他职业更高。因此，新时代法学专业课程建设要体现与课程思政同向同行的属性，所以《知识产权法学》课程思政元素的挖掘意义重大。

2. 以"习近平法治思想"最新成果作为主要理论支撑，实现从培养法律人才向培养高素质法治人才的历史性转变，确立"习近平法治思想"作为课程思政元素挖掘的思想引领

习近平法治思想深刻指明了加强法学学科体系建设的新理念、新思路，科学提出了一系列具有原创性意义的新范畴、新命题、新理论，对新时代法学学科体系建设具有立根塑魂、立柱架梁的作用。习近平总书记强调，要加强法治理论研究和宣传，加强中国特色法学学科体系、学术体系、话语体系建设，在法学学科体系建设上要有底气、有自信。要以我为主、兼收并蓄、突出特色。这些重要论述，明确了新时代法学学科体系建设自主性、原创性、标识性、继承性、包容性的新思路。

习近平法治思想是扎根中国大地的具有时代性、科学性、原创性的法治理论体系，为新时代法学学科体系建设提供了宝贵思想理论资源。在基本范畴上，习近平法治思想通过总结中外法治理论成果和实践经验，创造性地提出了包括法治道路、法治体系、依宪治国、依宪执政、依规治党、法治经济、法治社会、涉外法治等在内的范畴体系，为构建法学学科体系奠定了坚实的概念框架。在重要命题上，习近平法治思想坚持以追求真理的精神把握法的普遍规律、洞察法的时代精神、总结法的科学认识，提出了一大批具有说服力、感染力的新判断、新命题，为构建法学学科体系提供了丰硕的思想观点。在基础理论上，习近平法治思想从辩证唯物主义和历史唯物主义出发，科学回答了一系列法治理论和实践问题，形成了由法治地位、法治结构、法治运行、法治关系、法治方法等众多理论板块构成的理论体系，为构建法学学科体系提供了强大的理论支撑。

因此，确立"习近平法治思想"作为《知识产权法学》课程思政元素挖掘的思想引领势在必行。

3.《知识产权法学》课程思政元素挖掘需要通过寻找课程思政典型案例实现

通过警示案例方式，在知识产权法各章节中引入深度解读教材体系的典型案例，建设《知识产权法学》典型案例资源库，加强《知识产权法学》课程思政元素挖掘。

（二）课程思政融入点

1. 利用地缘优势，赓续红色基因，作为课程思政融入点

作为民族高校，有红色基因的地方，教学中秉承"铸牢中华民族共同体意识""习近平法治思想"，构建课程思政育人全覆盖模式，通过"走访泸定桥，学习著作权法"等方式，赓续红色基因，德法兼修协同育人，充分发挥《知识产权法学》课程的思想政治教育功能。

2. "一条主线五大重点"作为课程思政融入点

确立了"一条主线五大重点"育人特色。一条主线：坚定学生理想信念、爱党、爱国、爱社会主义、爱人民、爱集体。五大重点：习近平法治思想、社会主义核心价值观、中华优秀传统文化、宪法法治、法律职业伦理道德。通过一条主线、五大重点与《知识产权法学》的融合，力争培育学生能够达到经世济民的人才培养目标。

3. 师生"思政共进"教学模式作为课程思政融入点

创新"开放型"学习生态，通过问题链、知识链、价值链，进行全链条师生"思政共进"式培养模式，达到教学一体、法政融通、德法兼修。

（二）课程思政融入点

序号	章节	专业知识点	思政元素	典型案例
1	知识产权的基本原理	了解知识产权的分类，理解知识产权的定义、知识产权权利冲突的概念、类型及产生原因，重点掌握知识产权的范围、法律特征、权利内容和处理知识产权权利冲突的原则	法治是国家治理体系和治理能力的重要依托。只有全面依法治国才能有效保障国家治理体系的系统性、规范性、协调性，才能最大限度凝聚社会共识	左尚明舍家居用品（上海）有限公司诉北京中融恒盛木业有限公司、南京梦阳家具销售中心侵害纠纷案
2	知识产权的保护	了解知识产权的行政保护、知识产权国际保护的产生和发展，理解知识产权国际	我们要建设中国特色、世界水平的知识产权强国，对于提升国家核心竞争力，实现	深圳市腾讯计算机系统有限公司等诉广州点云科技有限公司侵害信息网络传播权及不正当竞争纠纷案

续表

序号	章节	专业知识点	思政元素	典型案例
		保护的主要原则和外国人作品在我国受保护的条件，重点掌握并能综合应用知识产权的司法保护	更高质量、更有效率、更加公平、更可持续、更为安全的发展等具有重要意义人民法院应保护作者具有独创性的表	
3	著作权客体	了解作品的定义，理解作品的种类，重点掌握并能综合应用作品的构成要件和不受著作权法保护的对象	达，即思想或情感的表现形式。坚持在法治轨道上推进国家治理体系和治理能力现代化	张某燕诉雷献和、赵某、山东爱书人音像图书有限公司侵权纠纷案
4	著作权的权利	了解著作人身权、著作财产权、转让权和许可使用权的概念，理解著作人身权的特征，重点掌握并能综合应用著作人身权的内容、著作财产权的内容、著作权转让合同和使用许可合同的基本理论及法律规定	民间文学艺术衍生作品的表达系独立完成且有创造性的部分，符合著作权法保护的作品特征的，应当认定作者对其独创性部分享有著作权	洪某远、邓某香诉贵州五福坊食品有限公司、贵州今彩民族文化研发有限公司侵权纠纷案
5	著作权的归属	被视为作者的单位，合作作品的认定，职务作品的认定及归属被视为作者的单位，合作作品的认定，职务作品的认定及归属	坚持建设中国特色社会主义法治体系。中国特色社会主义法治体系是推进全面依法治国的总抓手。要加快形成完备的法律规范体系、高效的法治实施体系	石某林诉泰州华仁电子资讯有限公司侵害计算机软件著作权纠纷案

序号	章节	专业知识点	思政元素	典型案例
6	邻接权	邻接权人的权利和义务	如果擅自出版、发行已被他人取得专有使用权的录音录像制品，构成对专有使用权人的侵权。推进法治国家、法治政府、法治社会一体建设	广东唱金影音有限公司与中国文联音像出版社、天津天宝文化发展有限公司、天津天宝光碟有限公司、河北省河北梆子剧院、河北音像人音像制品批销有限公司著作权纠纷案
7	著作权的限制和期限	了解著作权和邻接权的期限，理解合理使用和法定许可的定义和方式，合理使用的法定方式，重点掌握并能综合应用合理使用的要件、合理使用方式中适当引用的法律规定	当事人的行为可以从单位的规章制度、明令禁止、获得报酬、双方的言行等方面进行深入探究	胡某庆、吴某初诉上海美术电影制片厂著作权权属纠纷案
8	侵犯著作权的行为	重点掌握并能综合应用剽窃、侵犯专有出版权的有关理论及其法律规定	经营者在生产经营活动中，应当遵循自愿、平等、公平、诚信的原则，遵守法律和商业道德	完美世界（北京）软件科技发展有限公司与被告北京玩蟹科技有限公司著作权侵权纠纷案
9	专利权的主体和客体	了解专利权主体的种类，理解专利权客体的种类和条件，重点掌握并能综合应用专利申请权的归属、不授予专利权的对象的法律规定	知识产权商业维权诉讼以维护权利人的合法权益为目的	源德盛塑胶电子（深圳）有限公司与贺兰县银河东路晨曦通讯部侵害实用新型专利权纠纷案

序号	章节	专业知识点	思政元素	典型案例
10	商标	注册商标的必备要件和禁止条件	根据定制产品销售合同，江津酒厂对定制产品除其注册商标"几江"外的产品概念、广告用语等并不享有知识产权，全面依法治国是一个系统工程，要整体谋划，更加注重系统性、整体性、协同性	重庆江小白酒业有限公司诉国家知识产权局、第三人重庆市江津酒厂（集团）有限公司商标权无效宣告行政纠纷案
11	商标权的取得与丧失	了解商标注册程序，理解商标注册原则，重点掌握并能灵活运用商标权丧失的原因以及商标被撤销后的法律后果	违反诚实信用原则，恶意申请注册商标，侵犯他人现有在先权利的"商标权人"，以该商标的宣传、使用、获奖、被保护等情况形成了"市场秩序"或者"商业成功"为由，主张该注册商标合法有效的，人民法院不予支持	迈克尔·杰弗里·乔丹与国家工商行政管理总局（现国家市场监督管理总局）商标评审委员会、乔丹体育股份有限公司"乔丹"商标争议行政纠纷案
12	商标权的保护	理解商标权的概念和内容，驰名商标的认定主体和条件，重点掌握商标侵权行为的认定，驰名商标的特殊保护措施	法律思维模式的形成，法治观念和法治思维的培养是一个需要不断训练和完善的长期过程	宁波方太厨具有限公司与永康市康顺工贸有限公司、慈溪市周巷彩芬日用百货店侵害商标权及不正当竞争纠纷案

三、教学设计基本思路与措施

（一）教学设计基本思路

1. 宏观层面：通过确立知识产权法学课程思政目标，确立《知识产权法学》教学体系改革的方向和目标

高等教育的根本任务是立德树人，法学专业课程思政教学改革是高校贯彻立德树人的切入点、着力点，重点解决为谁培养人、怎样培养人和培养什么人的问题。新时代对知识产权法学课程思政提出了新要求，要求赋予法学专业课程思政新内涵、新使命。充分发挥《知识产权法》课程的育人功能，把立德树人根本任务落实到学校人才培养的各个环节。准确诠释《知识产权法学》课程思政中"思政"的内涵、目标、意义。

2. 微观层面：在案例教学中融入思政元素，通过实践中的"故事"阐明法治中的"道理"，全面增强习近平法治思想对广大学生的思想穿透力、理论说服力、政治凝聚力、信念感召力和行动指引力

通过"案例"教学和"故事"教育，培育学生公平正义的法律职业理想，勤勉尽责的法律职业态度，抑恶扬善的法律职业责任，忠于职守的法律职业义务，诚实信用的法律职业良心，严明谨慎的法律职业纪律，清廉正直的法律职业信誉和法律至上的法律职业荣誉。努力培养学生具备法律职业伦理素养，牢牢把握《知识产权法》课程思政建设的核心目标。

3. "知识产权法学+思政"协同效应，引导学生厘清全面依法治国重大战略，自觉抵制各种错误观点和错误思潮，增强科学思维能力

知识产权法学教育与思政教育存在着天然而紧密的联系，法学乃正义之学，法学教育本身就是对意识形态领域的塑造和完善，知识产权法学基础理论和基本制度直接涉及意识形态因素。知识产权法学教育基于中国国情进行探索，因此，我们应完善《知识产权法》课程思政教学设计内涵建设，推动思政元素融于知识产权法学课程，形成"知识产权法学+思政"协同效应，引导学生厘清全面依法治国重大战略，自觉抵制各种错误观点和错误思潮，增强科学思维能力。

4. 厘清知识产权法学课程思政内涵，构建全景式、融合式、渐进式的"德法兼修"法治人才培养模式，解决培养什么样的法学人才的问题

知识产权法是调整因创造、使用智力成果而产生的，以及在确认、保护

与行使智力成果所有人的知识产权的过程中，所发生的各种社会关系的法律规范之总称。在经济全球化背景下，知识产权制度发展迅速，不断变革和创新。当前，世界经济已经处于知识经济时代，技术创新已是社会进步与经济发展最主要的动力。从20世纪末开始，许多国家已经从国家战略的高度来考虑、制定和实施知识产权战略，并将知识产权战略与经贸政策相结合，构成了国家发展总体战略的组成部分。

综上，学生在学习知识产权法时，除了不断学习专业知识之外，更主要的是培养逻辑推理、价值判断和责任分配的思维方式，形成独特的法治思维，才能在纷繁复杂的法治实践中解决法律纠纷。知识产权法学教育与思政教育完美结合后，可以更好地培养学生的证据思维、规范思维、权利思维、程序思维、利益思维等，既达到法学教育的目标，又达到课程思政育人的目标。《知识产权法》课程思政建设要达到的最终目标是培养学生为我国治国理政服务，成为担当民族复兴大任的时代新人。

(二) 措施与方法

1. 采用"四步法"教学，完善《知识产权法学》课程思政教学

第一步是讲授知识产权法课程基础知识，采用"1+N"模式进行教学：一方面，注重传统课堂的教学，属于教学设计思路中的"1"；另一方面，讲课过程中加入思政典型案例，进行案例分析、课堂辩论、情景教学。借助信息技术、移动互联网络，超星学习通软件等，通过收看"法学名家大讲堂""法治在线"等搜集典型案例，案例分析之后通过小组讨论等方式进行教学，以期打破课堂沉默状态，属于教学设计思路中的"N"。因此"1+N"模式即保留了课堂作为教学主阵地、主渠道、主战场作用，又多渠道焕发课堂生机活力，提升学生动手能力和实践能力，解决课程思政元素匮乏的问题。

第二步通过习近平法治思想的引领，通过对典型案例的分析、讲解、辨析，在《知识产权法学》课程教学中融入习近平法治思想、社会主义核心价值观等思政理念。

第三步通过案例教学、实践教学，引导学生申报大创项目、大学生科研项目，促进学生提升知识应用能力。例如，促进学生证据思维、利益思维、程序思维等能力的达成。

第四步进行思政案例分享，通过安排学生主导分享，促进学生思政素质的提升。

2. 在国家知识产权战略的引领下，创新知识产权法学课程思政教学设计内涵建设

党的十八大以来，我国知识产权事业发展取得显著成效，知识产权法规制度体系逐步完善，核心专利、知名品牌、精品版权等高价值知识产权拥有量大幅增加，知识产权保护效果、运用效益和国际影响力显著提升。在国家知识产权战略的引领下，开展知识产权法学课程思政教学设计内涵建设，推动思政元素融于知识产权法学课程，培养学生富有时代精神、实践导向和法理智慧的政治思维、法治思维、系统思维、辩证思维、战略思维等，从而引导学生厘清全面依法治国重大战略，自觉抵制各种错误观点和错误思潮，提高科学思维能力，增强分析复杂现象、处理复杂问题的本领。引导学生深入社会实践、关注现实问题，培育学生经世济民、诚信服务、德法兼修的职业素养。

3. 创建"四位一体"的知识产权法学专业课程思政体系

培育校院两级"课程思政"示范教师和教学团队，在所有课程中嵌入以"思政"理念为核心，以人才培养方案的制定、教学大纲设计融入"思政"理念为中心，以教学方法丰富多元为重心的"四位一体"的知识产权法学专业课程思政体系。

（1）不断加强师资队伍建设，培育校院两级"课程思政"示范教师和教学团队，发挥示范团队的引领作用。

充分发挥教师队伍"主力军"作用，通过党支部活动、教研室活动，并运用讲座、培训、青年教师沙龙等形式，提升教师专业思政建设的意识和能力，培育校院两级"课程思政"示范教师和教学团队，发挥示范团队的引领作用。

（2）完善知识产权法学专业课程思政设计，联系法务实践部门，充分发掘知识产权法学蕴含的思政资源，在所有课程和教学方式中嵌入"思政"理念。

（3）以知识产权法学人才培养方案的制定、教学大纲的设计为中心，融入思政理念。

《知识产权法学》课程思政微观层面教育教学改革就是要将社会主义法的价值引领渗透进知识产权法学课程，促使"法律知识传授"与"法价值引领"无缝对接，最终实现培养"德法兼修"社会主义法律人才。

（4）教学安排、课程大纲、量化考核要落实在制定课程评价标准上，同

时，教学方法要丰富多元，以此为重心，推进知识产权法学课程思政建设。

四、教学设计典型案例展示

（一）知识点概况

著作权保护作品之信息网络传播权，根据《著作权法》第 10 条的规定，信息网络传播权即以有线或者无线方式向公众提供，使公众可以在其选定的时间和地点获得作品的权利，是著作权中财产权的重要内容。其目的是为保护著作权人、表演者、录音录像制作者的信息网络传播权，鼓励有益于社会主义精神文明、物质文明建设的作品的创作和传播。

（二）教学思路

第一步是讲授"信息网络传播权"基础知识，采用"1+N"模式进行教学：一方面，注重传统课堂的教学，属于教学设计思路中的"1"；另一方面，讲课中加入"深圳市腾讯计算机系统有限公司等诉广州点云科技有限公司侵害信息网络传播权及不正当竞争纠纷案"思政典型案例。首先，借助信息技术、移动互联网络、超星学习通软件等发布案例，其次，进行案例分析，案例分析之后进行小组讨论和情景教学，之后进行课堂辩论，力争多渠道焕发课堂活力，提升学生动手能力和实践能力。

第二步以习近平法治思想、社会主义核心价值观等思政理念为引领，分析、讲解、辨析"深圳市腾讯计算机系统有限公司等诉广州点云科技有限公司侵害信息网络传播权及不正当竞争纠纷案"典型案例。

第三步通过案例教学促进学生提升知识应用能力。例如：促进学生证据思维、利益思维、程序思维等能力的达成，促进学生思政素质的提升。

（三）课程思政设计

1. 课程引入

案例：深圳市腾讯计算机系统有限公司等
诉广州点云科技有限公司侵害信息网络传播权及不正当竞争纠纷案

原告深圳市腾讯计算机系统有限公司（以下简称"腾讯计算机公司"）是涉案五款游戏《英雄联盟》《穿越火线》《地下城与勇士》《逆战》《QQ飞车》的合法运营方和维权方，原告腾讯科技（深圳）有限公司（以下简称腾讯科技公司）是《逆战》《QQ飞车》的共同权利人，被告广州点云科技有限公司（以下简称"点云公司"）未经授权将上述游戏置于其云服务器中，供公众在网页版、移动端以及PC端使用云游戏平台获得涉案游戏，涉案游戏提示画质选择，还在线销售"秒进卡""加时卡"来提供云游戏排队加速、加时的有偿服务，提供"上号助手"的无偿服务，该服务系需要经过用户授权、勾选同意隐私协议方可使用，可保存包括涉案游戏在内的第三方游戏账号密码，用户下次登录游戏可直接使用上号助手一键登录，另还限制游戏外部链接跳转功能。

腾讯计算机公司、腾讯科技公司认为，点云公司的涉案行为构成侵害涉案游戏作品的信息网络传播权及不正当竞争，遂以两案诉至法院，请求判令点云公司停止侵权并赔偿包括维权合理支出的经济损失共960万元。

经审理认为：涉案五款游戏应当作为以类似摄制电影的方法创作的作品获得保护，《英雄联盟》《地下城与勇士》《穿越火线》三款游戏的著作权人（美国、韩国等公司）仅授权腾讯计算机公司独占享有游戏的相关知识产权权益，腾讯科技公司仅对由其自行开发的《逆战》《QQ飞车》游戏享有诉讼主体资格。综上，法院于2020年8月12日判决：点云公司停止侵权，赔偿腾讯计算机公司因《英雄联盟》《穿越火线》《地下城与勇士》游戏所致经济损失及合理费用分别为62万元、53万元、53万元，赔偿腾讯计算机公司、腾讯科技公司因《逆战》《QQ飞车》游戏所致经济损失及合理费用各45万元，上述五款游戏合计因侵权被判赔258万元，并驳回腾讯计算机公司、腾讯科技公司的其他诉讼请求。

本案系全国首例涉及5G云游戏著作权及不正当竞争案件。在5G云游戏布局带来增量市场的同时，新型传播方式所带来的权利保护方式和保护边界成为司法审判亟待解决的新问题。本案以云游戏模式技术原理为切入点，首次对云游戏模式下信息网络传播行为的认定标准以及著作权保护与反不正当竞争保护边界等作了有益探索和创新。

5G云游戏是以云计算为基础的新型游戏方式，本身需要在云端服务器上运行，同时通过5G技术将渲染完毕后的游戏画面或指令压缩后通过网络传送给用户，本质上为交互性的在线视频流，当作品被置于云服务器时，通过不同终端的云游戏平台可供用户点击、浏览、运行，符合通过信息网络提供作品和公众获得作品的交互性两个核心构成要件，属于信息网络传播行为。基于传播模式的改变，云游戏模式必然导致用户（流量）的迁移，若该流量流失已被纳入信息网络传播侵权行为造成的损害范畴，则无法再在《反不正当竞争法》中寻求额外保护。

2. 思政结合

第五代移动通信技术（5G）等新型网络技术的应用和普及，给云计算和网络游戏的结合带来了巨大机遇，在改变玩家游戏体验的同时，也将颠覆游戏开发商和游戏主机厂商的既定商业模式，全新的网络游戏业态呼之欲出。本案判决对于进一步维护5G云计算业态下的著作权作品传播秩序具有重大价值。同时，也得出结论：我们要建设中国特色、世界水平的知识产权强国，对于提升国家核心竞争力，实现更高质量、更有效率、更加公平、更可持续、更为安全的发展等具有重要意义。

在数字经济竞争秩序治理中，法院应当秉承谦抑的司法态度，在尊重并保障游戏权利人合法权益的前提下，以促进创新竞争和有利于消费者的长远利益为指引，结合市场自由、市场激励创新等多元价值目标进行综合考虑，平衡好竞争自由和竞争秩序的兼容性，合理确定新经济新业态下主体的法律责任。

从本案中我们可以引领学生认识到：法院在审判中应积极回应新技术、新经济、新形势对知识产权制度变革提出的挑战，有助于加快推进知识产权改革发展，全面提升我国知识产权的综合实力，大力激发全社会创新活力，实施知识产权强国战略。

3. 思考讨论

本案进一步明确了受著作权保护的作品，通过云计算和云服务的方式向公众提供网络游戏，构成我国《著作权法》意义上的信息网络传播行为，需要获得著作权人的授权。同时，本案判决还正确地指出了著作权保护和反不正当竞争保护之间的界线。

第十九章
《商法》课程思政教学设计

董祖霞[1]

一、课程简介和思政建设目标

（一）课程简介

《商法》是法学理论体系和学科体系的重要组成部分，是一门集理论学习、社会认知和思想教育于一体的综合性课程。《商法》课程是法学本专业的核心课程，面向大三本科生开设，是为培养适应社会主义市场经济需要的法学人才而设置的必修课程。课程围绕商事主体、商事主体权利义务、商事组织、商事行为等与市场经济相关的法律制度系统讲授商法的一般理论。《商法》课程以社会主义核心价值观、习近平法治思想等为价值引领，坚持价值与知识教育、思政与专业教育、隐性与显性教育的同频共振，促使"法律知识传授"与"法律价值引领"无缝对接。其旨在培养具有"竞争精神""规则意识""人文情怀"三位一体的法律人才。在教学中，采用知行合一的教学模式，强调理论和实践并行。全面改革教学方法，不仅能够夯实商法基础理论知识，而且能够学以致用，提高学生的运用能力。科学合理地拓展商法课程的广度、深度与温度，增加课程的知识性、人文性，提升引领性、时代性和开放性。通过贯穿式透析，商事主体从产生到消亡、商事行为从发端到结

---

[1] 董祖霞，四川泸定人，四川民族学院法学院讲师，主要讲授《商法学》课程。该部分为四川民族学院 2023 年度校级一流本科课程项目《商法》成果、四川民族学院 2023 年校级教改项目《以"思政育人与学用一体"为引领的民族高校法学专业第二课堂改革与探究》成果。

束过程中的思政元素，发散式探究商事制度中的人文关怀，深度提炼制度背后蕴含的思想价值和精神内涵。通过学习使契约精神、诚信经营、遵守职业道德、企业社会责任等社会主义核心价值观植根于学生内心。

（二）思政建设目标

1. 塑造学生的社会主义核心价值观

通过对商法学基本理论、基本原则及具体制度的学习，使学生认识和体会到商法学当中蕴含的社会主义核心价值观，尤其是其中自由、平等、公正、法治、诚信、友善在商法基本原则及商法具体内容中的体现，强化政治认同、家国情怀、文化素养、法治意识。感受商法与社会主义核心价值观之间的关系，并进一步地理解社会主义道德与社会主义法治之间的关系。

2. 帮助养成学生良好的职业道德和增强学生使命感

通过学习商事主体制度，帮助学生掌握商事主体制度当中充分竞争、主体平等、合法有序、公正诚信的内涵，形成符合社会主义市场经济规律的商事主体思维。通过对商事交易制度的学习，使学生认识到我国社会主义市场经济的运行特点，深刻认识营业自由、公平交易、宽严适度、维护安全在市场经济中的价值。通过商事责任制度的学习使学生认识到责任制度对市场经济的重要意义，培养起学生的责任意识。通过课程学习，使学生将公平、正义等作为工作、生活的价值追求，具备一定的政治素养、道德素养、人文素养，帮助学生养成良好的职业道德素养，最终实现培养"德法兼修"社会主义法律人才的目标。

同时，使学生真正建立起社会主义法律信仰，正确看待依法治国进程中面临的各种问题和困难，将法治意识与法律制度相结合，自觉肩负起社会主义法治建设的重要使命，努力建设法治社会。

3. 通过思政教育促进学生更好地掌握商法学专业知识

商法学课程思政建设有助于教师自觉运用社会主义核心价值观进行教学和反思，并且推动商法学课程改革。《商法》课程建设采用思政要素与专业理论相结合的方法，能够丰富教学内容，优化教学方法，使学生更加积极主动地学习商法学知识。

二、课程思政元素挖掘与融入

（一）课程思政元素挖掘与分析

1. 课程教学以马克思主义为指导，映射商法课程思政内容体系

课程教学以马克思主义为指导，加快构建中国特色社会主义学科体系、学术体系、话语体系。帮助学生了解商事领域中的国家战略、法律法规和相关政策，使其具备在商业领域中运用法律知识解决问题的能力，为从事专业工作提供必要的知识储备和实务能力。引导学生深入社会实践、关注现实问题，培养学生的思想道德素质、法治观念和创新能力，使其成为具有社会责任感和法律素养的法学人才。

2. 商法理念中的思政元素

商法是确认商事主体、规范商事行为、调整商事关系的法律部门，是市场经济法律体系的核心，是我国社会主义法律体系的重要组成部分。商法必须尊重、包容与保护商事主体追求利润并将利润依法分配于投资者的营利行为。但商事活动的营利性并不意味着重利轻义，更不意味着纵容和鼓励唯利是图、见利忘义。从商法发展来看，现代商法是市场经济与法治相结合的产物。我国商事立法是在改革开放之后兴起的，与社会主义市场经济发展、社会主义法治建设相伴随。商法以弘扬自身价值理念，激发商事主体创新活力，维护交易安全，降低交易成本为立法理念。商法鼓励商事主体追求利润最大化，但不鼓励并且积极遏制破坏公平竞争的行为。商法的理念和实践都旨在保护公平公正、诚实信用、合作共赢的市场秩序，遏制不道德、不合法的经营行为，推动经济持续健康发展。

3. 商事主体制度中的思政元素

商事主体制度的核心乃在于建立现代企业制度，在商事主体制度的讲授和学习中，透析商事主体从产生到消亡、商事行为的发端到结束过程中的思政元素，借此深度挖掘提炼制度背后所蕴含的思想价值和精神内涵；探究商事制度中的人文关怀，寻找思政要素。如通过课程学习使学生理解破产法的立法目的：既保护债权人的合法权益，也保护诚实但不幸的债务人，通过重整程序使其得以"重生"。破产法也强调弱势群体的利益保护，通过职工债权优先于普通债权清偿，使职工的利益得到妥善保障。《公司法》规定的公司应承担社会责任、公司董事与高管的勤勉敬业义务等也都体现了社会主义核心

价值观中的相关内容。

4. 商事交易制度中的思政元素

商事交易制度主要包括：商事买卖、商事运输、商事仓储、商事居间、商事行纪、商事期货、商事信托、商事票据、商事保险、海事海商等内容。商事交易中彰显的诚信、自由、平等、公平与公正等基本原则，营业自由的交易理念，公平交易的法律制度，维护安全的外观主义均深刻体现了社会主义核心价值观。如在保险法中，最大诚信原则、保险利益原则、损失补偿原则体现了"防灾减损""风险分担""我为人人，人人为我"的理念，以及保障经济平稳发展、维持社会秩序稳定的价值目标。

5. 商事责任制度中的思政元素

平衡自由与公正价值间的关系，合理确定商事责任的归责原则。商事法律责任有对受害人的补偿与救济功能、对行为人的惩罚功能及对社会成员的教育、引导与预防功能均是对核心价值观展开。因而，商事责任是一种综合性质的责任，包括私法责任和公法责任。商事私法责任制度通过救济措施平衡商事主体之间的利益，维护交易安全。商事交易行为的形式主要是合同，商事主体承担责任的方式主要以违约责任为主。除了违约责任外还包括其他民事责任，如公司股东滥用股东权利给公司或者其他股东造成损失的，应当依法承担赔偿责任。商事公法责任制度通过对行为人违法行为进行惩戒，维护经济秩序的稳定。例如，证券法规定了证券交易违法行为和相应的行政处罚措施，情节严重的还需承担刑事责任。

（二）课程思政融入点

序号	章节	专业知识点	思政元素	典型案例
1	第一章 第一节	营业自由原则	引导学生理解自由是有边界的，应当诚信为人，善意刑事	哈尔滨金鑫建筑工程有限公司与王某柱工程信息纠纷案
2	第一章 第一节	社会责任原则	引导学生树立大局意识，增强社会责任感	李秀针与青岛杰盛置业有限公司、薛某明公司解散纠纷案

续表

序号	章节	专业知识点	思政元素	典型案例
3	第二章第一节	商事主体在商事交易中负有更多的注意义务	引导学生树立公平意识	苏州阳光新地置业有限公司新地中心酒店诉苏州文化国际旅行社有限公司新区塔园路营业部、苏州文化国际旅行社有限公司委托合同纠纷案
4	第三章第三节	连锁经营与特许经营	引导学生信守承诺，诚信为人	格林豪泰公司与李某某、郑州华益公司等特许经营合同纠纷案
5	第四章第二节	公司资本制度	引导学生树立改革创新的时代精神，坚持四个自信	公司注册资本缴纳的3次改革
6	第四章第四节	公司组织机构	通过此知识点，开展忠诚、敬业教育，培养学生忠于职守、尽职尽责的精神	原告王某诉被告吴某等损害公司利益责任纠纷案——股东虚构典当交易挪用公司资金属于损害公司利益
7	第五章第二节	票据法基本制度	引导学生树立公平精神，树立正确的金钱观	青岛钰也发展股份有限公司诉杭州银行股份有限公司萧山支行等票据利益返还请求权纠纷案
8	第六章第二节	保险法基本原则	引导学生遵守社会道德，树立正确的金钱观	电影《消失的她》——两起杀妻骗保案
9	第六章第三节	保险合同	引导学生将大众之利益以及社会福祉作为奋斗的终极目标	意外伤害保险免责事由之必要限制——陈某某、刘某某等与甲公司意外伤害保险合同纠纷案
10	第七章第三节	重整制度	引导学生树立守正创新精神，助力社会发展	某果蔬公司破产清算转重整案—积极推动破产清算转重整，挽救农企复苏，保护农民工利益，助力脱贫攻坚与乡村振兴

三、教学设计基本思路与措施

（一）教学设计基本思路

在商法课程的思政教学中，既需要遵循法学专业课程的共性也需要体现商法学课程的个性。寓思政教育于商法专业课教育之中，是为社会主义市场经济输送卓越实践者的必然要求。结合商法学课程自身的特点及课程实际，着力构建以培养目标为指导思想、三个原则、学科思维、价值引领、实践回归五位一体的课程思政体系。

商法课程以培养德法兼修的商法法治人才为指导思想，着力将高校青年学生培养为德法兼修的社会主义事业建设者和接班人。三个原则是整个教学过程必须坚持的原则，即系统性原则、精准性原则、时代性原则。系统性原则要求课程思政要全面融入商法学课程建设整体设计，寓于课堂教学第一课堂、实践第二课堂等各环节。精准性原则要求充分体现课程思政内容与专业及课程要求的匹配度，思政元素与章节知识点高度的契合性、力破课程思政教学"生搬硬套"的问题。时代性原则要求根据最新政策与法治建设的发展情况不断更新教学内容，让学生了解到课程最新的理论知识与发展前沿。商法学学科思维主要有合规性思维、营利性思维、创新性思维和国际化思维，学科思维的养成依靠教师在课程思政中润物无声地传达和引导。价值引领即商法学课程思政必须引导学生透过法律制度去发掘制度背后隐含的人性考量、价值关怀和制度定位，促进学生法治精神、规则意识、权责意识、批判意识的培养，实现知识构建与价值引领的统一。商法是一门实践性和运用性都较强的学科，在教学中应当引导学生运用商法学思维分析经济社会生活现象，去发现、思考、解决商事法律关系中存在的问题，将商法学知识应用于生动鲜活的生活实践。

（二）措施与方法

1. 设计教学路径

结合本课程的思政目标导向，按照"知识构建—价值引导—实践应用"的教学路径。

（1）知识构建。《商法学》课程思政教学路径的第一环是知识构建，主要任务是知识构建，不仅包括商法具体法律规范的知识内容，还包括学科思维的培养。在讲授商法基本概念、基本原则、具体规范的过程中，导入的思政元素主要是立法背景、立法沿革和立法体系，通过横向对比、纵向分析，让学生从发展的纬度、全局的高度、历史的厚度更好地掌握中国特色社会主义法治体系。

（2）价值引导。《商法学》课程思政教学路径的第二环是价值引导，也是商法课程思政的关键环节，它的作用在于以学"铸魂"。教师在传授知识解决"是什么"的疑惑的同时，引导学生思考立法的意图，理解具体商事制度所体现出来的价值选择和精神追求，帮助学生解开"是什么"的困惑。这一环节导入的课程思政元素主要是对立法价值和立法目的探讨、对制度发展和未来趋势的展望，从而增强学生的制度自信。引导学生通过具体的案例感受商事法律制度当中的自由、公平、效率、秩序等价值，在个人、国家、社会等诸多利益间进行理性衡量。

（3）实践应用。《商法学》课程思政教学路径的第三环是实践应用，法律的生命在于实施，实践运用是检验教学目标是否达成的标准。在《商法学》课程思政中进行实践教学，将学生知识构建与价值引导外化于行。这一环节导入的课程思政元素包括典型案例分析、社会热点问题的讨论、商事社会实践调查、商事案件的模拟庭审等。实践应用环节的目的在于让学生在真实的情境中去发现问题、分析问题、解决问题，升华对商事法律制度的思考和认知，培养学生的敬业精神与团队合作意识，锻炼他们解决问题的能力和创新能力。

2. 革新教学方法

教学路径设定之后，按照以培养目标为指导思想、三个原则、学科思维、价值引领、实践回归五位一体的课程思政体系改革和优化教学方法，夯实学生学科知识、提升实践能力、实现价值塑造。

（1）创新课堂教学模式。我国作为传统的成文法国家，在教学过程中多强调学生对于商事部门法规范及解释论的掌握。基于此，教师通常采用知识灌输的方式夯实商法知识体系。得益于现代信息化技术、互联网技术的成熟与完善，可以为创新课堂教学模式构建起"线上+线下"的创新教育模式，减少课堂中知识灌输的比例。具体来说，可以借助中国大学慕课（MOOC）网、超星学习通等平台，让学生在课前阶段提前预习，学习基础的知识，能够进一步延长《商法学》课程的教学时间，并为后续教学环节预留时间。

（2）案例教学方式改革。尽管案例教学方法是法学教育中最常用的教学方法，但是在商法教学中的案例教学，更多地停留于用案例讲授理论的阶段。案例教学应当包括"学科思维"与"实践能力"两个层面：第一层面重在培养合规性思维、营利性思维、创新性思维和国际化思维；第二层面侧重于培养学生将法律知识用于分析商事实践、解决商事纠纷的能力。

对于案例的选取应当秉持三原则，注重案例的系统性、精准性、时代性。首先，选取的案例能够将基础理论知识巩固和精进于实践当中，系统性要求案例的选择尽可能来源于司法实务，而非人为设计的教学案例。其次，精准性原则要求课程思政内容要精确，选取的案例应当体现与章节知识点的高度契合性、精准对应思政元素，避免生搬硬套，力破课程思政教学中为了思政而思政的教学方式。最后，案例的选取还应当注重时代性，根据法治建设的发展情况及时更新案例，让学生了解到课程最新的理论知识与发展前沿。

（3）优化讨论式教学。讨论式的教学方法更有利于激发学生的学习积极性和主动性，锻炼学生的学科思维，提高学生的思辨能力和语言表达能力。首先，教学内容的选取依然要遵守系统性、精准性、时代性三原则的要求。其次，教师要引导学生讨论的方向、进程。最后，教师总结评析学生的讨论及观点，引导学生挖掘其中的思政元素，形成正确的价值引领。比如，在探讨我国是否有必要建立中"个人破产制度"时，同学们可能会讨论建立个人破产制度的现实需求和个人破产制度的滥用带来的弊端。若教师不加引导，学生很可能会认为实施个人破产制度会纵容"老赖"而否定个人破产制度的积极意义。

（4）丰富情境教学法。在商法课程思政的教学过程中，应当尽可能让学生在不同的场景进行实务模拟或者实践。既要有传统的情景教学法当中的模拟场景（如角色模拟），让学生模拟担任公司的发起人，草拟公司发起协议。更要有真实场景的当中的实践，学生利用节假日社会实践，实现理论与实践的统一，达到课程思政的目标。

四、教学设计典型案例展示

（一）知识点概况

社会责任原则是指公司、企业等商事主体不仅对其成员负有责任，对其成员之外的劳动者、债权人、供应商、客户、社区等也负有责任。社会责任不仅仅包含法律明文规定的责任，也强调法律尚未明文规定但根据一般社会观念或道义应承担的非法定责任。[1]

（二）教学思路

以2023年《公司法》的修改为背景，利用网络教学平台发布课前任务清单即课前研习《公司法》新增的第20条："公司从事经营活动，应当充分考虑公司职工、消费者等利益相关者的利益以及生态环境保护等社会公共利益，承担社会责任。国家鼓励公司参与社会公益活动，公布社会责任报告。"以播放鸿星尔克公司积极践行社会责任的视频作为课堂导入案例，要求学生分组讨论企业践行社会责任的意义。首先，教师讲授企业社会责任的基础知识，阐释公司社会责任在我国法律法规层面的历史沿革，企业社会制度对实现我企业自身、职工、消费者等利益相关者的利益以及生态环境保护等社会公共利益具有很重要的现实意义。其次，组织学生以法官的身份对课程思政案例进行裁判，针对学生的裁判结果，由教师作出点评。通过角色模拟的情景教学法深化学生对本节知识的掌握并进行价值观引领，感悟社会主义核心价值观，理解企业在追求利益最大化的同时应具有的商业道德和社会责任。课后要求同学提交角色模拟形成的"判决书"，上传到网络学习平台，作为平时成绩考核的依据之一。

（三）课程思政设计

1. 课程引入

案例：李某针与青岛杰盛置业有限公司、薛晓明公司解散纠纷案[2]

2010年2月1日。李秀针与薛晓明分别出资500万元成立了青岛杰盛置业有限公司（简称"杰盛公司"）。各持股50%。杰盛公司成立以后，因两股东之间存在矛盾，股东会终未实际召开。杰盛公司成立以后，仅经营了一个房地产项目即"适园雅居"。该项目原系青岛瑞丰德不锈钢有限公司擅自占用该村集体土地建设并擅自对外销售的住宅楼。政府下达过2次处罚决定书责令拆除违法建筑。后基于该项目下的15栋楼基本建成且已对外销售，购房户不断上访要求完善手续和办理房产证，政府为维护社会稳定，将该项目作

---

[1] 赵旭东主编：《商法总论》，高等教育出版社2020年版，第42页。

[2] 参见《李某针与青岛杰盛置业有限公司、薛晓明公司解散纠纷案——公司社会责任条款之裁判性适用》，载北大法宝：https://www.pkulaw.com，访问日期：2024年5月3日。

为违法建筑保留项目并于 2011 年 11 月对涉案项目占用土地使用权进行公开拍卖出让。拍卖地块共有楼房 15 栋，已对外销售住宅 568 套，建筑面积 56 840 平方米，未销售住宅 110 套，建筑面积 12 978.31 平方米，对外销售储藏室 256 个，未销售储藏室 429 个。杰盛公司拍得了该地块，并于 2015 年 3 月 23 日，取得"适园雅居"项目的预售许可证。李某针认为：杰盛公司设立至今，已经超过 2 年无法召开股东会，经营管理发生严重困难；公司股东陷入公司僵局，不能就公司经营管理事宜达成一致意见，而且无法通过其他方法解决。因此，请求判令解散公司。在诉请解散时，约有 600 户原购房户因房屋手续一直未办理完毕，多次聚众上访。

法院经审理认为，李某针虽因股东之间的矛盾未能参与公司的经营管理，但其股东个人权利的行使应当受到公司承担的社会责任的约束。李某针要求中途解散杰盛公司，违背了公司当初向政府作出的承诺，亦有悖诚实守信原则；而且目前杰盛公司经营的房地产项目预售许可证均已办理完毕，现已对外销售，处于投资收益回收阶段，杰盛公司的存续不会给李某针造成重大经济损失。原审判决驳回其诉讼请求并无不当，应予维持。

2. 思政结合

商事主体是以营利为目的的法律主体，实现自身利益最大化是其成立的主要目的。企业是社会经济发展的主要力量，社会是企业利益产生的来源，是孕育企业成长与发展壮大的摇篮，企业发展与社会休戚与共。因此，企业不仅仅是单纯的营利性机构，其还承担着众多的社会责任。企业在追求经济效益的同时，要考虑到科学发展、保护环境、文化建设和发展慈善事业，应当充分考虑公司职工、消费者等利益相关者的利益以及生态环境保护等社会公共利益，承担社会责任。

本案中，杰盛公司经营的是房地产项目，涉及众多购房者的利益。其经营的适园雅居项目又因历史原因存在着特殊性。该项目起初系违法建筑，已向社会公众出售了 568 套住宅，仅留 110 套住宅未出售，出于妥善解决历史遗留问题、维护社会稳定的角度考虑，政府保留了该项目。政府部门在土地招拍挂公告中明确说明了项目出售的情况，明确了项目竞得人应妥善处理原购房户问题、以免引起新的社会问题。杰盛公司在清楚了解涉案项目的历史状况后仍参与竞拍，即应承担起向 568 户原购房者交付建成房屋并完善相关手续的社会义务。而且，杰盛公司经营的房产项目预售许可证已办理完毕，现正对外销售，处于投资收益回收阶段，杰盛公司的存续不会给李某针造成重大损失。若此时裁判解散公司，势必阻却众多购房者合法利益的实现，造成新的大规模上访，影响社会稳定。公司法虽然赋予了股东在法定情形下解散公司的权利，但是股东权利的行使应当受到公司及股东应承担的社会责任的约束。但公司法明确规定，公司从事经营活动，应诚实守信，接受政府和社会公众的监督，承担社会责任。

3. 思考讨论

请同学们思考，应如何理解企业社会责任？企业社会应如何体现社会主义核心价值观？

第二十章
《证据法》课程思政教学设计

给让道吉[1]

一、课程简介和思政建设目标

(一) 课程简介

《证据法》课程是法学专业的基础核心课程，面向大三本科生开设。本课程巧用案例引导，践行"以学生为中心"的教学范式，推进"线上-线下"混合式教学方法，促进学生学习能力和实践能力的提高。作为一门理论与实践密切结合的课程，本课程在教学过程中，结合本课程基本理论和诉讼实务，将课程思政元素融入其中。以社会公平正义、程序思维与规则意识为主线，引导学生思考诉讼程序中的证据与证明活动对社会公平与正义的作用，并结合法律条文背后的鲜活故事，德法兼修、思辨明理。

(二) 思政建设目标

1. 使学生始终坚持辩证唯物主义的科学立场、理解司法证明活动

马克思主义的辩证法是建立在唯物主义基础上的辩证法，其主要观点包括联系发展观、矛盾分析法和具体问题具体分析的方法。在讲授证据法的时候，特别要学习唯物辩证法的三个原理。从认识相对性原理使学生客观地认识到，在司法证明活动中，人类具备查明案件事实真相的能力，但是在每个具体案件的审判中，司法人员的认识都是有限的，因此法院的判决都只能具

---

[1] 给让道吉，甘肃迭部人，四川民族学院法学院助教，主要讲授《法律逻辑学》《民事诉讼法学》。

有相对的真理性。从认识确定性原理角度使学生看到，司法人员在运用证据对案件事实开展证明活动时，对案件事实或争议事实的认识往往不是非黑即白的，而是处于一定的"灰色"地带。或者说，带有一定的不确定性。但是，法院的判决应该是确定的或明确的。以刑事诉讼为例，法院不能判决被告人可能有罪，只能判决被告人有罪或者无罪。因此，如何在案件事实具有模糊性的情况下做出明确的判决，就是司法人员必须回答的问题。从上，让学生明晰司法证明的特殊性结构。从同一性原理角度使学生明了，司法证明不仅是一种认识活动，还是一种涉及法律事务的专门活动，因此必须遵守法治原则，服务于建设法治国家的基本要求。法治的基本目标是要以法的精神为基础，建立一种稳定且良性运转的社会秩序。司法证明活动的目的是为实现国家法治服务，其本身必须遵守法律的有关规定。如果用非法的手段去开展司法证明活动，则既有悖于司法的价值，也有害于国家的法治。

2. 帮助学生在司法证明活动中牢固树立社会主义核心价值观

社会主义核心价值观作为中华民族的精神追求和共同价值取向，对于司法证明活动而言具有重要的指导意义。它不仅是司法裁判的价值基础，也是司法证明活动的行动指南。在司法证明过程中，牢固树立社会主义核心价值观，有助于确保司法裁判的公正性、合理性和权威性，进而维护社会的和谐稳定。在司法证明活动中牢固树立社会主义核心价值观是新时代法治建设的重要任务之一。证据是司法证明的基础和核心。在司法证明活动中，必须强化证据意识，确保事实认定的准确性。这要求司法人员要全面、客观地收集证据，严格审查证据的真实性、合法性和关联性，排除非法证据和合理怀疑，确保案件事实认定准确无误。在法学人才队伍培养过程中，只有不断加强思想教育、严格依法证明、强化证据意识、注重情理法融合以及加强监督制约等方面的工作，才能确保司法证明活动的公正性、合理性和权威性，进而维护社会的和谐稳定和公平正义。

3. 引导学生在课程中塑造中国精神、坚持法治理念

通过证据法课程的教学，使学生深刻理解蕴含在证据法基本原则、司法实践和法律文化之中的实事求是、公平公正、严谨细致、人文关怀等中国精神。此外，使学生深刻理解贯穿于证据法的立法、司法实践及法律监督之中，为证据活动提供明确的指导和规范的党的领导、服务大局、公平公正、依法治国、执法为民等社会主义法治理念要素。

二、课程思政元素挖掘与融入

（一）课程思政元素挖掘与分析

1. 课程思政元素与马克思主义法学理论相结合

马克思主义法学理论是马克思主义理论体系中的重要组成部分，它强调法律的社会性、阶级性和历史性。此外，马克思主义法学理论还强调辩证法的运用，认为法律现象是复杂多变的，需要用辩证的眼光去看待和分析。在马克思主义法学理论中，证据法作为法律体系中的一个重要分支，同样具有社会性、阶级性和历史性。证据法是用于规范证据收集、审查、判断和运用等活动的法律规范，其目的在于保障诉讼活动的公正性和效率性。因此，在课程中，使学生明确证据法的制定和实施需要遵循马克思主义法学理论的基本原则和精神。

从价值论的视角呈现证据法课程中的思政元素。马克思主义法学理论强调法律的价值追求，如公平正义、自由平等等。证据法作为法律体系的一部分，同样需要体现这些价值追求。例如，在证据收集、审查、判断和运用过程中，需要遵循公正、客观、合法的原则，确保诉讼活动的公正性和效率性。

从辩证法的运用视角呈现证据法课程中的思政元素。马克思主义法学理论强调辩证法的运用，认为法律现象是复杂多变的。在证据法中，同样需要运用辩证法的思维去分析和解决问题。例如，在判断证据的真实性和证明力时，需要综合考虑各种因素和情况，避免片面和绝对化的思维方式。

从以人为本的视角呈现证据法课程中的思政元素。马克思主义法学理论强调以人为本的理念，认为法律应该为人民服务、保障人民的权利。在证据法中，同样需要体现这一理念。例如，在证据收集过程中，需要尊重和保护当事人的合法权益，避免对其造成不必要的侵害。

2. 课程思政元素与中华传统文化相结合

中华传统法律文化源远流长，其中蕴含着丰富的法律智慧和司法理念，这些理念在证据法中得到了不同程度的体现和传承。在党的二十大会议中，习近平主席提出，弘扬社会主义法治精神，传承中华优秀传统法律文化，引导全体人民做社会主义法治的忠实崇尚者、自觉遵守者、坚定捍卫者。因此，在《证据法》课程中，应当进一步挖掘中华优秀传统文化，梳理中华法治文化发展脉络，将传统文化中的优秀因子蕴于课程教学之中并发扬光大，发挥思想政治引导和道德教育的作用。

公正司法与证据法相关联。在中华传统法律文化中，公正司法一直被视为核心价值追求。在证据法领域，这一理念体现为证据收集、审查、判断和运用过程中的严格规范，以确保诉讼活动的公正性和效率性。例如，古代司法实践中强调的"两造具备，师听五辞"的审判方法，即要求原告和被告双方必须到庭，审判官要听取双方的陈述，实际上是一种对证据全面、公正收集的体现。

以民为本与证据法的价值取向。中华传统法律文化中的民本思想，强调法律应为民所用，维护人民的权益。在证据法中，这一思想体现为对当事人合法权益的尊重和保护。例如，在证据收集过程中，需要遵守相关法律法规的规定，确保不侵犯当事人的合法权益；在证据审查和运用过程中，也要充分考虑当事人的合理诉求和利益，确保裁判结果的公正性和可接受性。

德法相济与证据法的实践运用。在中华传统法律文化中，德法相济是一种重要的治国理念。在证据法中，这一理念体现为对证据合法性和真实性的双重要求。一方面，需要严格依法收集证据，确保证据的合法性；另一方面，也要注重证据的真实性，避免伪造或篡改证据。这种德法相济的实践运用，有助于维护司法公正和权威。

综上，应当使学生在课堂中意识到，在证据法的制定和实施过程中，我们应充分汲取中华传统法律文化中的精髓和智慧，结合现代社会的实际情况和发展需求，不断完善和发展证据法制度，以更好地维护社会公平正义和人民合法权益。同时，我们也应认识到传统法律文化中的局限性和不足之处，在传承和创新中推动证据法制度的不断进步和发展。

3. 课程思政元素与习近平法治思想相结合

习近平新时代中国特色社会主义法治思想是新时代中国特色社会主义法治建设的根本遵循和指导思想，它深刻回答了新时代为什么实行全面依法治国、怎样实行全面依法治国等一系列重大问题。在全面依法治国的实践中，证据法作为法律体系的重要组成部分，必须贯彻和落实习近平法治思想。习近平在中国共产党第二十次全国代表大会报告中提出：加快建设公正高效权威的社会主义司法制度，努力让人民群众在每一个司法案件中感受到公平正义。证据法课程应通过深挖专业理论知识与思政元素，践行法学教育提倡的理论与实践结合，培养学生对中国传统司法元素、中国司法现状与政策背景的正确认识。

使学生深刻了解到证据法是规范证据的收集、保全、审查、判断等活动的法律规范，它在司法活动中发挥着至关重要的作用。在司法实践中，要严格按照法律规定收集、审查和运用证据，确保司法的公正性和准确性。这体现了习近平法治思想中强调的依法治国、依法执政、依法行政共同推进的要求。还有，证据法的完善和发展也需要与时俱进，适应新时代全面依法治国的要求。在不断推进法治建设的过程中，需要不断完善证据法律制度，提高证据的可靠性和有效性，为司法公正提供有力的法律保障。这也体现了习近平法治思想中强调的法治体系要不断完善的理念。

4. 课程思政元素与庭审观摩相结合

利用与地方法院的合作关系，带领学生参与线下真实的庭审现场，倾听法官对法院工作原则、过程、方法的讲解，使学生对诉讼中的证据与证明活动及其理论的把握能够"从实践中来，到实践中去"。在真实的法庭环境中，对中国司法的证明程序与方法、特色有更深的认识与价值认同。

5. 课程思政元素与法学专业特征及职业要求相结合

依据本校法学专业人才培养目标，《证据法》课程在教学中注重对学生专业理论基础的夯实与职业技能的提升。针对性地挖掘课程所蕴含的程序正义、客观真实、司法为民等育人元素，增强课程育人的针对性和实效性，提升学生职业发展能力。

(二) 课程思政融入点

序号	章节	专业知识点	思政元素	典型案例
1	第二章第二节	证据的含义	实事求是唯物辩证法	孟动、何立康盗窃案——如何认定网络盗窃中电子证据效力和盗窃数额
2	第二章第四节	证据的真实性	唯物辩证法、实事求是	刘某某煽动颠覆国家政权案——对利用互联网煽动颠覆国家政权的案件如何审查判断证据

续表

序号	章节	专业知识点	思政元素	典型案例
3	第三章第一节	证据的法定形式	中国司法传统与特色	上海市静安区人民法院审理的上海本巴实业有限公司与闪酷信息技术（上海）有限公司其他合同纠纷案——微信聊天记录能否作为证据
4	第五章第一节	司法证明	程序正义、实事求是、公平诚信	杭州达成贸易有限公司与高某、杭州杉尼科技有限公司侵害商业秘密纠纷——司法证明中的诚信原则
5	第六章第二节	遵守法制原则	习近平法治思想	某环保科技有限公司贮存工业固体废物未采取符合国家环境保护标准的防护措施案——环境污染案件举证责任
6	第七章第一节	证明方法的历史发展	本土司法经验	"张举烧猪"案（和凝、和蒙《疑狱集》）——中华传统断狱方法
6	第八章	如何取证	中国特色法治原则	深圳女顾客遭男伴下药案——迷奸案件侦查取证
7	第九章第一节	举证责任	公平公正、实事求是	沈东红、扬州市中泰运输有限责任公司等船舶营运借款合同纠纷——转账凭证附言中单方备注借贷合意
8	第十章第二节	质证的模式	公平公正、中国特色法律制度	快播案——涉案服务器存储介质的扣押、封存、保管违反程序
9	第十一章	法官如何认证	唯物主义认识论	河南伊川44死矿难牵出法院窝案——法官违法认证
10	第十二章第七节	证人特权规则	亲亲得相首匿（中华法系）	法律应该如何对待"亲亲相隐"？——刘某刚窝藏杀人犯父亲一案
11	第十三章第二节	证据交换制度	诚实信用	怡丰大厦公司等与南娄公司等企业借贷纠纷案

续表

序号	章节	专业知识点	思政元素	典型案例
12	第十六章 第二节	证明标准	程序正义理念、科学立法	洪某钦与厦门盈众至远汽车销售有限公司产品责任纠纷案——汽车自燃原因不明时，应适用高度盖然性证据规则认定事故原因

三、教学设计基本思路与措施

（一）教学设计基本思路

本课程在教学整体设计上，为解决学生先修课程专业知识量有限与证据法的适用广泛性的矛盾，采用了"混合式教学"方式，以学生为中心，以"学习通"为线上平台，围绕激发学生学习主动性的目标，通过"课前线上预习自测""课中线下讲授研讨""课后线上巩固拓展"，形成"混合式+"的立体教学模式，在提升课堂教学效率的同时也可为思政理念充分融入课堂教学赢得时间基础。在课程思政建设上，证据法作为民事、刑事、行政三类程序法的组成部分，研究以制度化的诉讼证明程序设计保障司法裁判中公平正义的实现，从而彰显中国特色社会主义法治的特征。证明程序中每一个环节的设计均蕴含着证据法学基础理论与司法制约监督、社会公平正义与法治保障制度的内在联系，是法学专业课程思政建设的重要基地。

（二）措施与方法

1. 创新案例教学方法，挖掘思政元素

案例教学法是法学专业课程中最常用的教学方法，不论是实体法还是程序法课程都非常重视案例在教学中的运用。也正因其在法学教育中的重要地位，《证据法学》课程中如何突破传统案例教学模式，实现教、学互长，是课程设计的关键。法学课程中的传统案例教学往往以精简的形态出现，鉴于课程学时不足等客观原因，任课教师也往往愿意用"短小精干"、直指教学知识点的典型案例作为授课的辅助。此种案例教学的模式能令学生直接、快速地理解知识点，但同时也存在一定程度上的与实践脱节的问题。《证据法学》课程作为最重要的理论性与实践性相结合课程之一，在采取"混合式+"模式后可以在一定程度上节省课程直接讲授时间，为案例教学和深度研讨提供可能。

具体实施上，课程以真实的案件资料或真实裁判文书为教学案例。在内容上，梳理深挖思政结合点，在传授知识的同时潜移默化地实现价值观的塑造，理解并内化本课程蕴含的习近平新时代中国特色社会主义思想以及社会主义核心价值观等思政因素。通过课前学生线上预习（课前完成初读、问题导入）、课中小组讨论（精读及研讨）、课后类案扩展（类案裁判文书研读）的方式，提升案例教学的实效。

2. 在证据法的具体课程中全环节融入思政教学要点

证据法涉及三大程序法的范畴，它关系到每个个体私人权益的实现，是让人民群众切身感受到公平正义的核心制度。公平正义是人民的向往、幸福的尺度；维护社会公平正义，需要法律职业共同体的不断努力。证据法课程应通过课程思政建设引导学生树立公平正义的理念、信仰，培养德法兼修的法律人才。在具体课程中，教师应当将思政教学要点融入课程全环节。比如，以民事诉讼证据与证明为例，民事诉讼证据论和证明论是民事诉讼的核心问题之一。我国民事诉讼法学以马克思主义辩证唯物主义和历史唯物主义相统一的世界观为思想基础，用物质与意识的关系去深入阐释民事诉讼证据制度的构建机理。在民事证据课程中，在证据客观性、真实性和合法性上强调实事求是的思想态度；在证据证明讲授中灌输以司法公正保护人民利益的理念。阐述民事诉讼证据证明在具体个案的裁判中如何通过制度规制实现程序正义和实体正义，将专业课程知识点与思想政治教育相链接，学生也更能体会证据法的实践意义。

3. 创设"线上＋线下"师生互动式课程思政教学环境

从专业知识点的历史、传统中梳理课程思政结合点，从历史实证角度阐述思政教学要点，真正做到知识点的"入脑入心"。在"混合式＋"教学模式的运行上，更多地利用"学习通"教学平台，开发可以适用于课堂教学的线上教学活动，充分利用线上平台提升课堂互动效果，真正实现课上课下、线上线下的混合教学。在教学案例资源库的建设上，多从诉讼实践中发掘案例，尤其注重体现公平正义理念的案件选择，通过增加案例领读栏目等方式，将具体案件中证据与证明规则的运用与思政教学要点的关联深入浅出地展现出来。提升课堂案例讨论的精细度，做到基础知识点切实掌握，课后线上研讨加强深度与广度，启发学生进行探究式学习，促进课程学习效果的提升。此外，也应当加强授课教师自身的思想政治理论学习，加深理解，并积极从诉讼实践中发现思政教学与证据法教学的连接点，充实课程思政内容。

四、教学设计典型案例展示

（一）知识点概况

（1）证据的"三性"。①证据的真实性。需要审查证据是否真实可靠，有无伪造、变造的可能。在"念斌案"中，部分证据的真实性和来源受到了质疑，如铁锅中的氟乙酸盐是否确为念斌所投放。②证据的合法性。证据的收集、固定、保全等过程必须符合法律规定，否则可能被视为非法证据而被排除。在"念斌案"中，警方的侦查行为是否合法、证据收集程序是否规范等问题成了争议焦点。③证据的关联性。证据必须与案件事实具有关联性，即能够证明案件的主要事实或相关情节。在"念斌案"中，各项证据之间需要形成完整的证据链，以证明念斌的犯罪事实。

（2）补强证据规则：对于某些证明力较弱的证据，需要有其他证据进行补强，才能作为定案的根据。

（3）证据裁判原则：案件事实的认定应依据证据进行，没有证据不得认定事实。

（4）疑罪从无原则：在证据不足、不能认定被告人有罪的情况下，应当作出无罪判决。

（二）教学思路

首先，简述"念斌案"的基本背景，包括案件的时间线、主要争议点以及最终判决结果。这可以激发学生对案件的兴趣，并引导他们思考证据在案件中的重要性。其次，简要介绍证据法学的定义、研究对象和核心问题。强调证据在诉讼中的重要性，以及证据法学如何帮助司法人员准确、公正地认定案件事实。结合"念斌案"，讲解不同类型的证据（如物证、书证、证人证言等）及其在案件中的应用。同时，介绍证据法中的基本规则，如非法证据排除规则、证据补强规则等，并讨论这些规则在"念斌案"中的体现。深入分析"念斌案"中的关键证据，如检验报告、证人证言、被告人供述等。引导学生运用证据法学的原理和方法，对证据的真实性、合法性和关联性进行审查与判断。同时，讨论证据之间的矛盾和疑点，以及如何通过证据排除或补强来形成完整的证据链。

组织学生进行课堂讨论，分享他们对"念斌案"中证据问题的看法和见解。教师进行总结点评，强调证据法学在司法实践中的应用价值，并引导学生运用中国特色社会主义法治理念去思考、运用所学知识，在未来解决实际问题。此外，推荐学生阅读与"念斌案"相关的法律文书、新闻报道和学术论文，以加深对案件和证据法学的理解。同时，鼓励学生关注司法实践中的其他典型案例，提高他们的法律素养和批判性思维能力，夯实学生对马克思主义科学世界观、社会主义核心价值观、中国特色社会主义制度、习近平新时代中国特色社会主义法治思想的深度理解与认同。

（三）课程思政设计

1. 案例引入

案例：福州念斌投毒案

念斌，1976年7月生，福建省平潭县人，原食品杂货店个体户。曾经被4次判处死刑，2014年8月22日被终审无罪释放。念斌与被害人丁云虾原来都是房东陈炎娇家的租户，在陈炎娇家一楼相邻的两个门脸房分别开食品杂货店。

2006年7月27日晚，丁云虾家和房东陈炎娇家一同吃晚饭。到了晚上10点，丁云虾10岁大儿子和8岁的女儿，相继出现腹疼、头疼、呕吐和抽搐等症状，被诊断为食物中毒，经送医抢救无效死亡。公安机关接报警后立即到达现场，经初步调查认为该案系"人为投毒"，于当日刑事立案。2006年7月30日，公安机关从死者的心血和呕吐物中检验出"氟乙酸盐"有毒成分，认为死者系氟乙酸盐中毒死亡。氟乙酸盐是一种A级有机剧毒品，以中枢神经系统和心脏损害为主，当时常被用于制作老鼠药。2003年起，这类剧毒杀鼠剂被国家严禁制造、买卖和使用。经现场勘查，公安机关从被害人的邻居念斌的门把手上提取了疑似"氟乙酸盐"物质，因此认为其存在重大作案嫌疑。公安机关经过调查还发现，2006年7月26日晚，一名顾客来买香烟，被丁云虾招呼到她的店里，抢了念斌的生意，因此念斌具有作案动机。之后，念斌被逮捕、提起公诉。后该案历时8年10次开庭审判，念斌4次被判处死刑立即执行。2010年10月最高法人民法院以"事实不清、证据不足"发出不核准死刑的裁定书，并撤销原判发回福建省高级人民法院重审。2011年5月5日，福建省高级人民法院撤销福州市中级人民法院对念斌的死刑判决，该案件发回福州市中级人民法院重新审判。2011年9月7日，该案在福州市中级人民法院再次开庭审理，但再一次对念斌判处死刑，剥夺政治权利终身。2014年8月22日，福建省高级人民法院二审开庭审理后作出终审判决，宣告念斌无罪。2015年2月17日，福州市中级人民法院决定支付念斌国家赔偿113.9万余元，并在侵权行为影响的范围内为念斌消除影响，恢复名誉，赔礼道歉。

福州市中级人民法院原审判决认定：念斌与丁云虾分别租用平潭县陈炎娇家相邻的两间店面经营食杂店，存在生意竞争。2006年7月27日晚，念斌认为丁云虾抢走其顾客而心怀不满。次日凌晨1时许，念斌产生投放鼠药让丁云虾吃了肚子痛、拉稀的念头，遂将案发前在平潭县医院附近向摆地摊的杨某购买的鼠药取出半包，倒在矿泉水瓶中加水溶解后，潜入其食杂店后丁家厨房将鼠药水从壶嘴倒入烧水铝壶的水里。当晚，丁云虾的孩子俞乙、俞丙、俞甲食用了使用壶水烹制的稀饭和青椒炒鱿鱼，丁云虾食用了其中的稀饭和青椒，房东陈炎娇及其女儿念某食用了其中的青椒炒鱿鱼。后俞乙、俞丙、俞甲等人相继出现中毒症状。次日凌晨，俞乙、俞丙经抢救无效死亡，经鉴定系氟乙酸盐鼠药中毒。俞甲接受住院治疗。认定上述事实的主要证据：

一、关于被害人中毒原因。原判认定被害人俞乙、俞丙系氟乙酸盐鼠药中毒死亡，主要依据是法医学鉴定意见、俞乙呕吐物的理化检验报告、被害人陈述和证人证言。

二、关于投毒方式。原判认定念斌将鼠药投放在被害人家厨房的铝壶水中，致使二被害人食用了使用壶水烹制的食物中毒死亡，主要依据是被害人陈述和证人证言，现场勘验检查笔录、现场照片和提取痕迹、物品登记表，铝壶水、高压锅和铁锅的理化检验报告，铝壶的侦查实验笔录，念斌的有罪供述和指认现场录像等证据。

三、关于毒物来源。原判认定念斌投放的鼠药系在平潭县医院附近向摆地摊的杨某购买，主要依据是证人杨某等人的证言及辨认笔录、查获的杨某配制鼠药工具的照片、理化检验报告、鼠药包装袋、搜查证、搜查笔录、扣押物品清单及照片，念斌的有罪供述及指认购买鼠药地点的笔录和录像等证据。

福州市中级人民法院据此认定，念斌构成投放危险物质罪，判处死刑，剥夺政治权利终身。但念斌在庭审及上诉中均称其没有作案，有罪供述内容不真实，系违法取证所得，请求宣告无罪。

辩护律师及其聘请专家针对公安机关鉴定意见提出的主要质疑：

质疑一：不正常的检测报告。

据念斌对投毒经过的供述，他于 2006 年 7 月 27 日凌晨 1 点左右把鼠药投放在了水壶内。据此，原判认定，水壶的水含有氟乙酸盐是造成被害人死亡的原因。但据辩护律师的说法，在公安机关提供的物证中却没有看到水壶被检出毒物的报告。关于毒物的来源，原判认定念斌是从一个姓杨的老人那里购买的氟乙酸盐鼠药，但辩护律师调查时，这名姓杨的老人却表示不记得见过念斌。一些权威毒物专家被辩护律师邀请加入了对念案鉴定意见的分析，专家们发现，根据公安机关提供的检验报告，在死者的心血、尿液和呕吐物中都检出了氟乙酸盐，然而在胃和肝里却没有检测到，这有悖常理。在投毒案中，死者的中毒原因、嫌疑人的投毒方式以及毒物的来源都是定罪量刑的关键，然而辩护方提出的种种疑点，却让原判采信的证据看起来并非无懈可击。辩护律师在法庭上提出，公安机关的现场勘验检查工作及笔录制作不规范，铝壶及壶水、高压锅和铁锅的提取送检程序不合法，物证来源不清，应予排除；鉴定机构对铝壶水、高压锅和铁锅的检验过程不规范，根据检验数据均不能认定检出氟乙酸盐鼠药成分，理化检验报告不能被作为定案依据，故不能认定念斌将鼠药投放在铝壶水中。

疑点二："完美"的质谱图。

质谱图是被广泛应用于各个学科领域中通过制备、分离、检测气相离子来鉴定化合物的一种专门技术。比如，在一起毒品案中，公安机关要通过一种技术手段证明缴获的"大麻"就是大麻，质谱法便是现在普遍运用的一种方法。

在"念斌案"中，公安机关便是运用质谱的检验方法，认为死者系氟乙酸盐中毒，进而锁定投毒者为念斌的。然而，不同中毒的原因，在质谱图上就会有不同的波形表现。对于投毒案来说，质谱图就是支持公安机关鉴定意见的最原始的信息。然而，经过辩护方邀请的专家对相关物证鉴定意见中质谱图的分析，专家发现，死者俞丙尿液的质谱图竟然与机器检测时使用的标准参照图谱一模一样。这意味着，俞丙尿出的是一个氟乙酸盐的标准样品。更令人震惊的是：被害人俞乙的呕吐物和其心血竟然来自同一个检材。经过仔细研究，专家们认为，根据现场物证的检验意见，应该皆未发现氟乙酸盐，本案并没有任何证据支持氟乙酸盐曾被使用过。也就是说，公安机关认为两名孩子死于氟乙酸盐中毒的结论不能成立。法庭上，辩护律师出示了公安机关相关鉴定意见的质谱图，对公安机关出庭鉴定人作了质证，证实本案检验过程未进行"空白"对照检验，不能排除检材被污染的可能；根据聘请专家的意见，提出根据提取的质谱图，均不能判定检出氟乙酸盐鼠药成分；由于质谱图出现错误，被害人心血、尿液和呕吐物的理化检验报告不能被作为认定死因的依据。现有证据不能认定被害人死于氟乙酸盐鼠药中毒。

上述质疑大多被福建省高院采纳。

采纳一：鉴定所用检材来源、送检过程存疑。主要理由：一是关于案发现场的铝壶、高压锅、铁锅，现场勘验检查笔录（公安机关现场提取的记录）记载的提取送检时间与检验鉴定委托书（公安机关送专业机构做鉴定时出具的文书）记载的时间相矛盾；二是鉴定受理登记表（鉴定机构接收检材时出具）记载，侦查机关送检的铝壶及里面有3500毫升水，但现场勘验检查笔录（现场提取时的记载）未记载提取铝壶时壶中有水。三是鉴定机构在对铝壶水、高压锅和铁锅表面残留物检材的检验过程中，难以排除检材被污染的可能。

采纳二：被害人系氟乙酸盐鼠药中毒的死因存疑。主要理由：一是检材与标样的质谱图不应相同。二是分别标注为被害人俞乙心血、呕吐物的二份质谱图相同有悖常理。三是鉴定机构在对俞丙的尿液、心血和俞乙的尿液、心血和呕吐物检材的检验过程中，难以排除检材被污染的可能。

2. 思政结合

"念斌案"作为一起备受关注的刑事案件，不仅引发了社会各界的广泛讨论，也为中国特色社会主义法治建设提供了深刻的思考。8年时间里，他经历10次庭审，4次被判处死刑立即执行！但念斌又是幸运的，在历经长期等待后，他最终被宣告无罪！"念斌案"也创造了一个历史性的司法案例，即纠正一起错案，不必靠"亡者归来或真凶出现"，靠专家对于证据的精准分析、靠司法者的正义坚守、靠律师的有效辩护，也可改判无罪！从该案中可以提炼出以下课程思政元素：

（1）证据收集与审查的严格性。在"念斌案"中，证据的收集与审查过程备受关注。一方面，警方和检方需要依法收集证据，确保证据的合法性和真实性；另一方面，法院在审查证据时也需要严格把关，排除非法证据和存疑证据。这要求司法机关在办案过程中遵循法定程序，确保证据的合法性和有效性。同时，也需要加强对证据收集与审查的监督和制约，防止权力滥用和冤假错案的发生。

（2）司法人员的专业素养与责任心。"念斌案"的曲折历程也暴露了司法人员在专业素养和责任心方面的不足。在办案过程中，一些司法人员可能存在草率行事、忽视程序正义等问题，导致案件出现瑕疵和错误。因此，加强对司法人员的专业素养和责任心培训显得尤为重要。只有具备扎实的法律功底和强烈的责任心，才能确保司法公正和权威。

（3）律师辩护权的保障。在"念斌案"中，律师的辩护权得到了充分的保障。律师通过查阅案卷、会见被告人、提出辩护意见等方式，为被告人提供了有效的法律帮助。这体现了我国法治建设中对律师辩护权的重视和保障。律师作为法律职业共同体的重要成员，在维护司法公正和保障被告人权利方面发挥着不可替代的作用。因此，需要进一步完善律师辩护制度，确保律师能够依法履行职责、维护司法公正。

（4）法治思维与依法办事能力的提升。"念斌案"还提醒我们，法治思维和依法办事能力是衡量司法人员素质的重要标准。在办案过程中，司法人员需要树立法治思维，坚持依法办事原则，确保每一项司法行为都符合法律法规的规定。同时，也需要不断提升依法办事的能力水平，加强对法律法规的学习和理解掌握程度以及运用水平等方面能力的提升；加强对司法实践中遇到的新情况、新问题的研究分析工作力度以及增强应对处理能力等，提升工作力度；加强对司法人员职业道德教育和纪律约束等方面的工作力度以及监督管理工作力度。

3. 思考讨论

结合课程内容，运用证据法学的原理和方法对"念斌案"中涉及的证据问题进行深入分析，并提出自己的见解和建议。

第二十一章
《国际私法》课程思政教学设计

钟佳伟[1]

一、课程简介和思政建设目标

（一）课程简介

《国际私法》课程是法学专业核心课程，也是法考必考科目，随着我国"一带一路"倡议的提出和实施、国内法治与涉外法治建设的统筹推进以及"人类命运共同体"的构建，作为预防和消除各国民商事法律冲突的一个独立法律部门，国际私法在解决国际民商事争议和构建国际民商新秩序中的地位也将越来越重要，功能也愈发凸显。课程始终贯彻"具有崇高理想信念、深厚人文底蕴、扎实专业知识、强烈创新意识、宽广国际视野的国家栋梁和社会精英"的人才培养目标，结合国际私法课程教学的知识目标体系，落实立德树人根本任务，将育才与育人二者有机融合，把思政教育渗透到专业课程知识讲授及系列活动中，形成与"智育与德育"相契合的课程思政教学，将价值塑造、知识传授和能力培养三者融为一体。

（二）思政建设目标

1. 帮助学生牢固爱国情怀

在课程导入中，通过介绍中国在国际私法领域的贡献和成就，激发学生的民族自豪感和爱国情怀。同时，对相应典型案例进行剖析，让学生了解我国在国际民商事合作中的重要作用和影响力。

---

[1] 钟佳伟，四川乐山人，四川民族学院法学院助教，主要讲授《国际法学》《国际私法学》。

2. 帮助学生开阔国际视野

在讲授涉外民事关系法律适用时，强调尊重各国法律制度和文化传统的重要性，引导学生树立平等、包容、互利的国际观念。同时，通过案例讨论、新闻分享等途径让学生了解不同国家和地区的法律制度和实践差异，培养学生的跨文化交流能力。

3. 帮助学生塑造法治精神

在分析国际民事诉讼与商事仲裁时，强调法律规则的重要性，引导学生树立法治观念、遵守法律规则，维护法律权威。同时，通过知识点串联与案例研讨，让学生了解法律在解决国际民商事纠纷中的关键作用，增强学生的法律意识和法治信仰。

二、课程思政元素挖掘与融入

（一）课程思政元素挖掘与分析

（1）法治精神。国际私法是国际法的重要组成部分，其基本原则和规则体现了法治精神。在教学过程中，我们可以引导学生认识到法律在维护国际秩序、促进国际合作中的重要作用，培养学生的法治思维和法律意识。

（2）国际视野与全球观念。国际私法涉及不同国家和地区的法律制度、文化传统和价值取向，要求学生具备开阔的国际视野和全球观念。在教学中，我们可以引导学生关注国际法律动态，了解不同国家的法律实践，培养学生的国际意识和跨文化交流能力。

（3）国家利益与国家主权。国际私法在处理涉外民事关系时，需要平衡各国利益和维护国家主权。在教学中，我们可以结合具体案例，引导学生认识到国家利益的重要性，理解维护国家主权和尊严的必要性。

（4）爱国情怀与民族精神。通过介绍我国在国际私法领域的贡献和成就，我们可以激发学生的爱国情怀和民族精神。通过讲述中国在国际法律舞台上的积极作为和卓越成就，增强学生的民族自豪感和自信心。

（5）社会责任与公民意识。在国际私法领域，法律从业者需要承担一定的社会责任和履行公民义务。在教学中，我们可以引导学生认识到作为法律人的社会责任和使命，培养学生的公民意识和奉献精神。

（二）课程思政元素融入

为了将思政元素融入国际私法课程，我们可以采取以下措施：

（1）案例分析法：结合典型案例，分析其中的法律问题和思政元素，引导学生深入思考并发表看法。通过案例分析，让学生更好地理解法律原则和实践应用，同时培养学生的独立思考和批判性思维。

（2）课堂讨论与辩论：组织学生进行课堂讨论和辩论，鼓励学生表达自己的观点和看法。通过讨论和辩论，激发学生的思考热情和创新能力，同时培养学生的团队协作和沟通能力。

（3）专题讲座与主题研讨：邀请专家学者进行专题讲座或主题研讨，介绍国际私法的最新动态和研究成果。通过专题讲座和主题研讨，拓宽学生的知识视野和学术视野，同时培养学生的学术素养和研究能力。

（4）实践教学与社会服务：组织学生参与国际私法领域的实践活动和社会服务，如参与国际法律援助、参与国际法律论坛等。通过实践教学和社会服务，让学生更好地了解国际私法的实际应用和社会价值，同时培养学生的实践能力和社会责任感。

（5）课程考核与评价：在课程考核中增加对思政元素的考查和评价，以引导学生重视思政元素的学习和应用。同时，通过课程评价收集学生的反馈意见，不断优化教学方法和手段，提高教学效果和质量。

通过以上措施的实施，将思政元素有效融入国际私法课程，为学生的全面发展提供有力支持。

（三）课程思政融入点

序号	章节	专业知识点	思政元素	典型案例
1	第一章	国际私法概论	国际视野与全球观念	北京泰宇博洋公司案
2	第二章	法律适用理论与法律选择方法	法治精神	维他食品公司诉乌纳斯轮船公司一案
3	第三章	国际统一实体法理论与方法	法治精神	海南省木材公司案
4	第四章	冲突规范与准据法的确定	国家利益与国家主权	雅虎公司涉嫌拍卖纳粹物品案
5	第五章	准据法适用的一般问题	法治精神	匈牙利出口信用保险有限公司案

续表

序号	章节	专业知识点	思政元素	典型案例
6	第六章	民事主体	法治精神	美国交易号帆船案
7	第七章	婚姻家庭	社会责任与公民意识	欧敦诉欧敦案
8	第八章	继承	社会责任与公民意识	考伦案
9	第九章	物权	国际视野与全球观念	温克沃斯诉克里斯缇和伍兹有限公司及他人案
10	第十章	合同	法治精神	奥汀诉奥汀案
11	第十一章	侵权	国家利益与国家主权	博伊斯诉查普林案
12	第十二章	知识产权	法治精神	布朗诉都切斯案
13	第十三章	其他民商事关系	社会责任与公民意识	环球昌平实业有限公司与童某不当得利纠纷案
14	第十四章	国际民商事争议及其解决机制	社会责任与公民意识	香港泉水有限公司与宏柏家电（深圳）有限公司申请确认仲裁协议效力案件
15	第十五章	国际民事诉讼	国际视野与全球观念	戴姆勒诉鲍曼案
16	第十六章	国际商事仲裁	国家利益与国家主权	申请人韦斯瓦克公司与被申请人北京中钢天铁钢铁贸易有限公司申请承认和执行外国仲裁裁决案
17	第十七章	区际民商事法律冲突	国家利益与国家主权	冯华汉与朱广水等借款合同纠纷上诉案
18	第十八章	区际民商事私法协助	爱国情怀与民族精神	吴作程诉梁俪案

三、教学设计基本思路与措施

（一）教学设计基本思路

本课程立足于法学专业人才培养，在思政引领视域下，将知识目标、能力目标、价值观目标三者相融合，真正达到因材施教、因教育人的目标。知识目标即使学生掌握国际私法的基本概念、原则、规则和制度，了解不同国家和地区的法律体系和司法实践。能力目标即培养学生分析和解决国际私法问题的能力，包括法律适用、冲突解决和国际商事交易的技能。价值观目标即增强学生的国际视野和法律意识，培养学生的批判性思维和团队协作精神。通过这三个目标来确保学生理解国际私法的基本原则和规则，提高学生运用国际私法知识解决实际问题的能力，培养学生的跨文化交流能力和国际法律意识。

（二）革新方向

在全球化日益加深的今天，国际私法作为调整涉外民商事法律关系的法律体系，其重要性日益凸显。为了适应这一发展趋势，国际私法的教学也需要与时俱进，不断创新。

1. 教学理念的革新

（1）传统观念向全球化视野转变：传统国际私法教学往往侧重于法律规则的解读与适用，而现代教学则更加强调培养学生的全球化视野，理解不同法律体系间的差异与互动。

（2）跨学科融合：鼓励法学与其他学科（如经济学、政治学、社会学等学科）的交叉融合，使学生能够从多维度理解国际私法问题，增强解决复杂法律问题的能力。

2. 教学主体的革新

（1）从知识传授者到引导者：教师不再仅仅是知识的灌输者，而是引导学生主动学习、独立思考的引导者，激发学生的探索精神和创新能力。

（2）教学团队多元化：组建由国内外专家、实务界人士共同参与的教学团队，引入多元视角，丰富教学资源，提升教学质量。

3. 教学受众的革新

扩大受众范围：除法学专业学生外，还可面向经济、管理、国际贸易等专业学生开设国际私法选修课程，培养复合型法律人才。

4. 教学手段的革新

（1）案例教学：通过具体案例，让学生理解法律选择背后的价值取向。选取具有代表性的国际私法案例，通过分析案例中的法律问题、法律适用和裁决结果，引导学生思考并讨论其中的思政元素。例如，在涉外婚姻家庭法律适用案例中，可以探讨保护弱者利益的法律原则，培养学生的正义感和人文关怀。

（2）翻转课堂：利用现代信息技术，对传统课堂的教学模式进行翻转。学生在课前通过自主学习完成对理论知识的学习，课堂时间则主要用于讨论、答疑和深入探究。这种教学模式有助于提高学生的自主学习能力和参与度，同时教师可以在课堂上更多地引导学生思考思政元素与课程内容的联系。

（3）模拟法庭：通过模拟真实的法庭审判过程，让学生在实践中学习和运用国际私法的相关知识。组织学生进行模拟法庭审判，模拟国际商事纠纷、跨国婚姻等案件的审理过程。通过角色扮演、法律辩论等方式，让学生亲身体验法律实践，加深对国际私法理论和制度的理解。模拟法庭能够锻炼学生的法律思维、口头表达能力和团队协作能力，同时也是进行思政教育的重要平台。

5. 教学内容的革新

（1）融入思政元素：在国际私法的教学内容中，深入挖掘并融入思政元素，如维护国家主权、保护弱者合法权益、统筹国内法治与国际法治等。这些思政元素不仅能够丰富教学内容，还能帮助学生树立正确的价值观，培养其爱国情怀和社会责任感。

（2）结合时事热点：将国际私法的教学内容与当前国际社会的时事热点相结合，使学生能够及时了解并思考涉外法治领域的最新动态和问题。这种教学方式能够增强学生的国际视野和时代感，提高其分析问题和解决问题的能力。

（3）注重实践应用：在教学内容上，注重理论与实践的结合，增加实践应用环节。通过组织学生开展社会实践、法律实习等活动，让学生在实践中学习和运用国际私法的知识，提升其法律素养和综合素质。

6. 教学工具的革新

（1）多媒体教学：利用 PPT、视频、音频等多媒体教学资源，将抽象的国际私法理论以直观、生动的方式呈现给学生。通过案例分析、法律条文解读等视频材料，使学生更易于理解和接受，同时可以在视频中加入思政元素，如对国家主权、国际合作等话题的探讨。

（2）虚拟现实（VR）技术：随着科技的发展，VR 技术逐渐被应用于教育领域。在国际私法课程思政中，可以引入 VR 技术模拟国际法庭审判、跨国商事谈判等场景，让学生在虚拟环境中体验法律实践，增强学习的沉浸感和互动性。同时，通过 VR 技术展现国际法律纠纷的解决过程，培养学生的国际视野和全球意识。

四、教学设计典型案例展示

（一）知识点概况

国际物权是指具有外国因素的物权或"财产权"。这就是说，国际物权既包括物权主体为外国人的情况，也包括物权客体处于外国的情况，还包括引起物权产生、变更或消灭的法律事实发生在国外的情况。在国际物权关系中，具有重要性的是国际所有权关系，各国所有权法上的冲突往往构成各类国际私法问题的基础。尽管各国的物权法或财产法存在差异，但确认物权人在法律规定的范围内对其权利客体享有支配权和排除他人干涉的权利，是各国法所共同接受的基本原则。

（二）教学思路

（1）利用中国大学慕课（MOOC）网平台发布课前任务清单，让学生通过该平台自主学习本节网络课程。发布课程引入案例，要求同学先自主思考。教师可通过网络教学平台记录数据了解学生的学习情况，确保学生在课堂教学之前完成相关任务并预习相关知识点。

（2）教师在课堂讲授中首先引入物权的基本概念，讲解物权的分类、特性、变动等基础法律知识，为后续的国际私法物权教学奠定坚实基础。其次详细讲解物权冲突法原则，这是国际私法物权领域的核心。物权冲突法原则主要包括物之所在地法原则、意思自治原则、最密切联系原则等；分析各种原则在涉外物权案件中的适用条件和限制，帮助学生理解物权冲突法原则的基本理念和运用方法。

（3）配合具体的涉外物权案例分析，让学生将理论知识与实践相结合。选取典型的涉外物权案例，引导学生分析案例中的法律问题，运用所学的物权冲突法原则进行解决。同时，注重培养学生的案例分析能力和问题解决能力，介绍跨国物权法律适用的基本规则和流程。讲解如何确定涉外物权案件的法律适用，包括选择准据法、适用外国法等问题。同时，关注跨国物权法律适用的最新动态和趋势，如跨国物权法律的统一化、国际化。

（4）介绍跨国物权法律适用的基本规则和流程。讲解如何确定涉外物权案件的法律适用，包括选择准据法、适用外国法等问题。同时，关注跨国物权法律适用的最新动态和趋势，如跨国物权法律的统一化、国际化。

（5）培养学生的法律实践与操作技能是教学的重要目标之一。在教学过程中，教师提前搜集与国际物权相关的法律文书，并在授课中向学生展示，让学生了解涉及国际物权的法律文书写作的特点、规范以及应注意的重点，锻炼学生对国际物权的阅读与写作、法律谈判、法律研究等方面的能力。通过模拟法庭、法律实习等实践活动将国际物权经典案例还原，让学生亲身体验法律实践的过程，提高法律实践能力和操作技能。

（6）对国际私法物权教学进行总结，强调物权基础概念、国际私法概述、物权冲突法原则、涉外物权案例分析、跨国物权法律适用、国际合作与保护等方面的重点内容。同时，引导学生进行拓展学习，如关注物权法的最新动态和热点问题，了解不同国家的物权法制度。鼓励学生深入研究国际私法物权领域的相关问题，提高专业素养和综合能力，并且结合我国目前面临的压力与挑战，引发同学思考，深化同学对本节知识的掌握并进行价值观引领，使其感悟社会主义核心价值观及青年人应具有的家国情怀和社会责任感。

（三）课程思政设计

1. 课程引入

课程围绕国际私法中的一个典型案例——"圆明园兽首案"——展开，旨在通过这一案例，将专业知识与思政教育相结合，培养学生的法律素养、国家情怀和爱国主义精神。圆明园兽首作为中国的文化遗产，在近代被非法流失海外，中国政府及相关机构和个人积极追索，希望通过法律手段及其他合法手段使其回归祖国。

2. 思政结合

本案例涉及涉外物权关系，即圆明园兽首的所有权归属问题。根据国际私法原则，需要确定适用于本案的法律规则。在确定适用于本案的法律时，需考虑相关国家的冲突规范，特别是与文物追索相关的国际公约和惯例。结合中国实践，本案应适用中国法律和国际公约的相关规定。中国法律明确规定了对文化遗产的保护和追索，而国际公约也为文物追索提供了法律依据。在本案例中，可能存在的法律适用争议包括：①圆明园兽首的所有权归属问题；②适用的法律规则及其解释；③追索过程中可能涉及的国际法律程序。对于上述争议，需要结合相关国家的法律和国际公约进行解析，以明确各方的权利和义务，为追索工作提供法律支持。假设本案进入司法程序，法院在审理过程中将综合考虑相关证据和法律规定，对圆明园兽首的所有权归属问题进行裁判。同时，法院也将关注追索过程中的国际法律程序，确保追索工作的合法性和有效性。通过对案例的分析和模拟开庭，使学生深入了解国际私法中的涉外物权关系及其法律适用问题；强调保护文化遗产的重要性，培养学生的国家情怀和爱国主义精神；引导学生关注国际法律环境，提高处理涉外法律事务的能力；通过案例分析，让学生认识到法律在解决国际争端中的重要作用，培养其心中的正义感与使命感。

3. 思考讨论

（1）圆明园兽首的追索工作对中国文化遗产保护有何意义？你如何理解这种意义？

（2）如果你是本案的法官或律师，你会如何处理这个案件？请说明你的理由。

（3）对于圆明园兽首的流失，我们青年一代应当塑造什么样的三观？

第二十二章
《国际经济法》课程思政教学设计

皮兴月[1]

一、课程简介和思政建设目标

（一）课程简介

《国际经济法》课程是一门综合性法学课程，旨在系统介绍和分析国际经济活动中的法律规则、制度及其应用。课程内容涵盖国际贸易法、国际投资法、国际金融法和国际税法等多个领域。通过对该课程的学习，学生不仅将了解各国之间经济交往的法律框架，掌握促进全球经济合作与发展的国际经济法律工具，还将增强法治观念和爱国情怀，树立全球视野和社会责任感，体现思政教育的要求。

（二）思政建设目标

1. 培养法治思维与法律素养

通过系统的课程学习，学生应能够全面掌握国际经济法的基本理论、法律框架及其在国际贸易、国际投资、国际金融等领域的具体应用。法治思维不仅是法律专业学生应具备的基本素质，也是推动社会法治化进程的关键。掌握国际经济法的基本原理和实践操作，能够帮助学生理解法律在国际经济秩序中的重要作用，培养依法办事、依规行事的意识。此外，学生还应具备较强的法律分析和判断能力，能够独立思考并解决实际法律问题，从而在未来的法律职业生涯中，更好地维护公平正义，推动社会法治进步。

---

[1] 皮兴月，四川射洪人，四川民族学院法学院助教，主要讲授《国际经济法学》《经济法学》。

2. 培养全球视野和家国情怀

《国际经济法》课程旨在培养学生的全球视野，使其能够在多元文化背景下，理解和运用国际经济法律规则。通过学习，学生应熟悉国际经济法律体系的构成，包括国际贸易法、国际投资法、国际金融法等各个领域，了解不同国家和地区的法律制度和法律文化差异。全球视野的培养使学生能够在国际场合自如地交流与合作，处理复杂的跨国法律事务，提升其在国际舞台上的竞争力。同时，学生应具备强烈的家国情怀，理解祖国在国际经济法中的立场和利益，树立为国家利益和国际正义奋斗的理想。家国情怀不仅体现在对祖国的热爱和责任感上，更需要在实际行动中为国家争光，为世界和平与发展贡献力量。

3. 培养社会责任感与德法兼修意识

通过对国际经济法的学习，学生应认识到法律在维护国际经济秩序和促进社会公平正义中的重要作用。法律职业不仅需要专业的法律知识，更需要高度的社会责任感和道德意识。学生应理解法律职业道德的重要性，树立正确的价值观和职业操守，能够在未来的职业生涯中，坚持公平正义、维护社会公正。此外，法律教育应注重培养学生的公共精神和社会责任感，使其关注社会热点问题，积极参与社会公益活动，推动社会和谐发展。这种责任感和道德意识不仅是法律职业的要求，也是每个社会中公民应具备的基本素质。

4. 增强创新精神与实践能力

《国际经济法》课程不仅传授现有的法律知识，还应激发学生的创新精神，鼓励其在法律领域进行创新研究。学生应具备发现问题、分析问题和解决问题的能力，能够在不断变化的国际经济环境中，提出新的法律观点和解决方案。通过各种实践活动，如模拟法庭、模拟仲裁和法律诊所，提升学生的实际操作能力，使其能够将理论知识应用于实践，解决实际法律问题。创新精神不仅是法律职业发展的动力，也是推动法律制度进步和社会发展的重要因素。学生应在学习过程中，培养批判性思维和创新能力，成为具有开拓精神和实际操作能力的法律人才。

5. 弘扬中华文化与法治精神

《国际经济法》课程不仅是对法律知识的传授，更是对学生文化自信和法治精神的培育。学生应认识到中华文化在国际法治中的独特价值和贡献，增强文化自信。在学习国际经济法的同时，理解和弘扬中华优秀传统文化和现代法治精神，推动中华法系在国际社会的传播和影响。中华文化中蕴含的"和谐""公正"等理念，对于构建公正合理的国际经济秩序具有重要启示。学生应通过对中华文化的深入学习，增强对本民族文化的认同感和自豪感，能够在国际场合自信地传播中华法治理念，为构建人类命运共同体贡献智慧和力量。

以上具体目标全面而详细地阐述了《国际经济法》课程的思政建设目标，旨在培养具备法律素养、全球视野和家国情怀、社会责任感、创新精神和文化自信的高素质法治人才。

二、课程思政元素挖掘与融入

（一）课程思政元素挖掘与分析

1. 将主权平等、互利合作等法治理念融入课堂

通过讲解国际经济法的基本原则，如主权平等、互利合作、遵守国际条约等，增强学生的法治理念。主权平等原则强调国家在国际法律关系中具有平等的地位，无论大小、强弱，都应平等对待。互利合作原则则体现了国际经济交往中各国通过合作实现共同利益的基本精神，促进了国际贸易和投资的稳定发展。遵守国际条约原则是国际法的基本原则，要求各国信守承诺，遵循已经签署的国际协议和条约。这些原则的讲解不仅可以帮助学生理解国际经济交往中法律的重要性和权威性，也可以培养他们尊重国际法、遵守国际规则的意识。

2. 将稳定、公正等全球治理理念融入课堂

通过分析国际经济法律制度的形成与发展，帮助学生理解全球治理的基本概念。全球治理涉及多个国家和国际组织在处理全球性问题时的合作与协调，是解决全球性经济问题的重要机制。在国际经济法的发展历程中，许多国际法律制度（如世贸组织规则、国际投资协定、国际金融监管框架等），都是全球治理的重要组成部分。通过对这些内容的讲解，学生可以认识到国际合作和多边机制在应对全球性经济挑战中的关键作用，理解在全球治理中，法律如何提供稳定、公正的规则基础，从而推动全球经济的健康发展。

3. 将坚守道德底线，恪守职业操守的意识融入课堂

结合具体案例，讨论法律职业的道德规范，增强学生的职业道德感和责任感。职业道德是法律职业的重要组成部分，体现了法律工作者在履行职责时应遵循的基本准则。在国际仲裁案例中，仲裁员应保持独立性和公正性，

不受任何一方当事人的影响；在跨国公司法律纠纷中，律师应严格保守客户的商业秘密，维护客户的合法权益。这些实际案例的剖析，可以使学生理解职业道德在法律实践中的重要性，培养他们在未来职业生涯中坚守道德底线、恪守职业操守的意识。

4. 将民族自豪感和责任感等家国情怀融入课堂

在讨论国际经济法律问题时，融入对国家利益和民族尊严的考量，培养学生的家国情怀。家国情怀不仅是个人情感的体现，更是对国家利益和民族尊严的维护。在分析国际贸易争端时，学生可以探讨中国在国际经济领域中的地位和作用，例如中国在世界贸易组织中的角色、中国对全球供应链的影响等。通过这些讨论，学生可以深刻地理解国家在国际经济中的利益诉求和战略目标，增强民族自豪感和责任感，树立为国家利益和国际公平正义奋斗的理想信念。

5. 将追求正义、维护正义的信念融入课堂

在讲解国际经济法的过程中，强调公平正义的理念，培养学生追求正义、维护正义的信念。公平正义是法律的核心价值之一，在国际经济法中尤为重要。例如，在讨论国际税法时，学生可以探讨国际避税问题及其对全球公平税负的影响。跨国公司通过避税手段转移利润，不仅损害了各国的税收利益，也加剧了全球贫富差距。通过这些讨论，学生可以认识到公平税负对维护国际经济秩序的重要性，增强他们追求正义、维护正义的信念，培养他们在未来职业生涯中坚持公平正义的职业精神。

（二）课程思政融入点

序号	章节	专业知识点	思政元素	典型案例
1	第一章	国际经济法概述	法治理念	WTO 争端解决机制
2	第二章	国际贸易法	全球治理	中美贸易争端
3	第三章	国际投资法	职业道德	跨国公司与投资保护
4	第四章	国际金融法	家国情怀	金融危机与国家应对
5	第五章	国际税法	公平正义	国际避税与反避税
6	第六章	国际经济法的执行与监督	法律监督与执行	国际仲裁与跨境执行

三、教学设计基本思路与措施

(一) 教学设计基本思路

《国际经济法》课程采用"理论教学与案例分析相结合"的教学模式，结合实际案例，理论联系实际，强调学生的主动参与和思考，培养其综合运用知识的能力。通过思政元素的有机融入，实现"课程思政"的教学目标，全面提升学生的法治素养、全球视野和职业道德。

第一，多维度教学。通过多种教学手段和方法，如课堂讲授、案例分析、小组讨论、模拟法庭等，使学生在掌握理论知识的同时，提高实践能力和综合素质。理论讲授帮助学生建立扎实的知识体系，案例分析使理论应用于实践，小组讨论培养团队协作和批判性思维，模拟法庭则通过角色扮演和实战演练提升学生的实践操作能力。通过这些手段，确保学生能够将课堂所学与现实世界中的法律问题相结合。

第二，以学生为主体。强调学生在教学过程中的主体地位，鼓励其积极参与课堂讨论和课外实践活动，培养其自主学习能力和创新能力。通过自主学习任务、项目研究和小组合作，增强学生的学习兴趣和主动性。教师在教学过程中扮演引导者和促进者的角色，帮助学生探索和解决问题，激发其创新思维和创造力。[1]通过设置开放性问题和情境案例，鼓励学生提出自己的见解和解决方案，增强其自主学习能力和创新意识。

第三，建立持续评估机制。通过建立科学的教学评估体系，如阶段性测试、课堂表现、案例分析报告等多种形式，全面评估学生的学习效果和能力发展情况。评估体系不仅应关注学生对知识的掌握程度，还需要注重其在实际应用、批判性思维、团队合作和创新能力等方面的发展。通过反馈和改进，确保教学效果的持续提升。定期的教学反馈和评估不仅能够检测学生的学习效果，还可以帮助教师调整教学策略，更好地满足学生的学习需求。

(二) 措施与方法

在理论教学层面，系统讲授国际经济法的基本理论和法律制度，帮助学生构建扎实的理论基础。通过详细讲解各个领域的基本概念、法律原则和具

---

〔1〕 王晓静：《建构主义视角下的高校思政课改革探索》，载《滁州职业技术学院学报》2019 年第 4 期，第 75~78 页。

体规则，使学生对国际经济法有一个全面的了解。在讲授过程中，融入思政元素，例如讨论国际经济法对全球经济公平和正义的促进作用，增强学生的法治观念和社会责任感。通过介绍国际经济法的历史背景和发展脉络，使学生理解国际经济法在全球经济治理中的重要作用，并认识到中国在国际经济法律体系中的地位和贡献，增强学生的国家自豪感。

除此之外，精选国内外经典案例。通过案例分析使学生加深对理论知识的理解，提高其分析和解决实际问题的能力。[1]每个案例分析不仅涉及对法律问题的探讨，还应结合道德、伦理和社会责任等思政元素。例如，在分析某国际贸易争端案例时，探讨公平贸易和可持续发展的伦理问题，培养学生的全球视野和职业道德。通过案例分析，学生不仅能够理解法律规则的具体应用，还能从道德和社会责任的角度思考法律问题，培养其全面的法律素养和职业伦理。

在课堂讨论环节，设置开放性问题，组织学生进行讨论，培养其独立思考和表达能力，增强课堂互动性和参与度。例如，在讲解国际贸易法时，可以讨论"国际贸易保护主义对全球经济的影响"，引导学生从多角度分析问题，培养其批判性思维和综合判断能力。通过讨论，学生能够分享和碰撞不同的观点，拓宽思维的广度和深度，同时提高其沟通表达能力和团队协作精神。

在课外活动中，通过模拟法庭的形式，让学生扮演不同角色，进行法律辩论和作出判决，增强其实践操作能力和团队合作精神。模拟法庭不仅可以使学生亲身体验法律程序，还可以通过角色扮演培养其沟通和协作能力。在模拟法庭中融入思政教育，例如模拟国际环境法庭审理环境污染案件，讨论企业社会责任和环境保护问题，提升学生的社会责任感和职业道德。通过模拟法庭，学生能够体验真实的法律实践，提高法律适用能力，同时理解法律职业中的道德和责任。与此同时，鼓励学生参与模拟法庭、法律实务训练、法律援助等课外实践活动，增强其实践操作能力。例如，组织学生到法院旁听国际贸易案件审理，或参与跨国企业的法律咨询工作。通过实际法律工作体验，学生不仅巩固了课堂知识，还增强了职业认同感和社会责任感。实践

---

〔1〕 陶东香、郭龙、陈凤云：《瞄准任职教育要求，加强专业教研室教学能力建设》，载《科技信息》2008 年第 35 期，第 5 页。

活动不仅能够增强学生的实际操作能力，还能让学生在真实的法律环境中体会法律工作的意义和价值，培养其职业素养和社会责任感。

最后，鼓励学生参与国际经济法领域的科研活动，撰写学术论文，培养其科研能力和学术素养。通过导师指导和学术交流，帮助学生深入理解国际经济法律问题，培养其学术研究能力。例如，组织学生参与国际经济法研讨会，与专家学者交流、开拓学术视野。撰写和发表学术论文，不仅可以提升学生的研究能力，还可以增强其在学术界和实践领域的竞争力。科研训练不仅可以培养学生的研究能力和学术素养，还能激发其对法律问题的深入思考和探索，培养其学术创新能力。

四、教学设计典型案例展示

中美贸易争端是近年来全球关注的热点之一，涉及的范围广泛且影响深远，反映了当代国际贸易中的复杂性与挑战性。贸易争端的起源可以追溯到2018年，美国政府在"301条款"调查的基础上，对价值数千亿美元的中国商品加征关税，指控中国在知识产权保护、技术转让和产业政策等方面存在不公平行为。[1]美国认为，中国的这些做法导致了美国企业的竞争劣势，并对美国经济造成了严重损害，中国对此予以坚决反对，认为美国的单边措施违反了WTO规则，并对全球贸易体系构成威胁。中国政府随即对等回应，对大量美国商品加征报复性关税。这一连串的关税措施不仅引发了双方的经济对抗，还对全球供应链和国际市场产生了深远的影响，导致全球经济不确定性增加、国际贸易增速放缓。随后，双方的贸易争端迅速升级，从最初的关税对抗扩展到更广泛的经济、科技和政治领域。美国进一步限制中国科技企业的市场准入和技术获取，特别是对华为等公司的制裁，使得争端从贸易问题扩展到国家安全和科技竞争层面。中国则在国内增强自主创新能力，推动技术自立，试图减少对美国技术和市场的依赖。在这一背景下，双方均向WTO提出了投诉。

2018年4月，中国向WTO提起诉讼，指控美国的关税措施违反了WTO最惠国待遇和关税减让承诺。随后，美国也向WTO提出反诉，指责中国的知识产权政策和补贴措施违反了WTO规则。WTO争端解决机制因此成为中美

---

〔1〕 刘明：《中国—新西兰自贸协定升级议定书生效》，载《国际商报》2022年4月8日。

贸易争端的重要舞台。中美贸易争端不仅是两国之间的经济博弈，也是对多边贸易体系的严峻考验。WTO 争端解决机制在此背景下的表现，会直接关系到其在国际社会中的权威性和有效性。然而，由于争端的复杂性和涉及的利益广泛，WTO 的处理也面临诸多挑战。特别是上诉机构成员人数不足问题导致许多案件的处理和执行出现了延误。这场争端揭示了 WTO 机制的优点与不足：一方面，WTO 争端解决机制提供了一个正式的法律框架，使得争端可以在法律基础上进行处理，避免了单边报复措施的无序升级；另一方面，WTO 机制也暴露出了在应对大国博弈时的局限性，如上诉机构的功能失效、执行机制的乏力等。

中美贸易争端对全球经济和国际贸易秩序产生了深远的影响。在全球化日益深入的背景下，这场争端不仅关乎两国的经济利益，也对全球多边贸易体系的未来走向提出了新的问题和挑战。如何通过多边机制有效解决大国之间的贸易争端、如何改革和完善现有的国际贸易规则成了国际社会亟待解决的重要课题。

（一）知识点概况

1. WTO 争端解决机制的基本流程

（1）磋商阶段。磋商阶段是 WTO 争端解决机制的第一步。在正式的法律程序启动之前，争端双方通过初步协商，尝试通过谈判解决争端。根据 WTO 规定，磋商阶段通常持续 60 天，争端双方需要在此期间尽可能找到互利的解决方案。在这个过程中，双方可以提出问题、交换意见和信息，讨论彼此的关切。

磋商阶段的重要性在于它提供了一个低成本、低风险的解决争端的途径。如果磋商成功，争端双方可以避免进入更复杂、更耗时的法律程序，节省资源和时间。此外，磋商阶段的保密性也使得双方可以在不公开的情况下进行讨论，减少公众舆论的压力和政治风险。

（2）专家组（Panel）阶段。如果磋商未能解决争端，任何一方均可以请求成立专家组审理案件。专家组由 3 名~5 名独立专家组成，他们将在接下来的 6 个月内调查事实、审查法律依据，并作出初步裁决。专家组的独立性和专业性是其核心特点，从而确保裁决基于事实和法律，而不是政治考虑。

专家组的工作过程包括接受双方的书面材料、进行口头辩论、现场考察（如果必要），并最终作出报告。专家组的报告详细说明了他们的调查结果、法律分析和裁决建议。报告公布后，争端双方可以对报告提出意见和建议，并有机会进行进一步的讨论和协商。

（3）上诉阶段。对专家组裁决不满的一方可以向上诉机构提出上诉。上诉机构由7名法官组成，负责审查专家组的法律解释。上诉程序通常在90天内完成，作出最终裁决。上诉阶段确保了争端解决过程的法律严谨性和程序公正性。

上诉机构的职责不仅是审查专家组的法律解释，还包括对程序正当性的审查。上诉机构在作出最终裁决时，可能会确认、修改或撤销专家组的裁决。最终裁决具有约束力，各方必须执行。

（4）裁决执行阶段。上诉机构作出最终裁决后，争端双方需依照裁决执行措施。如果一方不履行裁决，另一方可以请求WTO授权实施报复性措施，如加征关税。裁决执行的有效性会直接关系到WTO争端解决机制的公信力和成员方的信任。

在裁决执行过程中，WTO争端解决机制的监督机构（如争端解决机构DSB）将监控裁决的执行情况。如果一方不履行裁决，受损方可以请求授权实施报复性措施，以恢复其合法权利。这些措施的实施需要经过严格的程序审核，以确保其合法性和适当性。

2. WTO争端解决机制的特点

（1）法律性和强制性。WTO争端解决机制具有法律约束力，成员方必须遵守裁决。这种强制性确保了国际贸易规则的严肃性和权威性，减少了成员国通过单边行动解决争端的倾向。裁决的法律性确保了争端解决的严肃性和权威性，有助于维持国际贸易规则的稳定性和可预见性。

（2）透明性和公开性。争端解决过程具有高度透明性，涉及的文件和裁决公开发布，增加了机制的公信力。透明性不仅增强了争端解决的公正性，还为全球贸易伙伴提供了重要的法律参考和信息共享。通过公开透明的程序，WTO争端解决机制能够获得国际社会的广泛信任和支持。

（3）多边性和公正性。WTO争端解决机制涉及多个成员方的共同监督，确保裁决的公正性和公允性。多边性使得争端解决不仅仅是双方的对抗，还是国际社会共同维护贸易秩序的努力。多边监督机制能够有效防止偏袒和不公，保障争端解决过程的客观性和公正性。

（4）实际案例应用。通过中美贸易争端的实例，可以展示WTO争端解决机制的实际运作过程。学生可以看到磋商阶段的失败如何导致案件进入专家组审理，上诉阶段的法律争辩以及最终裁决的执行情况，这些实际案例有助于学生理解抽象的法律条文在现实中的应用。

(二) 教学思路

在WTO争端解决机制课程的教学中，为了确保学生不仅能够掌握理论知识，还能理解其在国际贸易实践中的实际应用，设计一套科学合理的教学思路尤为重要。通过结合中美贸易争端这一现实案例，教师可以将抽象的法律条文和程序具体化，激发学生的学习兴趣并增强其理解和分析能力。教学思路将以循序渐进、理论与实践相结合为原则，确保学生在系统学习WTO争端解决机制的同时，提升其法律素养和国际视野。

首先，在导入阶段，通过播放相关新闻视频和报道，简要介绍中美贸易争端的背景及其对全球经济的影响。选择有代表性的新闻片段和权威的经济分析报告，让学生直观地感受到贸易争端的现实影响和复杂性。这些视频和报道可以包括美国对中国加征关税、中国的反制措施等关键事件，帮助学生对争端的复杂性和重要性有直观认识。通过具体新闻事件和数据，展示贸易争端对全球经济的实际影响，如经济增长放缓、供应链中断等。接着，教师提出几个关键问题，如"WTO在中美贸易争端中扮演了什么角色?""争端解决机制的具体流程是什么?"引导学生思考和讨论。这些问题不仅涉及学生的兴趣，还可为接下来的知识讲授做好铺垫。通过设问，引导学生带着问题进入学习，增强学习的目的性和针对性。

其次，在知识讲授阶段，逐步讲解WTO争端解决机制的各个阶段，结合中美贸易争端的具体实例，让学生理解每个阶段的具体操作和意义。教师可以利用流程图、时间线和案例细节展示，使学生对每个环节有清晰的认识。通过具体案例，如中美贸易争端的进展情况，展示各个阶段的操作和法律依据。详细分析中美贸易争端在WTO争端解决机制下的进展情况，包括磋商阶段未果、专家组的成立与裁决、上诉及其最终裁决的执行。通过具体案例，帮助学生掌握理论知识。案例分析不仅要讲解事实，还要分析背后的法律依据和国际贸易规则。通过详细的案例分析，让学生理解争端解决过程中的关键法律和经济问题。教师可以使用多媒体工具，如PPT、视频、图表等，帮助学生更直观地理解复杂的法律程序和案例细节。通过这些手段，使抽象的法律条文变得生动具体，有助于学生更好地理解和记忆。

再次，在互动讨论阶段，通过角色扮演和辩论赛等活动，增加学生的参与感和互动性。将学生分成两组，分别扮演中美双方，模拟 WTO 争端解决的磋商和专家组审理过程。通过角色扮演，学生能够更深入地理解各方立场和争端解决的具体操作。教师可以设计详细的情景和脚本，让学生在模拟中体会实际操作的复杂性和技巧。角色扮演环节可以包括磋商阶段的谈判、专家组的书面材料提交和口头辩论等，让学生全面体验争端解决过程。此外，组织辩论赛，讨论"WTO 争端解决机制是否能够有效解决大国贸易争端"这一议题，培养学生的批判性思维和表达能力。辩论赛不仅是对知识的检验，更是对学生综合能力的锻炼。通过辩论，让学生在不同观点的碰撞中深化理解，并锻炼逻辑思维和表达能力。教师可以给予指导和反馈，帮助学生改进辩论技巧和逻辑表达。除了辩论赛，还可以通过小组讨论、案例研讨等形式，促进学生互动，培养团队合作精神和问题解决能力。

为了进一步巩固所学知识，教师可以安排学生开展模拟仲裁活动，让学生扮演 WTO 专家组成员、法律顾问等角色，进行实际案例的模拟仲裁。通过模拟仲裁，学生可以全面体验 WTO 争端解决机制的运作过程，掌握仲裁技巧和法律分析方法。教师可以设计具体案例，提供详细的案情材料和法律文书模板，让学生在实践中应用所学知识。此外，教师还可以组织参观法律事务所、国际贸易公司等机构，让学生了解实际工作环境和职业发展前景。通过这些实践活动，学生可以将理论知识与实际操作相结合，提升综合素养和实践能力。

最后，在总结阶段，通过小测验或课堂提问的方式，检验学生对 WTO 争端解决机制知识点的掌握情况。设计一些开放性问题，鼓励学生表达自己的理解和见解。通过知识回顾，帮助学生巩固学习内容，并检验学习效果。教师可以结合实际案例，提出一些情景问题，让学生应用所学知识进行分析和解决。此外，讨论 WTO 争端解决机制的改革与发展方向，如上诉机构的人数问题、数字经济带来的新挑战等，拓展学生的视野。让学生思考未来的国际贸易规则如何演变，以及他们可以如何参与其中。通过未来展望，激发学生对国际贸易法的兴趣和思考，鼓励他们关注国际贸易的最新发展和趋势。教师还可以引导学生进行课后阅读和研究，拓展他们的知识面和研究能力。通过书面作业、研究报告等形式，检验学生的学习成果，并给予个性化的反馈和建议。

通过上述教学思路，学生不仅能够全面理解 WTO 争端解决机制的理论知识，还能通过案例分析和互动活动，提升实践能力和综合素养。这种循序渐进、理论与实践相结合的教学方法，能够有效提高学生的知识水平和应用能力，帮助他们在未来的学习和职业生涯中更好地应对国际贸易法律问题。

（三）课程思政设计

1. 培养学生尊重国际法和规则的意识，建立国际法治观念

通过讲解 WTO 争端解决机制的法律性和强制性，培养学生尊重国际法和规则的意识，增强法治观念是课程思政的重要目标之一。教师应详细介绍 WTO 争端解决机制的法律框架、程序和实际运作，强调法律在维护国际秩序和促进公平贸易中的关键作用。通过中美贸易争端的具体案例，学生可以看到国际法如何在实践中解决国家间的争端，保障国际贸易的稳定和公平。教师可以引导学生讨论这些裁决的法律依据和公平性，帮助他们理解法治精神在国际贸易中的重要性。例如，分析中美贸易争端中双方提交的法律文件、专家组的法律分析和裁决依据，让学生了解法律推理和司法解释的过程。此外，可以邀请法学专家或国际贸易律师举办讲座，分享实际操作中的法律经验和见解，增强学生对法律实践的理解。通过这些措施，学生不仅能掌握理论知识，还能培养法律思维，增强他们对法治社会的认同感和信任感。

2. 培养学生的全球视野和国际责任感

培养学生的全球视野和国际责任感是课程思政的重要内容。通过中美贸易争端案例，教师可以强调国际合作的重要性，让学生认识到在全球化背景下，各国应通过合作与对话解决争端，共同维护国际秩序。教师可以讲解 WTO 作为多边贸易机制在解决争端中的作用，展示多边合作的具体成果和挑战。通过这些内容，学生不仅能了解国际贸易规则的具体操作，还能理解国际组织在全球治理中的重要性。为了增强学生的参与感，教师可以鼓励学生关注国际事务，如 WTO 最新的争端解决案例、各国在国际贸易中的动态等，让其养成关注国际局势的习惯。此外，可以组织学生参与国际模拟联合国或国际模拟贸易争端解决等活动，通过模拟国际会议和谈判，培养他们的全球视野和国际责任感。学生在这些活动中不仅能提高语言能力和沟通技巧，还能体验国际合作和对话的重要性，理解全球化背景下各国之间的相互依赖。

3. 培养学生的公正意识和道德判断能力

在课程思政中，公平正义的教育不可或缺。通过讲解 WTO 争端解决机制

的透明性和多边性，教师可以强调国际贸易中的公平正义原则，培养学生的公正意识和道德判断能力。具体而言，教师可以通过实际案例，如中美贸易争端，详细分析 WTO 如何在不同立场中实现公正裁决。学生在了解裁决过程和结果的同时，能够看到 WTO 争端解决机制如何平衡各方利益，维护国际贸易的公平性。教师还可以组织课堂讨论，让学生就某些裁决是否公平发表自己的见解，培养他们的批判性思维和公正意识。此外，可以探讨如何在国际贸易中实现更高程度的公平正义，如通过改革现有的国际贸易规则、加强对弱小经济体的保护等，帮助他们树立追求公平正义的价值观。通过分析不同国家在贸易争端中的立场和利益，学生可以理解公平正义在不同背景下的具体体现和挑战，从而更全面地理解国际贸易中的复杂性和多样性。

4. 培养学生的爱国情怀，激发其维护国家利益的责任感

通过讨论中国在中美贸易争端中的立场和策略，课程思政可以增强学生的爱国情怀，激发其维护国家利益的责任感。教师可以结合中国的实际情况，详细分析中国在 WTO 争端解决机制中的应对策略和具体措施，如如何利用 WTO 规则保护自身利益、如何在国际舞台上争取更多话语权等。这些内容不仅能让学生看到国家在国际贸易中的智慧和策略，还能增强他们对国家发展的信心。为了进一步激发学生的爱国情感，教师可以组织讨论或撰写文章，让学生表达对国家在国际贸易中的表现的看法和感受。此外，通过分析中国在国际贸易中的发展策略和具体成就，如中国如何在全球化背景下实现经济腾飞、如何通过参与国际组织提升国际地位等，让学生理解国家在国际事务中的地位和作用，增强他们的国家自豪感和责任感。教师还可以通过介绍中国企业在国际市场中的成功案例（如华为、阿里巴巴等公司的国际化经营经验），展示中国在全球化中的竞争力和创新能力，激发学生的民族自豪感和奋斗精神。

通过上述设计，课程思政不仅能够帮助学生掌握 WTO 争端解决机制的理论知识和实践应用，还能在潜移默化中培养他们的法治精神、全球视野、公平正义意识和爱国主义情怀。这种综合性的教学设计，不仅能提升学生的知识水平和实践能力，还能帮助他们树立正确的价值观和社会责任感，为其未来的发展打下坚实的基础。通过多种教学方法和思政元素的融入，力求实现知识传授与价值引领的双重目标，培养具有国际视野、法律素养和社会责任感的高素质人才。

第二十三章
《法律文书与模拟法庭训练》课程思政教学设计

周　宇[1]

一、课程简介和思政建设目标

（一）课程简介

《法律文书与模拟法庭训练》是法学专业的基础核心课程，面向大三本科生开设。本课程育人功能依托于大量的模拟实操训练实现，将社会主义核心价值观的引导融入相应的法律文书写作训练和价值观的教育，授课内容和学习内容皆具有综合性。《法律文书与模拟法庭训练》课程引导学生学习相关刑法、民法、合同法、婚姻法、民事诉讼法、刑事诉讼法等实体法、程序法知识，提升学生法律文书的书写能力、语言的表达能力，更重要的是带领学生学习如何将法律知识运用到实践中，提高分析问题并解决问题的能力，培养学生严谨、细致的职业性格和精益求精的工匠精神，树立法律职业伦理意识，培养具有家国情怀、法治思维和法律专业技能的社会主义法律工作者。

（二）思政建设目标

1. 帮助学生牢固树立社会主义核心价值观

通过《法律文书与模拟法庭训练》课程，使学生认识到我国社会主义核心价值观，尤其是其中自由、平等、公正、法治、诚信、和谐、友善在法律文书写作及模拟法庭训练中的体现，理解《法律文书写作及模拟法庭训练》课程与社会主义核心价值观之间的关系，并进一步理解社会主义道德与社会

---

〔1〕　周宇，四川简阳人，四川民族学院法学院助教，主要讲授《法律文书与模拟法庭训练》。

主义法治之间的关系。

2. 让学生充分认识维护司法公正和社会正义的重要性

通过课堂案例展示、观看教学视频、解读经典判决等内容的学习，使学生认识到法律的首要价值在于维护司法公正和社会正义，认识到法律及法律适用在维护司法公正与社会正义、保护公民和社会组织的合法权益、促进社会和谐等方面的重要意义。

3. 培养学生善于运用法律手段解决实践问题的能力，在实践中内化"审判活动要以事实为依据、以法律为准绳"知识，理解不同法律适用背后的道德意义、中国精神和社会主义法治思维和法治理念

通过线上庭审观摩、实地旁听审判活动等，帮助学生了解民事诉讼活动、行政诉讼活动及刑事诉讼活动运作过程，掌握诉讼知识与技巧，理解不同法律适用的条件，实现知识传授的趣味性，培养学生善于运用法律手段解决实践问题的能力。同时，以"审判活动要以事实为依据、以法律为准绳"为价值指引，开展模拟庭审活动，培养学生严谨、细致、勤思的学习习惯，提高自身专业素质和思想政治素质，于教学中内化社会主义法治思维和法治理念。

4. 帮助学生养成高尚的职业道德和职业伦理

通过分析新闻报道和典型真实案例，帮助学生了解和掌握各类法律文书写作与法庭运作知识，依托模拟法庭训练予以践行，实现知行合一，继而端正学习态度，对职业岗位产生认同感和自豪感，产生投身法律工作、参与我国法治国家建设的使命感，培养出有人文关怀，兼具敬业精神与职业道德的优秀法律人。

二、课程思政元素挖掘与融入

（一）课程思政元素挖掘与分析

1. 课程思政元素与国家治理体系和治理能力现代化相结合

法治是国家治理体系和治理能力的重要依托。《法律文书与模拟法庭训练》课程所依托的大量案例，通过课堂授课、线上庭审观摩及经典法治影片解读等能直观、形象地再现中国特色社会主义法治体系进程，使得学生们能更为深刻地理解推进国家治理体系和治理能力现代化的当代价值。同时，通过多种教学手段将国家治理体系和治理能力现代化建设融入日常授课，引导学生树立正确的价值观，客观分析现实法治问题，形成正确的中国特色社

主义法治体系价值认知，坚定中国法律制度自信。

2. 课程思政元素与知法、懂法、守法、用法相结合

结合法治基础理论讲解，带领学生学习各类法律条文，让同学们能够掌握基本的法律知识，了解国家制定和颁布的各类法律法规。结合相关法律文件分析典型案例，加深学生对不同法律条文背后的法律价值理解，从而更准确地把握法律的精髓，强化学生的知法、懂法、守法、用法意识，提升学生们的法律素养。具体包括遇到纠纷和争议时，应主动寻求法律途径进行解决，而不是采取暴力或其他非法手段。自己的合法权益受到侵害时，要勇于拿起法律武器进行维护。对于破坏法律和秩序的行为，要敢于斗争、勇于揭露，积极维护社会的公平正义等内容。

3. 课程思政元素与中华传统伦理道德相结合

中华传统伦理道德强调"诚信为本""仁爱""担当""公平""正义"。在模拟法庭实践中，学生经常会面临各种伦理决策，这为学生提供了将中华传统伦理道德应用于实践的机会。例如，在处理"泸州遗赠案"时，可以引导学生思考如何平衡法律与道德的关系，如何在法律框架内实现最大的公正和善良。并且，学生通过角色扮演，可以深入体验不同角色的情感和责任，这有助于学生更深入地理解法律实践中的伦理要求，如尊重他人、维护公正、保持廉洁等。《法律文书与模拟法庭训练》课程不仅是对法律知识的应用，更是对法治精神的传播。在教学过程中，强调法治与伦理的相互支撑，引导学生认识到法治是实现社会公正和正义的重要手段，而伦理则是法治的基础和灵魂。

4. 课程思政元素与程序正义相结合

程序正义，作为法律实践中的一个核心原则，强调法律程序的公正性、合理性和透明度。模拟法庭模拟再现真实的法庭审判过程，在体现程序正义方面扮演着至关重要的角色，帮助学生在实践中深刻理解和体验程序正义的重要性。例如，在模拟审判前，要向当事人详细说明案件情况、诉讼权利和义务；在审判过程中，要允许当事人充分发表意见、进行辩护和质证；在宣判后，要告知当事人上诉的权利和途径；等等。通过程序的可视性与可追溯性，实现审判的公正性、合法性和透明性，实在地保障当事人合法权益，切实反映程序正义精神。

5. 课程思政元素与社会主义核心价值观相结合

《法律文书与模拟法庭训练》课程在法学教育中不仅是传授法律知识和技

能的重要载体，还是培养学生社会主义核心价值观的重要平台。《法律文书与模拟法庭训练》课程通过模拟再现真实的法庭审判过程，让学生亲身体验法律实践，在实践中感受公正、平等、法治等核心价值观念。例如，在模拟法庭的审判过程中，强调法官、检察官、律师等角色应秉持公正、公平、诚信的态度，尊重当事人的权益，维护社会公正。同时，通过模拟不同类型的案件，引导学生树立正确的价值导向，让学生认识到法律适用在维护社会秩序、保障人民权益方面的重要作用，进一步增强学生的法治意识。

6. 课程思政元素与社会责任相结合

法律文书与模拟法庭训练课程不仅是对法律事实的记录和表述，其背后更是对社会公平和正义的维护和追求。在法律文书与模拟法庭训练课程中，可选取典型法治事件、社会热点事件、重要舆情事件等，如"蜡笔小球诋毁戍边英雄事件"，通过小组讨论、分组辩论等方式使学生认识到法律适用及法律本身在维护社会公平正义、引导社会舆情正确走向等方面的重要作用，养成学法、用法、守法习惯。加强学生的法律认同感，增强学生的职业责任感和社会责任感，进一步激发其爱国热情和敢于担当、勇于争先的精神动力。

7. 课程思政元素与法学专业特征及职业要求相结合

依据本校法学专业人才培养目标，《法律文书与模拟法庭训练》是法学教育中实践性很强的一门课程，注重学生专业理论基础和职业技能的双向提升。一方面，在课程教学中，通过有针对性地教授学生如何运用法律知识进行庭审准备、证据收集、法庭辩论等理论知识，模拟再现真实的法庭审判过程，让学生切身体验法律实践。另一方面，引入职业要求，在课程教学过程中着重于本课程所蕴含的公正、平等、社会认同感及社会责任感等育人元素，教授学生如何根据法律职业道德规范，保持客观公正的态度，分析及处理案件，进而维护法律权威和司法公正。

（二）课程思政融入点

序号	章节	专业知识点	思政元素	典型案例
1	第一章 第一节	法律文书概述	具体实施法律的重要手段	关于"8·24"枪支被盗案的立案报告
2	第七章 第三节	民事法律文书之起诉状	实事求是	华益公司诉南方石化合同无效案

序号	章节	专业知识点	思政元素	典型案例
3	第七章 第十节	民事法律文书之 答辩状	于法有据	某某机械厂合同纠纷案
4	第四章 第三节	民事法律文书之 民事判决书	定分止争与公平 公正	池某诉上海电影制片厂、北京 电影制片厂著作权案
5	第七章 第七节	民事法律文书之 上诉状	自由团结与友爱	李某离婚案
6	第三章 第一节	刑事法律文书之人 民检察院起诉书	依法保护人民、 惩罚犯罪、维护 社会秩序的社会 责任	方某某抢夺案
7	第七章 第一节	刑事法律文书之 刑事自诉状	维护合法权益	胡某某诉章某某侮辱、诽谤案
8	第七章 第十二节	刑事法律文书之 辩护词	平等、法治	任某正当防卫案
9	第四章 第二节	刑事法律文书之 刑事判决书	事实清楚，证据 确凿，维护社会 秩序	辛某某受贿案
10	第七章 第六节	刑事法律文书之 上诉状	维护合法权益	邱某某故意杀人案
11	第七章 第五节	行政法律文书之 起诉状	诚信、友善	支某某不服县税务局行政处罚 决定案
12	第七章 第十节	行政法律文书之 答辩状	以事实为依据、 以法律为准绳	某某县城乡建设委员会土地管 理行政处罚案
13	第四章 第五节	行政法律文书之 行政判决书	公正、法治	张某诉朝阳区规划管理局行政 处罚案
14	第七章 第八节	行政法律文书之 上诉状	自由、平等	陈某某诉区运营处确认具体行 政行为违法案
15	第四章 第七节	人民法院裁定书	解决程序问题	李小平等八人故意伤害案死刑 复核裁定书
16	第四章 第八节	人民法院调解书	民主、和谐的优 秀传统伦理道德	王某某侵犯名誉权上诉案

续表

序号	章节	专业知识点	思政元素	典型案例
17	第八章 第一节	模拟法庭	法律工作者的专业素养和职业道德素养	排除妨害纠纷案

三、教学设计基本思路与措施

（一）教学设计基本思路

《法律文书与模拟法庭训练》课程作为法学教育的重要组成部分，旨在培养具备法律专业知识、法律事务技能以及良好法律素养的专门人才。本课程依托法律文书与模拟法庭训练专业知识，融入思政元素，确定知识、能力和价值三个方面的培养目标。学生通过对法律文书的基本概念、基本原理和基本技术的学习，掌握有关起诉状、辩护词、审判书等文书的知识，得到有关民事诉讼程序、行政诉讼程序、刑事诉讼程序等方面的基础训练，最终具备在实际工作中以律师、公诉人、法官的身份，以"诉讼活动要以事实为依据、以法律为准绳"为指引，合法合理地分析和处理复杂社会纠纷的能力和素养。同时，注重培养强烈的使命感、责任感，爱岗敬业，甘于奉献，能够独立思考、合作探究，具备实事求是、求真务实的态度和勇于开拓创新的精神。

教学内容是传递思政的载体。在内容组织时，为打通学用结合的关节，可以采用"两暗一明"线索引导内容组织，其中明线即"理论线"，按照由浅至深、由易至难、由理论至实践的顺序，介绍法律文书写作的内容，以及通过模拟法庭的形式，综合应用所学的各类法律文书，实现知行合一。两条暗线即"实践线"和"思政线"：一方面，根据法律文书与模拟法庭训练专业的特色，让学生分类分组分角色体验诉方、辩方及审判方，制作不同诉讼文书，穿插法律文书写作相关知识，强化学生对裁判文书的掌握；另一方面，在指导学生进行法律实践技能应用等方面，融入思政元素，引发学生对法律功能、法律的社会意义、法律适用在促进社会公正等方面的思考，使学生深刻理解法律适用背后的作用及影响因素，不断深化法律认同感与敬畏感，助力学生系统法律应用知识的建立。

教学实施包括课前、课中和课后三个环节，在教学实施过程中，采用

"引、导、启、练、用"五步法。课前通过长江雨课堂平台，及时将相关案情及证据材料等案件情况和诉讼方需求"引"入教学内容；以提升司法应用能力和业务技能水平为"导"向；综合运用启发式、讨论式、案例式等教学方法"启"发学生实践思维；借助案例索引平台、裁判文书网、模拟法庭场所、职业服饰等教学资源，增强学生自身实践体验，磨"练"实践技能；并最终达到提升法律职业技能应"用"的目的。

改变传统教学评价方式，以关注学生知识技能、职业技能、德行技能养成为引，采形成性评价方式，在课前、课中和课后三个环节采不同的成绩评价标准，客观公正地考核学生知识接收度和品行素质。凭借形成性教学评价，培养学生主动学习的习惯，激发学生学习兴趣，提升学生学习积极性。

（二）措施与方法

1. 结合法律文书与模拟法庭训练专业特色，提炼思政主题

法律文书与模拟法庭训练是综合性较强的法学学科，崇法善治、爱岗敬业、德法兼备、人文关怀是新时代法学专业人才培养的新目标。为此，课程在思政建设时，结合法律文书写作与模拟法庭训练专业特色和人才培养要求，提炼出了"自由平等团结友爱、公正法治敬业协作、实事求是严肃认真、依法保障法律实施"等思政主题，并据此设计详细的课程思政规划表，总结归纳思政切入点；将帮助学生树立正确人生观价值观、内化中华民族优良传统、激发职业认同感使命感、培养职业伦理和勤于思考善于分析的科学态度、掌握科学的研究规律和研究方法、凝聚团队协作精神、培养扎实严谨的工作学习态度等育人元素融入课程设计，体现在教学活动的全过程。

2. 结合社会热点开展专题教学，加强思政融入

一是针对社会热点问题和法律事件，展开专题教学活动，汇编相关案例，分析不同裁判结果背后的深远影响。在教学过程中引导学生关注社会、关注生活，借此培养他们的法律思维能力和社会洞察力，同时增强他们对法治精神和社会责任的理解。二是教学内容与时俱进，紧密结合热点案例、最新的法律法规、司法解释及学术前沿。在教学过程中，引导学生关注最新的法律法规、司法解释、学术前沿研究等背后的社会动因，加深他们对法学学科的认识，涉及他们对社会发展的思考，进一步提升其司法能力和强化其法治意识。

3. 优化思政方式，形成课前、课中、课后与校内外贯穿的课程思政教学环境

《法律文书与模拟法庭训练》课程思政融入贯穿于教学实施各环节。课前

通过线上教学平台，发布相关学习内容，课中完成课堂教学、案例讨论、合作学习等教学环节，课后完成视频学习、练习作业和拓展学习等教学环节。同时，学校还可以通过举办讲座、论坛、演讲比赛等活动，营造浓厚的法治氛围，让学生们在耳濡目染中接受法治精神和社会责任的熏陶。此外，还可以利用校园媒体、网络平台等渠道，宣传法治精神和社会责任的重要性，形成良好的舆论氛围。

本课程除形成校内思政育人教学环境外，也注重校外思政育人环境的拓展。鼓励学生通过普法宣传、专业实习实践及大学生创新创业项目等多种形式的实践活动和服务型学习增强职业责任意识，把社会主义核心价值观渗透到法学实践中。

4. 转变评价理念，改进评价模式，关注学情反馈，使学生及时感受到人文关怀

法律文书与模拟法庭训练课程采用形成性考核评价模式，助力评价理念变革，由单一关注学生成绩转变为综合性评判学生能力。形成性评价结合线上线下教学平台，涵盖课前、课中、课后全过程。课前成绩包括学生自主学习并完成线上章节小测试情况；课中包括学生头脑风暴、角色转换、讨论答疑情况以及教师评价、学生互评的成绩；课后包括课堂课外融合、参加学科竞赛等。同时，依托雨课堂等线上教学平台，教师可全过程、全方位地对学生的学习情况进行跟踪和评估，关注学情反馈，并依据评估结果对不达标的学生进行学业预警和帮扶，使同学在学习中感受到来自老师和同学的关爱。

四、教学设计典型案例展示

（一）知识点概况

排除妨害纠纷，是指因物权受到他人的现实妨害而引发以排除这种妨害为目的的纠纷，其所涉及的知识点包括从概念本身出发区分排除妨害纠纷与相邻关系纠纷、宅基地使用权纠纷、占有物排除妨害纠纷，尤其是明确《土地管理法》第16条的适用范围等。因历史遗留、家族恩怨、法律界限不明晰等原因，此类案件具有较高的审理难度，如若不能妥善处理容易引发诸多社会不稳定因素。为化解当事人之间的多年积怨，真正做到案结事了，除依法依规进行审理外，还应提升此类案件的调解力度，力求运用多元纠纷解决机制，发挥普法宣传化解纠纷作用，服务乡村振兴，构建社会主义和谐社会。

(二) 教学思路

利用中国大学慕课 (MOOC) 网发布课前任务清单, 让学生通过该平台自主学习本节网络课程。发布课程引入案例, 要求同学分组扮演角色。教师可通过网络教学平台记录数据了解学生的学习情况, 确保学生在课堂教学之前完成相关任务。在课堂教学中, 教师首先串讲排除妨害纠纷的基础知识, 阐释许多农村排除妨害纠纷不单纯是法律问题, 还涉及历史遗留问题和政策实施等问题, 因而完善排除妨害纠纷多元纠纷解决机制对于运用法律定分止争、化解当事人矛盾、助力社会稳定而言具有重要的现实意义。同时强调重难点, 确保教学效果。以翻转课堂的形式, 组织学生分组分角色模拟法庭审理过程, 适时引导。针对同学讨论情况, 教师点评, 深化同学对本节知识的掌握并进行价值观引领, 感悟社会主义和谐社会及青年人服务乡村振兴应具有的奋斗精神和责任感。课后要求同学围绕本组角色担当讨论思考问题并形成文字报告, 上传到中国大学慕课 (MOOC) 网, 作为同学平时成绩考核的标准之一。

(三) 课程思政设计

1. 课程引入

案例: 排除妨害纠纷[1]

原告曹某, 男, 1965 年 3 月出生, 汉族, 北京亮友有限责任公司董事长。被告孙某茹, 女, 1968 年 6 月出生, 汉族, 北京平谷区某村村民。

原告于 2003 年 1 月 20 日通过转包的方式, 从某村村民冯某手中依法取得了北京市平谷区某地 (2 亩) 50 年的使用权, 用于种植、养殖、观光。其先后投资了 5 万余元在该地块上打井、种植花草树木等。

2011 年初, 原告曹某发现邻居孙某茹在未经其允许情况下, 擅自在其承包的地块上建造房屋, 坚决要求被告立即拆除所建建筑, 恢复原状。但被告仍我行我素, 并继续施工。

被告称, 曹某向其借款, 于 2010 年 6 月 24 日双方签订《协议书》, 约定: 曹某以承包的土地使用权做抵押向孙某茹借款 80 万元, 借期至 9 月 25 日。若期满不能还款, 涉案土地 40 年使用权转让给孙某茹。双方一致同意由

---

[1] 刘志苏主编:《模拟法庭: 模拟案例与法律文书》, 化学工业出版社 2014 年版, 第 225 页。

某投资公司经理肖某作为见证人。2010 年 6 月 27 日，孙某茹的朋友李某代其向肖某账户内支付 80 万元。次日，肖某按曹某要求汇入其个人指定账户。借款期满后，曹某未依约偿付欠款。

2. 教学过程

排除妨害纠纷模拟法庭课程的教学过程通常旨在通过模拟真实的法律程序，增强学生的法律实践能力、分析能力和解决问题能力。

（1）课程准备阶段：

案例选择。选取具有代表性和教育意义的排除妨害纠纷案例，确保案例内容既符合法律法规，又能引发学生的思考和讨论。

分组与角色分配。将学生分为不同的角色组，包括原告组、被告组、审判组（法官、陪审员）、书记员组以及可能的证人组等。每个组负责准备相应的法律文书、证据材料和庭审策略。

发放案例材料。向各组学生发放详细的案例材料，包括案情介绍、相关法条、证据清单等，以便学生充分了解案情和法律背景。

（2）庭审前准备阶段：

案情分析。各组学生在教师的指导下，自行分析案情，明确争议焦点，制定诉讼策略。

法律文书准备。原告组准备起诉状，被告组准备答辩状，审判组准备庭审提纲等法律文书。

证据收集与整理。各组学生根据案情需要，收集并整理相关证据，确保证据的真实性和合法性。

角色演练。各组学生在教师的指导下，进行多次角色演练，熟悉庭审流程和各自的职责。

（3）开庭审理阶段：

法庭布置。按照正式法庭的布局和要求，布置模拟法庭，营造真实的庭审氛围。

庭审程序：

开庭。书记员宣布开庭，核对当事人身份，宣布法庭纪律。

法庭调查。原告宣读起诉状，被告宣读答辩状。随后进行证据交换和质证，各方就证据的真实性和证明力进行辩论。

法庭辩论。在审判长的主持下，原告、被告及其代理人就案件事实和法律适用问题进行辩论。

法庭调解（如适用）。在辩论结束后，审判长可询问双方是否愿意调解，并尝试促成双方达成和解。

休庭与宣判。如当庭无法宣判，可宣布休庭，待合议庭评议后另行宣判；如当庭宣判，则宣读判决书并告知上诉权利。

（4）总结与反思阶段：

教师点评。庭审结束后，教师对学生的表现进行点评，指出优缺点，并提出改进建议。

学生反思。学生根据庭审经历和教师的点评，进行自我反思和总结，提高法律实践能力和综合素质。

教学反馈：收集学生的反馈意见，对课程内容和教学方法进行持续优化和改进。

3. 思政结合

因本模拟案件纠纷的双方为同村村民，为更好地化解邻里矛盾、促进团结友爱的邻里关系的达成、助力社会主义和谐社会的构建，本次模拟案件明确了裁判结果应当注重预防和长远的社会影响。除了对具体纠纷的处理外，我们还应该关注到的是裁判结果还应当有助于推动邻里间包容与互帮互助关系的建成，通过示范效应，引导村民们共同维护和谐稳定的农村社会秩序。具体到本次模拟案件，其提醒我们在解决农村村民矛盾诉讼纠纷时，应当以维护和谐邻里关系为中心，注重调解与协商的方式，确保裁判结果既符合法律精神又兼顾农村社会实际。

同时，我们还应当注重预防和长远的社会影响，通过裁判结果的示范效应，推动邻里间包容与互帮互助关系的建成，为农村社会的和谐稳定贡献力量。很多农村排除妨害纠纷不仅是法律问题，还涉及历史遗留问题和政策实施等问题，指望单纯以诉讼的方式就能完全解决各类排除妨害纠纷是不经济的，也是不现实的。为更好地运用法律定分止争，化解当事人之间激化的矛盾，除了充分发挥人民法院在服务乡村振兴及构建社会主义和谐社会中的应有作用，还要充分发挥诉调对接机制的作用，将各种诉讼与非诉讼解决渠道打通，鼓励行政机关、村委会、民间组织和个人等力量参与纠纷化解，形成信息互通、优势互补、协作配合的纠纷解决互动机制，为当事人提供灵活多样、方便有效、富有人性关怀的纠纷解决渠道，引导当事人选择适当的方式解决纠纷，切实满足人民群众对纠纷解决方式的多元化需求，从而妥善处理排除妨害纠纷。

4. 思考讨论

请同学们思考，排除妨害纠纷案件是如何体现社会主义和谐社会构建的？可结合具体案例阐释。

第二十四章
《大学生创新创业基础》课程思政教学设计

周清云[1]

一、课程简介和思政建设目标

（一）课程简介

大学生是富有朝气、激情、梦想和能力的群体，他们拥有丰富的专业知识和敢于拼搏的勇气，是国家现代化建设的主力军。大学生自主创业是推动国家经济发展的重要力量，因此，提升大学生的创新创业意识，对大学生进行创业指导，对于提升大学生的个人竞争实力、促进社会发展具有十分重要的意义。《大学生创新创业基础》课程是法学专业的必修课程，面向大一本科生开设。本课程的主要内容包括：了解创业，规划你的职业生涯；创新与创新思维；评估创业者，组建创业团队；创业机会与创业风险；创业资源；商业模式的创新与设计；制订创业计划；开办你的企业；初创企业的营销管理；初创企业的财务管理；等等。

教学过程中力求教与学互动，实行案例教学，同时和"互联网+"大学生创新创业比赛、三创赛、挑战杯等比赛相结合，有利于引导大学生树立正确的创新意识，培养大学生创新创业的能力，帮助大学生开辟新的就业渠道，合理规划自己的创业梦想，提升个人的综合素质。

———

　　〔1〕 周清云，四川茂县人，四川民族学院法学院专职辅导员，助教，主要讲授《大学生创新创业》《大学生职业发展与就业指导》《创业基础》等课程。该部分为四川民族学院综合改革试点学院项目《"德法兼修 知行合一"——构建民族地区"三性+三得"基层法治人才"三全育人"培养模式》阶段成果。

（二）思政建设目标

1. 树立科学的世界观和方法论，培养正确的世界观、人生观、价值观以及正确的就业观和创业观

通过课程学习，使学生认识到就业的选择应该是多元的，不能盲目从众，不能只局限于考公和考编。在新形势下，应树立积极正确的就业创业观念，从自己的特长、国家社会需要、个人职业长远发展等角度综合考量，才能让自己的职业生涯拥有更多的可能性。

2. 拓展创新、创意、创业的思维与意识，开阔学生视野，提升学生思维层次

通过课程学习、创新创业比赛、社会实践等，使学生认识到在知识经济时代，创新意识和创新能力是大学生获取知识的关键，是终身学习的保障，有利于不断优化自身的知识和能力结构，开阔学生视野，提升学生思维层次，提高学生的就业竞争力。

3. 培养和发展学生在产品、市场、沟通、管理、团队协作、问题解决等方面的意识和能力，提升学生综合素质

通过课程学习，帮助学生掌握如何在创业过程中识别创业机会，挖掘优质创业项目，培养学生沟通能力、团队协作能力、问题解决能力等，进一步提升学生的综合素质，提升人才培养质量。

4. 培养学生遵守职业道德、社会公德，具有良好的社会道德，爱岗、敬业、奉献精神

通过学习，使学生具有良好的社会公德和职业道德，养成爱岗、敬业、奉献的品质，努力成长为具有较为扎实的专业理论基础和职业技能，高效高质量法律服务能力与创新创业能力，坚持中国特色社会主义法治体系的复合型、应用型、创新型的德法兼修的法治人才。

二、课程思政元素挖掘与融入

（一）课程思政元素挖掘与分析

1. 将习近平新时代中国特色社会主义思想融入课程

将习近平总书记关于大学生创新创业的重要论述融入课程教学，落实立德树人根本任务，传承和弘扬红色基因，鼓励学生立足本地和专业实际，挖掘优质特色创新创业项目，聚焦"五育"融合创新创业教育实践，激发学生创新创造

热情，让青春在全面建设社会主义现代化国家的火热实践中绽放绚丽之花。

2. 课程思政元素与社会主义核心价值观相结合

积极教育引导学生转变就业创业观念，树立积极正确的创业就业观念。通过课程的学习和价值引导，鼓励学生通过寒暑假见习、实习、暑期"三下乡"等实践活动，把国家、社会、公民的价值要求融为一体，提高个人的爱国、敬业、诚信、友善修养，自觉把小我融入大我，不断追求国家的富强、民主、文明、和谐和社会的自由、平等、公正、法治，将社会主义核心价值观内化为精神追求、外化为自觉行动。

3. 注重第二课堂的建设，将思政理论与双创实践充分融合

注重第二课堂的建设，高校思想政治教育与创新创业教育有机结合是实现素质教育知行合一的有效途径。充分利用现代新媒体技术，如网络平台、现代信息技术和校园媒体平台，定期开展一些创新和创业实践活动，以培养学生的创新创业意识以及实践操作能力。加强学生对外界社会的了解，同时也可以和来自世界各地的同龄人展开交流和沟通。同时，努力将思政理论和"互联网+"大学生创新创业比赛、三创赛、挑战杯等比赛有机结合，鼓励学生积极参与社会实践，提升学生就业创业的能力，以此帮助在高校育人过程中革除重理论轻实践、重书本轻思考等教育方式弊病，塑造符合市场需求和企业发展的综合性创新人才。

4. 课程思政元素与法学专业特征及创新创业要求相结合

依据本校法学专业人才培养目标，《大学生创新创业基础》在课程教学中注重学生专业理论基础和创新创业能力的提升。针对法学专业大学生创新创业过程中遇到的特殊实际问题，提供针对性的指导和建议。

（二）课程思政融入点

序号	章节名称	专业知识点	思政元素	典型案例	案例分析与思政融入点
1	第一章了解创业	创业概述、创业精神	创新意识与社会责任感	马云的阿里巴巴	分析马云如何将创新精神与社会责任融入企业发展中，强调创业的社会责任和国家意识

序号	章节名称	专业知识点	思政元素	典型案例	案例分析与思政融入点
2	第二章 创新与创新思维	创新思维的定义与特征	突破思维定式、扩展思维视角	马化腾的腾讯	探讨马化腾如何通过创新思维推动企业发展，体现创新思维在创业过程中的重要性
3	第三章 评估创业者	创业者的基本素质和能力	自我评估与创业动机	雷军的小米	讨论雷军如何评估自己作为创业者的素质和能力，以及如何将个人动机与国家发展相结合
4	第四章 创业机会与风险	创业机会的识别与评价	风险意识与市场调查	张一鸣的字节跳动	分析张一鸣如何识别和把握创业机会，同时评估和管理创业风险
5	第五章 创业资源	创业资源的利用与整合	资源拼凑与资金筹集	王兴的美团	讨论王兴如何有效利用和整合创业资源，包括资金筹集和资源拼凑
6	第六章 商业模式创新	商业模式画布与设计方法	创新驱动发展	程维的滴滴出行	探索程维如何通过商业模式创新推动企业快速成长，体现创新在企业发展中的作用
7	第七章 制订创业计划	创业计划书的撰写	规划与前瞻性	黄铮的拼多多	分析黄铮如何撰写创业计划书，以及如何通过计划体现企业的发展规划和前瞻性
8	第八章 开办企业	新企业筹备与登记	法律意识与政策利用	刘强东的京东	讨论刘强东在企业开办过程中如何遵守法律法规，以及如何利用政策促进企业发展
9	第九章 营销管理	市场定位与营销策略	市场需求与产品定位	丁磊的网易严选	分析丁磊如何根据市场需求进行市场定位，以及如何制定有效的营销策略
10	第十章 财务管理	财务管理的现状与对策	财务纪律与风险控制	李彦宏的百度	探讨李彦宏如何进行财务管理，以及如何通过财务纪律和风险控制保障企业稳健发展

三、教学设计基本思路与措施

（一）教学设计基本思路

在《大学生创新创业基础》课程中融入思政教育，以使学生在创新创业过程中不仅具备专业技能，还具备高尚的道德品质和社会责任感。以下是该思政教学设计的基本思路：

知识与思政相结合：在传授创新创业基础知识的同时，注重挖掘其中的思政元素，如创新精神、团队协作、诚信经营等，使学生在学习专业知识的同时，接受思政教育。

理论与实践相结合：通过案例分析、小组讨论、实践项目等形式，将思政理论应用于创新创业实践，让学生在实践中深化对思政理念的理解，并形成良好的道德习惯。

个性化与普适性相结合：在注重培养学生个性化创新创业能力的同时，也要强调普适性的思政素质，如社会责任感、公民意识等，使学生具备适应社会发展的综合素质。

（二）措施与方法

1. 课程内容与思政元素的融合

案例分析融入思政：精选典型的创新创业案例，深入分析其中的思政元素。如探讨创业者如何在追求经济效益的同时，强化坚守诚信、尊重知识产权、关注社会责任的教育等。通过案例分析，引导学生思考创新创业过程中的道德伦理问题。

思政主题讲座：邀请成功创业者或行业专家，围绕创新创业中的思政主题开展讲座。内容可以包括创业者的社会责任感、企业的伦理经营、创业团队的道德建设等。通过专家的分享，加深学生对思政教育的理解。

2. 教学方法的创新

角色扮演法：设计创业过程中的各种场景，让学生扮演不同的角色，如创业者、投资者、消费者等。通过角色扮演，让学生体验不同角色的责任和担当，从而培养学生的社会责任感。

小组讨论与辩论：组织学生进行小组讨论，探讨创新创业中的思政问题。同时，可以安排辩论赛，让学生就某一思政主题进行辩论，培养学生的思辨能力和表达能力。

项目式学习：引导学生组成团队，进行创新创业项目的实践。在项目过程中，注重培养学生的团队协作能力、创新能力和社会责任感。通过项目式学习，让学生在实践中体验思政教育的价值。

3. 实践环节的强化

创新创业实践基地：建立创新创业实践基地，为学生提供实践平台。在实践基地中，学生可以接触到真实的创业环境，了解创业过程中的各种问题和挑战。同时，实践基地也可以作为思政教育的场所，让学生在实践中感受社会责任和公民意识。

社会实践与志愿服务：鼓励学生参加社会实践和志愿服务活动。通过社会实践，让学生了解社会现状和问题，增强社会责任感和使命感。通过志愿服务，培养学生的公民意识和社会公益心。

创新创业竞赛：组织学生参加各类创新创业竞赛。通过竞赛，激发学生的创新创业热情，锻炼其创新创业能力。同时，竞赛也可以作为思政教育的载体，让学生在竞赛中体验团队协作、诚信经营等思政理念。

4. 评价体系的完善

思政表现评价：将思政表现纳入学生成绩评价体系。通过课堂表现、小组讨论、项目实践等方式，评价学生的思政表现。同时，设立思政表现奖项，表彰在创新创业过程中表现突出的学生。

自我评价与互评：引导学生进行自我评价和互评。通过自我评价，让学生反思自己的思政表现，明确自己的优点和不足。通过互评，让学生相互学习、相互借鉴，共同进步。

企业评价与社会评价：与企业合作，引入企业评价。企业可以对学生的团队协作能力、创新能力、社会责任感等方面进行评价。同时，也可以引入社会评价，如社会媒体、行业组织等对学生的创新创业成果进行评价。通过企业评价和社会评价，让学生更加关注社会需求和行业规范，提升自己的综合素质。

四、教学设计典型案例展示

《大学生创新创业基础》 教学设计典型案例展示

案例一：彩虹面创业项目

1. 案例背景

引入：南京莫愁湖畔的冯虹通过创意改造，将传统手擀面转型为色彩斑斓、口感独特的彩虹面，成功吸引顾客，实现创业转型。

2. 教学目标

让学生了解创意与市场需求相结合的重要性。

引导学生掌握创业过程中产品创新的方法。

3. 教学内容与步骤

介绍冯某的创业背景，激发学生思考创意的来源。

分组讨论：学生分享自己的创意想法，并讨论其可行性。

（1）市场分析。教授如何进行市场调研，分析目标消费者和市场需求。学生针对彩虹面进行市场分析，确定目标市场和消费者群体。

（2）产品设计。指导学生如何将创意转化为实际产品，考虑产品的口感、外观、包装等要素。学生设计自己的彩虹面产品，并制作产品原型。

（3）营销策略。介绍营销策略的制定方法，包括线上线下的推广手段。学生为彩虹面产品制定营销方案，包括宣传语、活动计划等。

4. 案例总结

强调创意与市场结合的重要性，以及创业过程中不断试错和改进的必要性。

案例二：共享单车项目

1. 案例背景

引入：共享单车项目通过技术创新和商业模式创新，解决了城市出行"最后一公里"的问题，成为城市出行新方式。

2. 教学目标

让学生了解技术创新和商业模式创新在创业中的作用。

引导学生掌握团队协作和项目管理的基本技能。

3. 教学内容与步骤

（1）技术创新介绍。教授物联网技术和大数据技术在共享单车项目中的应用。学生分组讨论技术创新对创业项目的影响，并分享相关案例。

（2）商业模式分析。介绍共享单车项目的商业模式，包括盈利模式和竞争优势。学生分析其他成功或失败的商业模式案例，提炼经验教训。

（3）团队协作与项目管理。教授团队协作的重要性和项目管理的基本方法。学生分组模拟共享单车项目的团队协作过程，制定项目计划并进行模拟执行。

4. 案例总结

强调技术创新和商业模式创新对创业成功的重要性，以及团队协作和项目管理在创业过程中的关键作用。

案例三：电商平台创业项目

1. 案例背景

引入：某电商平台通过精准定位和差异化策略，成功在电商领域占有一席之地。

2. 教学目标

让学生了解市场定位和差异化策略在创业中的作用。

引导学生掌握风险评估和应对策略的制定方法。

3. 教学内容与步骤

（此处内容将根据电商平台的具体案例进行详细设计，包括市场定位、差异化策略、风险评估等方面。）

4. 案例总结

强调市场定位和差异化策略对创业成功的重要性，以及风险评估和应对策略在创业过程中的必要性。

第三编 语言类课程

第二十五章
《藏文基础 I》课程思政教学设计

桑章志玛〔1〕

一、课程简介和思政建设目标

（一）课程简介

《藏文基础 I》课程是专为法学（藏汉双语）班学生开设的一门语言类基础课程，授课对象是法学（藏汉双语）班大一上学期的学生。旨在通过讲授藏文的基础知识，帮助学生掌握藏文听、说、读、写的基本技能。同时，课程强调对藏族历史文化的深入学习，旨在增强学生尊重和保护少数民族文化的意识。

此外，本课程将独具特色地运用法学专业知识与藏文学习相结合的方式，鼓励学生运用法律知识为涉藏地区的法治建设做出贡献，从而培养学生的社会责任感和法治精神。通过本课程学习，使学生具有扎实藏语基础知识，熟悉我国法律和民族理论与民族政策，熟练使用藏语口语。

（二）思政建设目标

1. 弘扬社会主义核心价值观

在《藏文基础 I》课程的教学中，我们应深入贯彻社会主义核心价值观，特别要凸显公正、法治、爱国、敬业、诚信、友善等核心价值观在《藏文基础 I》的具体内容中的体现，通过精心设计的教学环节和案例，引导学生深刻领会这些价值观的内涵，帮助他们树立正确的世界观、人生观和价值观。同

---

〔1〕 桑章志玛，四川道孚人，四川民族学院法学院专职辅导员，助教，主要讲授《藏文基础》。

时，我们要培养学生的社会责任感、民族担当，让他们具备优良的道德品德，成为新时代的有为青年，为社会的和谐稳定与发展贡献自己的力量。

2. 培养学生尊重和保护少数民族文化的意识

通过对《藏文基础I》课程的学习，学生将能够更加系统、深入地了解藏族文化的独特魅力和深厚底蕴，从而进一步增强对多元文化的认同感和尊重感。这种文化的包容和尊重，有助于促进学生间的交流，增强民族团结，共同构建和谐的多元文化社会。

3. 培养学生的法治精神和社会责任感

在教学实践过程中，我们需坚持因材施教的原则，鉴于《藏文基础I》这门课程主要面向甘孜藏族自治州与阿坝藏族羌族自治州的学生群体，他们大多来自少数民族地区，未来多数将回归故里，投身于家乡的建设与服务。因此，尤为重要的是，要帮助学生深入理解涉藏地区的法律需求与现实问题，增强他们对这些区域法律环境的敏锐感知。同时，应积极引导学生将所学法律知识应用于实践，为涉藏地区的法治建设添砖加瓦，贡献自己的力量，从而促进当地社会的和谐稳定与繁荣发展。

4. 培养批判性思维和创新能力

在课程教学中，应当注重培养学生的批判性思维和创新能力。在《藏文基础I》教学过程中，可以通过分析案例、角色扮演、探讨问题等方式，引导学生独立思考、勇于探索、敢于创新，挑战自我，培养他们的创新思维和实践能力。

5. 有效地弘扬和传承民族文化

学生在学习《藏文基础I》的过程中，不仅能够扎实掌握藏文听、说、读、写的基本技能。同时，该课程还巧妙地融入了藏族习俗文化及优秀传统文化的科普教育，旨在加深学生对藏族丰富历史与文化的理解和认同。藏族文化，作为中华璀璨文明中不可或缺的一环，其弘扬与传承不仅是我们的文化使命，更是我们义不容辞的责任。通过这样的教学方式，学生能够在语言学习的同时，体验到藏族文化的独特魅力，为中华文化的多元共融贡献力量。

二、课程思政元素挖掘与融入

（一）课程思政元素挖掘与分析

1. 课程思政元素与传承、弘扬中华文明相结合

中华传统文化深邃而广泛，其中蕴含着丰富的历史、哲学、艺术等元素。藏文，作为藏族人民独特的文字符号，不仅是藏族文化的重要载体，更是中华文明多元一体格局中不可或缺的一部分。在当今社会，我们应认识到每个民族的文化都有其独特的魅力和价值。正如费孝通先生所言："各美其美、美人之美、美美与共、天下大同。"这句话深刻揭示了中华民族多元文化的和谐共生之道。

在《藏文基础 I 》课程教学中，我们应当深入挖掘并融入思政元素，使学生不仅能够掌握藏文的基本知识和技能，更能够理解藏文背后的文化内涵和历史背景。通过分析藏文与汉文、蒙文、彝文等其他中华文化的共同点和相互之间的联系，可以让学生感受到中华文明的整体性、包容性和多样性。这样的教学方式不仅有助于学生加深对中华文化的理解和认同，还能够激发他们传承和弘扬中华文明的热情和责任感。

2. 课程思政元素与优秀传统文化的传承与弘扬相结合

在课程教学中，特别是在第八章藏族文化习俗章节的讲授中，可挖掘其优秀传统文化中所蕴含的思政元素。这些元素包括但不限于藏族人民单纯善良、勤劳勇敢、尊老爱幼、诚实守信等优秀品质。通过对这些品质的探讨，引导学生树立正确的道德观念和价值观，促进他们的全面发展。同时，为了丰富本课程思政元素的内涵，还可以进一步分析藏族人民的家庭观、亲情观和婚姻观。例如，藏族人民非常重视家庭的和睦与稳定，他们尊重长辈、孝敬父母、尊老爱幼，这些优良传统和品质在当今社会依然具有极高的价值。通过分析这些观念，可以帮助学生理解家庭的重要性，培养他们的家庭责任感和亲情观念。

3. 课程思政元素与涉藏地区优秀传统生态文化相结合

本课程以对藏语言的学习为核心，但语言的学习必然离不开对孕育此种语言的文化的了解。在漫长的岁月中，涉藏地区形成了许多优秀传统文化，其传统生态文化就极具代表性。例如，在甘孜藏族自治州的历史上就形成了朴素的尊重自然的观念，此种观念与习近平生态文明思想中蕴含的尊重自然、

顺应自然、保护自然、人与自然和谐共生的价值理念高度契合，为本课程思政元素的挖掘提供了广博空间。

甘孜藏族自治州虽自然条件相对恶劣，但自然资源丰富，物种繁多。历史上当地人解决温饱问题在很大程度上都要依赖当地的动植物资源，故他们在长时间的劳动生活中形成了朴素的尊重自然的观念，他们认识到不应只向野生动植物索取生存所需，更应对其进行保护，有节制地进行狩猎和采挖，以实现动植物资源的繁衍生息，最终实现本民族的发展和延续。当地藏民深知草原和野生动物是其民族生存的重要资源，故形成了禁止在草原上挖坑、挖草根，尤其是在青草发芽之际，绝对不允许动土；轮牧；不得在动物掉膘的季节打猎、不得射杀或惊吓怀孕动物和幼崽、打大放小、打公放母等野生动植物资源保护的习惯，这对保护当地野生动植物资源起到了积极的促进作用。其有节制、有计划获取野生动植物资源的思想与现代生态文明思想一脉相承。同时，甘孜藏族自治州野生动植物资源保护习惯也具有一定的教育作用，通过长期实践不断完善的习惯规则和关于处罚的规定，会指引人们认识到什么是受到肯定和褒扬的行为，什么是被禁止和处罚的行为，从而为本民族成员勾勒出了一种行为标准模式，并在长期的实践中内化为本民族成员的道德准则，为树立本民族保护野生动植物资源的风尚，起到了较大的帮助作用。

（二）课程思政融入点

序号	章节	专业知识点	思政元素	典型案例
1	第一章第一节	藏文字母、元音、后加字、又后加字与发音	尊重和保护少数民族文化	藏族书法家作品展示（草书、正楷字）
2	第一章第二节	上加字、下加字、叠字与发音	尊重多元文化	播放安多方言、康巴方言、卫藏方言，让同学们掌握不同方言对上下加字、叠字的不同发音
3	第二章第二节	简单句翻译（一）	尊重原文、民族团结	翻译《文成公主》，节选部分
4	第三章第一节	藏文语法三十颂	尊重、传承	介绍藏文语法的历史背景

续表

序号	章节	专业知识点	思政元素	典型案例
5	第三章第二节	本体格	相互尊重、相互学习	比较藏文与其他语言的语法特点
6	第四章第一节	字性组织法	尊重、传承	字性组织法在藏文语法当中的重要性
7	第五章第一节	应用文（书信写作）	注意细节	写一篇致母亲的信
8	第五章第二节	专用书信写作（借条）	真实性，准确	写一份关于张某欠李某肆万元的借条
9	第六章第一节	法律术语翻译（一）	规范、精确	翻译《宪法》的第一段内容
10	第七章第一节	藏族文化习俗	传统文化的现代价值	藏族文化节日庆祝活动
11	第八章第一节	藏族法律史	法治建设的历史与现状	藏族法律史相关文献
12	第九章第一节	藏族法律实践	培养学生的社会责任感	藏族地区法律实践案例
13	第十章	藏文法律文献	法治精神的传承与弘扬	藏文法律文献翻译实践

三、教学设计基本思路与措施

（一）教学设计基本思路

本课程针对法学（藏汉双语）专业学生，在深入学习《藏文基础 I 》知识的同时，强化思政引领，通过创新的教学设计，实现知识、能力与价值观的同步提升。可以以"一核三环四结合"的教学设计思路，旨在培养具备扎实的藏文功底、传承优良的传统美德以及法治精神和社会责任感的复合型人才。

"一核"：围绕《藏文基础 I 》这一核心知识体系，精心构建系统化的学习框架，秉持因材施教的教育理念，强化藏汉双语教学模式。旨在使学生不仅牢固掌握藏语基础知识，还能深入理解我国法律、民族理论及民族政策，同时，着重提升藏语口语应用能力，确保学生拥有坚实的语言基础。通过这一系列培养措施，致力于塑造既精通藏汉双语，又具备法律实务能力的应用型人才，为藏汉双语法律领域输送新鲜血液。

"三环"：一是课前准备环。教师提前发布预习任务，提前将课程内容告知学生，引导学生自主学习，了解本课程的背景和基础知识；学生利用网络或者图书馆资源进行预习，提出问题，抓住重难点，做好上课准备。二是课中互动环。教师采用多种教学方法（如案例分析、小组讨论、观看视频、角色扮演等），引导学生深入理解藏文知识，探讨相关案例；学生积极参与互动，发表观点、提出问题、解决问题。三是课后拓展环。教师布置拓展任务，如要求学生观看相关影视作品、阅读藏文原著、撰写案例分析报告等，进一步巩固所学知识；学生完成作业，参与评价，提高自我认识。

"四结合"：一是结合知识。将藏文基础知识与法律、历史、文化等相关知识相结合，拓宽学生的知识面，让学生多方面去了解相关知识。二是结合思政。在传授藏文知识的同时，注重思政元素的结合，引导学生树立正确的世界观、人生观和价值观。三是结合技术。利用现代教学技术（如多媒体教学、网络学习等），丰富教学手段，提高教学效果。四是结合实践。通过学生参观博物馆、重走长征路等活动，将所学知识应用于实际情境中，培养学生的实践能力和创新精神。

通过实施这一教学设计思路，我们期望能够全面提升藏文基础课程的教育教学质量，实现知识传授、能力培养和价值观塑造的有机结合，为法学专业人才培养做出积极贡献。

（二）措施与方法

1. 依据培养目标，重构课程内容，挖掘思政元素

教师要"以'为谁培养人，培养什么人'这个教育的首要问题为根本导向，以促进学生成长成才为出发点和落脚点"，结合课程的实际，挖掘课程所蕴含的思想政治教育元素，要增强课程的育人功能，为开展课程思政夯实基础。

2. 创设从线下向线上、课内向课外、学校向社会的全方面延伸教学方法

《藏文基础I》课程采用线上线下相结合的教学模式，线下部分由教师进行课堂教学，涉及课堂案例分析、小组讨论以及期末考试等环节，以确保学生掌握扎实的藏文基础知识。线上学习则侧重于引导学生观看视频、文章等，以进一步拓展和深化对藏文文化的理解和热爱。

在课程思政方面，我们始终坚持将思政教育融入线上线下各个教学环节。除了在校内营造良好的思政育人教学环境外，我们还积极拓展校外思政育人环境，鼓励学生走出校园，通过参观博物馆、重走长征路等多种形式的实践活动，亲身体验和感悟爱国精神，将社会主义核心价值观深深烙印在《藏文基础 I》的实践教学中。

创新教学方法，实现从线下到线上、从课内到课外、从学校到社会的全方位延伸。这种教学模式不仅有效拓宽了思政课实践教学的空间和时间维度，还为学生提供了更为丰富、全面的思政教育体验。

3. 建立有利于学生发展，促进教师成长的考核评价机制

《藏文基础 I》课程在评价模式上进行了创新，采用了过程性考核评价模式。这一模式涵盖了考勤、课堂活动、课堂讨论以及课后作业等多个环节，旨在通过对学生学习过程的全面评价，转变传统的等级排名评价方式，转变为提供个性化学习支持服务的依据，实现"评价即服务"的理念。

与此同时，我们也意识到多数考核机制往往只侧重于对学生的考核评价，而忽视了对教育的实施者——教师——的考核评价。教师作为促进学生综合发展的关键角色，其教学水平、教学方法与学生的学习效果有着直接的联系。因此，我们鼓励教师采用"自考自学"的方式，不断促进自身教育教学反思能力的提高。

四、教学设计典型案例展示

（一）知识点概况

藏历新年，又称为"洛萨"，是藏族人民的重要节日，是一个承载着深厚文化底蕴与独特民族风情的节日。广义上而言，藏历新年跟我们所熟悉的春节无论是从时间上还是从过年习俗上来说都确有几分相似。但深入研究，藏历新年也有很多独有的民族特色。

藏历新年不仅标志着新一年的启航，更是藏族文化传承与发展的重要载体。藏历新年期间，藏族人民会进行一系列的传统活动，如制作"果子"（类似于麻花）、打扫房屋、装饰房屋，更换新装、举行盛大的煨桑仪式等，以此祈求来年的风调雨顺、五谷丰登、家庭幸福与平安吉祥。同时，藏历新年也体现了藏族人民对大自然、生命和社会的与众不同的理解和尊重。其所涉及的知识点包括藏历新年的历史背景、主要习俗、展现形式、文化内涵以及与

现代社会的关系。

（二）教学思路

课前，教师将通过班级微信群发布详细任务清单，要求 4 位~5 位同学组成一个小组，利用图书馆查找与藏历新年相关的文献资料，并将整理好的资源共享至微信班级或 QQ 群，以便其他同学从中获益的同时教师可以通过班级微信群掌握学生课前任务的完成情况。

课堂教学中，首先邀请同学们根据课前查阅藏历新年的相关资料，分享各自对该知识点的掌握情况。通过这种方式，教师可以大致了解学生们的学习进度和困难所在。随后，教师在学生分享的基础上，系统讲授藏历新年的由来、展示方式、文化内涵以及与现代社会的关系，特别要强调藏历新年所蕴含的团聚、团结、和谐等价值观。在授课过程中，着重强调重难点，以确保学生能够全面、深入地了解并掌握相关知识。

为了加深学生对藏历新年的了解。在课堂教学中，组织学生讨论藏历新年传统习俗在现代社会中存在的意义和价值。鼓励学生提出自己的见解和创意，如如何利用现代科技手段传承和创新藏族文化，如何保护和传承藏语言等。

在课后，教师将要求同学们围绕"藏历新年的传统与现代融合"这一主题，撰写一篇 1000 字~2000 字的论文或感悟。论文应包括以下内容：

1. 藏历新年的传统习俗及文化内涵。

2. 传统习俗在现代社会中的意义和价值。

3. 如何平衡传统习俗与现代法治的关系。

4. 传承和创新藏族文化的策略和建议。

5. 如何传承和弘扬藏历新年。

6. 藏历新年与春节之间的区别。

作业将按时提交，并作为平时成绩考核的一部分。

（三）课程思政设计

1. 课程引入

案例：2023 年 2 月 21 日是藏历水兔新年，某省某中学，举行了藏历新年团拜活动。汉藏师生们通过表演歌舞、情景剧及藏乐器弹唱等节目，以及举办陕藏美食文化展等活动，共庆藏历新年。

通过举办"我在西安有个家"等活动，某中学持续推进各民族交往交流交融走向深入，推动民族教育事业快速发展，进一步铸牢了中华民族共同体意识。

2. 思政结合

该案例展示了中华民族文化的多样性和包容性，藏历新年，作为藏族人民世代相传的传统节日，其存在着独特的庆祝方式和文化底蕴，无疑是中华文化宝库中璀璨的一颗明珠。同样，该案例也体现了民族之间团结友善、教育公平、跨文化交流等时代主题。尤为重要的是，通过此类活动的开展，能够积极有效地推动思政教育的深入实施，培养学生的民族自豪感和国家认同感，为构建中华民族共同体贡献力量。此外，通过此活动可以引导学生如何将文化传承与创新相结合，鼓励学生积极传承和创新藏族文化，既要保留传统文化的精髓和特色，又要适应现代社会的发展需求，创造出更加符合时代精神的文化产品。

3. 思考讨论

（1）如何传承传统习俗？

（2）如何在传承和创新中保持藏族文化的独特性？

第二十六章
《藏汉翻译理论与实践》课程思政教学设计

恩珠志玛[1]

一、课程简介和思政建设目标

（一）课程简介

《藏汉翻译理论与实践》是法学（藏汉双语）专业的核心课程之一，面向大三学生开设。本课程的授课内容包括翻译的概念、翻译的标准、翻译的方法、词语的搭配、新词术语的翻译、近义词反义词多义词的译法、成语的译法、词语的管界、汉藏句子成分比较与翻译、汉藏复句比较与翻译等。课程以社会主义核心价值观和习近平法治思想等为价值引领，以"培养专业翻译能力、提升法律素养、弘扬中华文化、践行社会主义核心价值观"的育人目标为导向。课程巧用案例引导，践行"以学生为中心"的教学范式，推进"线上-线下"相结合的混合式学习，促进学生翻译能力和法律实践能力的培养。课程从掌握翻译理论知识入手，以提升法律文本翻译能力为重点，以升华情感态度为主线，将知识传授与价值引领相结合，在传授知识的同时潜移默化地实现价值观的塑造。实践内容主要集中在《民法典》及其各个法条、政法部门的常用句子、法律术语、案例以及法律文书的翻译。

（二）思政建设目标

1. 帮助学生牢固树立社会主义核心价值观

认识和理解核心价值观：通过《藏汉翻译理论与实践》课程，使学生深

---

[1] 恩珠志玛，四川巴塘人，四川民族学院法学院讲师，主要讲授《藏汉翻译理论与实践》。

入理解社会主义核心价值观，特别是在翻译法律文本中体现的自由、平等、公正、法治、诚信、友善的价值理念。通过翻译《民法典》及其相关法条、政法部门的常用句子、法律术语、案例以及法律文书等，帮助学生认识到这些核心价值观如何在法律体系中得到具体体现。

培养道德和法治意识：在翻译实践中，强调社会主义核心价值观的具体应用，引导学生将这些价值观内化为个人的道德和法治信念，进一步理解社会主义道德与社会主义法治之间的关系。

2. 培养学生的法治观念

深入理解法律条文和法治理念：通过翻译法律文本，使学生不仅掌握翻译技能，还能深入理解法律条文及其背后的法治理念。学生通过翻译《民法典》、法律术语和法律文书，学会如何准确传达法律精神，牢固树立社会主义法治观念。

强化法律意识：在翻译实践中，强调法律的权威性和公正性，帮助学生理解法律在维护社会秩序和公正中的重要作用，培养他们的法律意识和法治思维。

3. 提高学生的实践能力

翻译实践与理论结合：通过翻译各种法律文本，如《民法典》中的各个法条、政法部门的常用句子、法律术语、案例及法律文书，提升学生的翻译技能和法律实践能力。课程不仅传授翻译理论知识，还通过实际操作增强学生的翻译实践能力。

实际工作中的应用：学生通过课程所学，能够在实际工作中胜任法律翻译任务，为将来从事法律相关工作打下坚实基础。课程还提供模拟翻译项目和实战演练，让学生在接近真实的工作环境中锻炼和提高自己。

4. 促进民族团结

文化交流与理解：通过汉藏双语的翻译实践，促进两种文化的相互理解和尊重。在翻译过程中，学生不仅学习语言技能，还深入了解藏汉两族的文化背景和法律体系，增进对彼此文化的尊重和理解。

增强民族团结意识：在翻译实践中，学生通过处理涉及民族团结的法律文本，认识到法律在维护民族团结和社会稳定中的重要作用。课程强调在翻译中如何准确传达法律条文及其文化内涵，培养学生的民族团结意识和责任感。

通过《藏汉翻译理论与实践》课程的学习，学生不仅能掌握扎实的翻译技能和法律知识，还能在潜移默化中接受社会主义核心价值观的教育，树立正确的法治观念和职业道德，培养出具有社会责任感和民族团结意识的优秀法律翻译人才。

二、思政元素挖掘与融入

（一）课程思政元素挖掘与分析

1. 课程思政元素与社会主义法治思想相结合

马克思主义法治理论：在《藏汉翻译理论与实践》课程中，使用马克思主义法治理论及其在中国的实践与成果作为课程思政内容挖掘的重点。比如，通过讲授翻译中的平等保护原则，使学生理解平等这一马克思主义法学理论的核心要素。在授课过程中，运用马克思主义世界观，引导学生树立正确的价值观，客观分析现实中的法律问题，形成正确的中国特色社会主义法治体系认知，坚定对中国法律制度的信心。

平等原则的翻译：通过翻译《民法典》及其各法条、政法部门常用语句、法律术语、典型案例及法律文书中关于平等保护的内容，以此为基础，深入讨论平等在马克思主义法学理论框架下的核心地位。同时，我们细致分析不同法律文化背景对翻译实践的影响，旨在帮助学生跨越语言障碍，深刻理解和牢固掌握社会主义法治的基本原则与核心理念。

2. 课程思政元素与中华传统文化相结合

弘扬传统文化：中华传统文化以其博大精深而著称，其中蕴含的诚实信用、公平合理、团结友爱、拾金不昧等优秀品质与思想观念构成了我们民族精神的瑰宝。在《藏汉翻译理论与实践》这一课程中，通过精心设计的翻译实践活动，不仅可以提升学生的语言能力，更能深刻体现并传播这些宝贵的优秀传统文化因素。翻译实践应成为连接两种语言文化的桥梁，使学生在掌握藏汉双语转换技巧的同时，深刻理解并感受到中华传统文化中那些跨越时空、历久弥新的价值理念。比如，在翻译涉及诚实信用的文本时，可以引导学生探讨如何在译文中准确传达出原文所蕴含的诚信精神；在翻译关于公平合理的论述时，则需注重译文能否体现出原文对公平正义的追求与坚守。另外，通过翻译实践中对团结友爱、拾金不昧等美德的展现，学生不仅能够增强对中华传统文化的认同感与自豪感，还能在潜移默化中培养出高尚的道德情操和积极的人生态度。

文化元素的翻译：翻译《民法典》及其各法条、政法部门常用语句、法律术语、典型案例及法律文书等内容，会特别注重强调并融入团结友爱、公平合理等中华传统文化的核心价值观念。通过挑选具有代表性的翻译案例，旨在引导学生深入理解这些传统文化元素如何在现代法律体系中得以体现，并培养他们在翻译过程中准确捕捉、理解并传达这些文化内涵的能力。翻译不仅仅是文字上的转换，更是两种文化之间的交流与融合。在翻译过程中，学生需要深刻理解原文的法律精神与文化背景，同时考虑藏语读者的文化认知与接受习惯，以确保译文既能忠实于原文的法律意义，又能体现出中华传统文化的精髓。比如，在处理涉及团结友爱的法律条款时，学生需要思考如何在译文中传达出原文所蕴含的和谐共处、相互帮助的社会价值观。而在翻译关于公平合理的论述时，则需注重译文准确反映出原文对公平正义的追求与保障。

3. 课程思政元素与时代主题相结合

结合新时代思想：在《藏汉翻译理论与实践》课程中，紧密融合新时代思想，将社会主义核心价值观中的公正、平等、诚信、友善、和谐等价值内涵作为教学的基本要义。这些价值观不仅指引着社会的前行方向，也是翻译实践中不可或缺的文化基石。为了更好地体现这些价值，可以深入分析法治人物的经典案例，不仅展示他们在家国情怀上的深厚造诣，还揭示他们坚定的法律信仰。这些案例生动展现法治人物如何在复杂多变的社会环境中，坚守公正、追求平等、践行诚信、传递友善、维护和谐，以此激发学生的爱国热情，增强他们的职业责任感。在具体的教学过程中可以选取具有代表性的法治人物，如为维护公平正义而不懈努力的法官、律师或法律学者，通过详细剖析他们的生平事迹、职业成就及精神风貌，让学生深刻感受到法律人的使命与担当。同时，引导学生思考如何在翻译这些人物的实践中体现社会主义核心价值观，如何将法律精神与文化内涵有机融合，以提升翻译作品的质量与深度。

法治事件的翻译：在《藏汉翻译理论与实践》课程中会选取一系列具有鲜明时代意义的法治事件作为翻译练习素材，特别是那些涉及重大社会影响、深刻反映法律精神的法律条文。通过这些具体案例的翻译实践，我们旨在引导学生深入挖掘事件背后的法律理论与思政元素，从而培养其对于司法舆情的敏锐洞察力和正确判断能力。在翻译过程中，鼓励学生不仅关注文字层面的准确传达，更要深入理解法律条文背后的立法意图、社会价值以及可能的社会影响。同时，结合习近平新时代中国特色社会主义思想的精髓，引导学生从更高层次上审视法律条文的意义，深化对翻译实践的理解与把握，从而引导学生分析法治事件的来龙去脉，探讨事件所引发的社会反响与舆论关注，进而理解法律条文在此类事件中的具体应用与作用。同时，通过对比不同法律体系下类似事件的处理方式，帮助学生拓宽视野，增强跨文化交流的能力。通过这样的翻译练习，学生不仅能够提升汉藏双语转换的熟练度与准确性，更重要的是能够建立起对法律条文背后深层次意义的理解与感悟，为成为具有社会责任感、法律素养与翻译能力的复合型人才打下坚实的基础。

4. 课程思政元素与学生学习、成长环境相结合

贴近学生实际：为了更贴近在校大学生的实际情况，特别是考虑到他们来自五省涉藏地区，拥有多样化的生长环境和深厚的家乡情感，可以在《藏汉翻译理论与实践》课程中进一步优化教学策略。深入挖掘学校所在地以及学生各自家乡的法治环境素材，以此作为教学内容的重要组成部分。通过引入这些贴近学生生活的法治案例和素材，可以有效地调动他们的学习积极性，使他们在翻译实践中更加投入和专注。同时，这些素材能够激发学生对家乡、对民族、对国家的深厚情感，增强他们为家乡法治建设贡献力量的责任感和使命感。比如，具体实施采取以下措施：①家乡法治环境调研，鼓励学生利用假期时间回到家乡，进行法治环境的调研，收集当地法律条文、司法实践案例、法治宣传活动等资料。这些一手资料将成为他们翻译练习的重要素材。②案例分享与讨论，在课堂上，组织学生进行案例分享，让他们介绍自己家乡的法治建设情况，分析存在的问题和改进的建议。通过讨论，加深学生对家乡法治环境的理解和认识。③翻译实践，选取学生家乡或学校所在地的法治事件作为翻译练习内容，让学生在翻译过程中深入理解法律条文背后的社会背景和文化内涵，提升翻译能力的同时，也增强了对家乡和国家的热爱之情。④情感教育与责任感培养，通过引导学生关注家乡法治建设，培养他们的民族自豪感和国家认同感。同时，强调作为未来社会栋梁的大学生，有责任也有能力为家乡和国家的法治建设贡献自己的力量。

家乡法治环境的翻译：为了使学生更加深入地理解相邻关系制度及其在家乡法治环境中的应用，鼓励学生走出课堂，亲自调研各自家乡在解决邻里

纠纷方面的实践经验。在这一过程中，学生将收集并整理家乡处理此类问题的传统方法、乡规民约的具体内容以及典型的邻里纠纷案例。这些实地调研成果将成为宝贵的教学资源，极大地丰富课程内容。在授课时，教师会引导学生分享他们的调研成果，通过小组讨论、案例分析等形式，将学生们的所见所闻与相邻关系制度的专业知识相结合。通过这一过程，学生不仅能够学会如何将理论知识应用于实际问题解决中，还能深刻理解家乡法治文化的独特性和价值所在。更重要的是，通过这样的教学活动，还能对学生进行价值观上的引领。在探讨邻里纠纷处理方式和乡规民约的过程中，学生会深刻体会到团结友爱、公平合理等价值观的重要性。这些价值观不仅是解决邻里纠纷的基石，也是构建和谐社会不可或缺的精神支柱。

5. 课程思政元素与法学专业特征及职业要求相结合

结合专业特点：本课程紧密围绕法学双语专业人才培养的核心目标，不仅注重提升学生的藏汉翻译技能，更强调通过翻译实践深化对法学专业理论的理解与应用。在《藏汉翻译理论与实践》的教学过程中，关注课程内容的深层价值，即那些贯穿法律精神、体现法治理念的育人元素。为了增强学生的职业素养与道德情操，挑选包含公正、平等、诚实信用等原则的法律文本与案例作为翻译素材。通过引导学生分析这些文本中的法律原则与价值观，使他们在翻译实践中不仅能够掌握语言转换的技巧，更能深刻理解这些原则在法律实践中的重要意义。此外，本课程还鼓励学生参与模拟法庭、法律翻译工作坊等实践活动，让他们在真实或模拟的法律环境中运用所学知识，体验法律职业的魅力与挑战。通过这些实践活动，学生不仅能够提升翻译技能与法律素养，还能在团队合作中学会尊重他人、沟通协作，培养解决问题与应对压力的能力。

法律文书的翻译：法律文书作为法律实施与司法活动的重要载体，其翻译工作不仅要求语言的精准转换，更需确保法律精神的准确无误传达。因此，在《藏汉翻译理论与实践》课程中，强调诚信与准确性的翻译原则，并以此为基础构建学生的职业道德框架。为了让学生深刻理解法律文本的精髓，选取并涵盖不同法律领域的典型案例与规范文件作为翻译素材，通过引导学生逐句逐段地进行翻译实践，鼓励他们深入剖析法律条文中的关键概念与专业术语，理解其背后的法律意义与适用情境。在这一过程中，不仅关注学生的翻译技巧与语言运用能力，更重视他们在翻译过程中展现出的职业态度与责任感。此外，还积极引入法律专家与翻译领域的资深从业者，通过讲座、工作坊等形式，为学生提供与行业前沿接轨的知识与经验分享。这些实践活动不仅拓宽了学生的视野，也让他们有机会亲身体验法律翻译工作的严谨性与挑战性，从而更加坚定自己的职业理想与追求。

（二）思政元素融入点

序号	章节	专业知识点	思政元素	典型案例
1	第一章 翻译基本概念	翻译的定义、范围、重要性	通过介绍翻译的概念，引导学生树立正确的价值观和专业精神，强调法律翻译的重要性和严谨性	翻译《民法典》中"所有权"的定义，理解其法律意义和翻译的准确性
2	第二章 翻译的标准	翻译的准确性、流畅性、文化适应性	强调翻译的诚信和公正，培养学生在翻译中坚持高标准，保持职业道德	翻译《民法典》中"平等保护原则"的条文，探讨如何在翻译中体现平等和公正
3	第三章 翻译的方法	直译、意译、减译、增译、音译的翻译方法	结合理论与实践，培养学生在翻译中的灵活运用能力和专业判断力	翻译各个法条、政法部门的常用句子、法律术语等内容，讨论不同翻译方法的应用
4	第四章 词语的搭配	词语搭配原则和习惯	强调文化适应性和表达准确性，培养学生在翻译中的语言敏感度	翻译《民法典》及法律文书中"征收、征用"的条文，分析如何正确搭配词语
5	第五章 新词术语的翻译	新词术语的翻译策略	鼓励学生与时俱进，掌握最新的法律术语，提升专业素养	翻译最新修订的条文，探讨新词术语的处理方法
6	第六章 近义词、反义词、多义词的译法	同义词、反义词、多义词的翻译方法	强调精准表达和逻辑清晰，培养学生的语言精确性和逻辑思维能力	翻译《民法典》中"善意取得"的条文，分析近义词和反义词的使用

序号	章节	专业知识点	思政元素	典型案例
7	第七章 成语的 译法	成语的翻译技巧	弘扬中华传统文化，强调在翻译中准确传达成语的含义和文化背景	翻译案例、文书等中涉及传统文化的条文，讨论成语的翻译策略
8	第八章 词语的 管界	词语在不同语境中的使用范围和限制	培养学生的语言精确性和对文化差异的理解，增强其跨文化交流能力	翻译法条、政法部门的常用句子、案例以及法律文书等内容，探讨词语管界的处理
9	第九章 汉藏句子 成分比较 与翻译	汉藏两种语言的句子成分比较	通过语言成分的比较，培养学生的理解与传达能力，强调文化适应性	翻译《民法典》中"建筑物区分所有权"的条文，分析句子成分的转换
10	第十章 汉藏复句 比较与 翻译	汉藏复句结构的差异和翻译方法	培养学生的语言逻辑和文化差异处理能力，增强其翻译技巧	翻译政法部门的常用句子、法律术语以及法律文书，探讨复句的翻译方法
11	第十一章 民法典法条 翻译	翻译《民法典》中的各个法条	通过法律条文的翻译，培养学生的法治理念和社会责任感	翻译《民法典》中的"共有财产的分割"条文，讨论其法律意义和翻译策略
12	第十二章 常用句 子翻译	翻译政法部门的常用句子	强调服务社会和职业责任感，培养学生的实际操作能力	翻译法院判决书中的常用句子，探讨其翻译方法和表达
13	第十三章 法律术语 的翻译	翻译法律术语	通过法律术语的翻译，培养学生的专业精神和准确表达能力	翻译"宅基地使用权"，探讨法律术语的处理方法
14	第十四章 法律案例 分析与 翻译	法律案例的分析与翻译	强调公正和职业伦理，培养学生的法律思维和翻译技能	翻译涉及"居住权"的法律案例，分析其法律背景和翻译策略
15	第十五章 法律文书 翻译	翻译法律文书，包括合同、协议等	通过法律文书的翻译，培养学生的规范性和准确性，提升其专业素养	翻译合同、协议、起诉状、判决书等法律文书，探讨其格式和翻译技巧

三、教学设计基本思路与措施

（一）教学设计基本思路

《藏汉翻译理论与实践》课程以法学双语专业人才培养为核心，创新性地构建了以思政为引领的"一核，双驱，三堂联动，四融并进"教学设计框架，旨在将价值观培育深度融入知识传授与能力培养之中，塑造学生积极向上的世界观、人生观和价值观。所谓一核，明确聚焦于"知识－能力－价值"三位一体的递进式培养目标，即传授知识为基础，培养能力为关键，塑造价值为根本，三者相辅相成，共同促进学生的全面发展。双驱，强调教师与学生的双重角色定位。教师作为引导者和启发者，负责设计教学路径、激发学习兴趣；学生则成为学习的主体和中心，通过主动探索、积极实践，实现自我成长。三堂联动，构建思政课堂、理论课堂与实践课堂三位一体的教学模式。思政课堂注重价值观引导，理论课堂深化专业知识理解，实践课堂则强化技能应用与实战经验，三者紧密配合，形成完整的教学闭环，确保学以致用。四融并进，实现知识学习与思政引领、线上教学与线下实践、教师讲授与学生讨论、人才培养与行业需求的深度融合。通过这四大融合策略，打破传统教学的界限，拓展学习空间，丰富教学手段，使课程思政自然、生动地融入课堂，激发学生的学习兴趣和主动性。课程内容包括翻译的概念、翻译的标准、翻译的方法、词语的搭配、新词术语的翻译、近义词反义词多义词的译法、成语的译法、词语的管界、汉藏句子成分比较与翻译、汉藏复句比较与翻译等。实践内容涵盖《民法典》、各个法条、政法部门的常用句子、法律术语、案例以及法律文书翻译，通过系统的理论讲解和实践训练，帮助学生掌握翻译技能，提升法律实践能力，并在学习过程中树立正确的价值观和职业道德。

（二）措施与方法

1. 重构课程内容，挖掘思政元素

梳理教学内容，分离基础知识和重难点：基础知识通过线上由学生自主学习，内容包括翻译的概念、翻译的标准、翻译的方法、词语的搭配、新词术语的翻译、近义词反义词多义词的译法、成语的译法、词语的管界等。重难点则由教师在理论课堂上重点讲解，内容包括汉藏句子成分比较与翻译、汉藏复句比较与翻译等。通过对这些内容的深入讲解，帮助学生理解复杂句子的翻译技巧和策略。

教学内容与时俱进：教学内容应紧密结合热点案例，选择翻译领域的热点案例，如近期发布的法律条文、司法解释等，帮助学生理解最新的翻译需求和趋势。同时，教学内容应包括最新的《民法典》条文，各个法条的翻译实践，以及政法部门的常用句子、法律术语等。此外，介绍翻译学的最新研究成果和前沿理论，鼓励学生关注翻译学科的发展动态。

梳理可以深挖的思政结合点：在传授翻译知识的同时，通过潜移默化的方式，帮助学生理解和内化习近平新时代中国特色社会主义思想以及社会主义核心价值观。比如，在翻译公共法律文书和政策文件时，强调法律的公正性和透明度，培养学生的法律意识和社会责任感。通过北大法宝、中国裁判文书网等平台，提供具体的翻译案例，让学生在翻译过程中体会思政元素。比如，翻译涉及社会公平正义的法律条文和案例，理解法律在维护社会稳定中的重要作用。

2. 教学方法创新

教学方法将转型为教师讲授与学生讨论相结合，践行合作式学习方法，通过这种方式培养学生的团队精神和合作意识，增强理解和记忆效果。实施翻转课堂，教师课前精心选择案例，既要体现知识相关度，也要注重思政元素的挖掘。课中以学生为中心，让学生在自主参与中感悟思政元素，实现育人目标。利用中国大学慕课（MOOC）网平台实现课堂全过程管理，通过案例分析、理论学习、实践活动、反馈提高等环节，将课程思政教学融入"线上-线下"结合的混合式学习中，关注学生参与学习的频次与深度、学习协作程度等过程性数据，构建全程性评价体系。

3. 构建"线上+线下、课内+课外"的课程思政育人环境

《藏汉翻译理论与实践》课程致力于构建一个全方位、多维度的思政教学环境，通过巧妙融合线上与线下、课内与课外的教育模式，实现思政教育的全面渗透与深入融合。在线下教学环节中策划课堂教学活动，包括深入浅出的理论讲授、启发思维的案例讨论、促进团队协作的合作学习，以及检验学习成效的期末考试等，确保学生在面对面的交流中不仅能够掌握扎实的翻译知识与技能，还能在潜移默化中接受思政教育的熏陶。与此同时，线上教学环节作为线下教学的有力补充，提供一些视频学习资源，供学生灵活安排时间自主学习；通过在线作业系统，及时反馈学生的学习情况，促进其自我反

思与提升。另外，还设拓展学习平台，鼓励学生探索翻译领域的最新动态与前沿理论，拓宽视野，增强综合素养。在整个线上学习过程中，课程思政元素被设计并融入其中，确保学生在自主学习的同时，也能领会并践行社会主义核心价值观。进而鼓励学生走出校园，将所学知识与思政理念融入社会实践。通过参与普法宣传活动，学生不仅能够提升法律素养，还能增强社会责任感；通过专业实习，学生能够在实践中检验翻译技能，同时加深对翻译职业的理解与尊重。此外，还鼓励学生积极申报并参与大学生创新创业项目，将创新思维与翻译实践相结合，为社会贡献自己的力量。这些实践活动与服务型学习形式，不仅丰富了学生的课余生活，更在无形中强化了他们的职业责任意识，使他们能够将社会主义核心价值观真正融入翻译实践。

4. 创新考核评价模式

《藏汉翻译理论与实践》课程构建了过程性和多样化的评价体系。过程性评价细致入微，涵盖课堂签到、网络课程学习参与度、课堂练习完成情况、课堂讨论以及课后作业的提交与质量等多个环节。多样化评价则涵盖线上线下结合、课堂课外融合及参加翻译竞赛等活动。为了更好地支持学生的学业发展，课程建立了学习情况跟踪评估制度，借助中国大学慕课（MOOC）网平台，教师将对学生的学习情况进行跟踪和评估，对不及时完成学习任务的学生进行及时督促。在学期结束时，对学生整个学期的学业情况进行评估，对不达标的学生进行学业预警和帮扶，使学生在学习中感受到来自老师和同学的关爱。

四、教学设计典型案例展示

（一）知识点概况

藏汉翻译涉及的主要知识点包括翻译的概念、翻译的标准、翻译的方法、词语的搭配、新词术语的翻译、近义词反义词多义词的译法、成语的译法、词语的管界、汉藏句子成分比较与翻译、汉藏复句比较与翻译等。这些知识点构成了藏汉翻译的基础，为学生在实践中进行准确、高效的翻译奠定了理论基础。

（二）教学思路

利用中国大学慕课（MOOC）网平台发布课前任务清单，让学生通过该平台自主学习本节网络课程。发布课程引入案例，要求同学分组讨论。教师可通过网络教学平台记录数据了解学生学习情况，确保学生在课堂教学之前完成相关任务。课堂教学中，教师首先讲解翻译的基础知识，阐释藏汉翻译的文化背景和重要性，特别是其对促进民族团结、文化交流的重要现实意义。同时强调重难点，确保教学效果。以翻转课堂的形式，组织学生讨论课前发布的翻译案例，适时引导。针对同学讨论情况，教师点评，深化同学对本节知识的掌握并进行价值观引领，感悟社会主义核心价值观及青年人应具有的奋斗精神和责任感。课后要求同学围绕讨论思考问题形成文字报告，上传到中国大学慕课（MOOC）网平台，作为同学平时成绩考核的标准之一。

（三）课程思政设计

1. 课程引入

案例：某社区服务翻译项目

学生参与一个社区服务项目的翻译任务，需要将社区服务指南准确翻译成藏语，以便当地藏族居民更好地理解和利用社区服务资源。此案例不仅要求学生掌握翻译的基本技巧，还需要理解社区服务在不同文化背景下的具体表达，确保翻译内容的实用性和准确性。

2. 思政结合

藏汉翻译不仅是语言技巧的展示，更是文化传承与交流的桥梁。通过社区服务翻译项目，强调服务社会和帮助他人的重要性，培养学生的社会责任感和服务意识。青年自立自强是社会进步的前提条件。只有通过独立自强、不懈奋斗，才能实现各民族的共同繁荣。《民法典》相关条文规定了公正、透明的法律环境，对于有劳动能力的成年人，法律保护其自立自强的权利。在社区服务中，如果年轻人自愿为社区居民提供帮助，这是他们服务社会、贡献力量的表现；如果年轻人不愿意或者无法提供帮助，社区也不能强迫他们。通过参与翻译社区服务项目，学生不仅提高了翻译能力，还学会了尊重和理解不同文化背景下的需求，增强了社会责任感和服务意识。司法裁判在保护当事人合法权益的同时，也引导人们自尊、自立、自强、自爱。本项目的成功完成，明确了年轻人在服务社会中的重要角色，体现了文明、法治的社会主义核心价值观，有助于引导青年人摒弃"自私自利"的错误思想，树立正确的人生观、价值观，鼓励青年人用勤劳的汗水和智慧为社会做出贡献；有助于弘扬中华民族艰苦奋斗、自力更生、助人为乐的传统美德；有助于引导社会形成正确价值导向，促进社会养成良好家德家风，传递社会正能量。

3. 思考讨论

请同学们思考，翻译实践如何体现社会主义核心价值观？可结合具体案例阐释。